Liebe zum Wort

Gedanken vor Symbolen

D1735846

AMICIS MEDICIS
Thomas und Hedwig
Karin und Ernst

Was ist der Mensch?
Ein vollkommner Trope des Geistes.
Alle ächte Mitteilung ist also sinnbildsam...

Novalis

den Weg suchen
im labyrinthischen
Gehör

Lucia Cors

Jörg Splett

Liebe zum Wort

Gedanken vor Symbolen

PNEUMA VERLAG

Jörg Splett

Liebe zum Wort
Gedanken vor Symbolen

Bibliographische Information
der Deutschen Nationalbibliothek
Die Deutsche Nationalbibliothek verzeichnet diese
Publikation in der Deutschen Nationalbibliographie;
detaillierte bibliographische Daten sind im
Internet über http://dnb.d-nb.de abrufbar.

2. Auflage (Neuauflage) München 2018
1. Auflage 1985 erschienen bei Josef Knecht 3-7820-0506-6

www.pneuma-verlag.de

Inhalt

EINFÜHRUNG:
PHILO-LOGISCHE PHILOSOPHIE

1. Hegel hat die Sphären des »absoluten Geistes« von der Kunst als der niedersten über die Religion zur Philosophie hinauf gestuft. Das gibt in vielfacher Hinsicht zu denken. Schon wegen der Fraglosigkeit, mit welcher hier die ethische Thematik auf einen untergeordneten Standpunkt (den des »objektiven Geistes«) verwiesen erscheint. Doch auch wenn man sich auf die genannte Dreiheit einlassen will, legt sich eine Umwertung nahe. – Der Verfasser dieses Buchs stellt der Philosophie die Kunst voran: dem Problem die Gestalt; und der Kunst schließlich die Religion mit ihrer Heilserfahrung des Heiligen: der geglückten Gestalt das erlösende Antlitz.

Philosophie ist seit Platon Eros, denkende Liebe im Unterwegs-Sein zum Schönen und – weniger zur »sophia« als zum »sophón«, das sagt: zum Göttlichen.[1] In diesem Sinn heißen die hier gesammelten Beiträge philo-logisch: das Wort, den Logos liebend (und ist »Romantik« einer der Fäden des Textes). – Damit ist vor allem und durchgehend das Wort der Dichter gemeint. In ihrer Sprache kommt das Wort zu sich selbst, oder besser: entfaltet es sich und blüht auf, indem es vergegenwärtigt, woran ihm liegt. Denn auch und gerade dem dichterischen Wort geht es nicht um sich; es antwortet auf eine Wirklichkeit, die den Betroffenen (im mehrfachen Sinne des Ausdrucks) »angesprochen« hat.[2]

2. So wie die folgenden Beiträge ihrerseits Antworten auf solche Worte darstellen. – Antworten unterschiedlicher Art. Im ersten Teil werden – entsprechend »gewichtig«, prinzipiell, systematisch – sozusagen die Fundamente gesetzt. Der Mittel-

---

[1] M. Heidegger, Was ist das – die Philosophie? Pfullingen ²1963, 20ff. (J. Splett, Die Rede vom Heiligen. Über ein religionsphilosophisches Grundwort, Freiburg/München ²1985, 21; Fortsetzung: Das Heilige, München 2017).

[2] »Ein Dichter ist ein Mann, der über etwas glücklich ist und versucht, auch andere Leute darüber glücklich zu machen«, erläutert Nordwind dem kleinen Diamond. G. MacDonald, Hinter dem Nordwind, Wien – München 1981, 51 (in eigener wörtlicher Übersetzung).

teil spielt das Thema an einzelnem durch, exemplarisch und wohl auch »entgegenkommender«. Darunter drei Ansprachen, kaum verändert, da das Gemeinte darin vielleicht noch eher zugänglich wird und obendrein ihm eben diese Art von Antwort besonders entsprechen dürfte. Der Schlußteil versucht – wieder grundsätzlich – eine Bilanz zum Verhältnis von Dichten und Denken, genauerhin: von Schönheit und philosophischer Reflexion, wie zur reflektierten Erfahrung von Schmerz und Freude überhaupt. – Der Aufbau des Buches gemahnt so an den des klassischen Syllogismus: auf den grundlegenden Obersatz (die »maior«) folgt der konkrete Einzelbezug (in der »minor«), und aus beidem ergibt sich die Folgerung (»conclusio«).

Daß sich dabei die Bilanz nicht auf das systematische achte Kapitel beschränkt, entspringt zwar auch der dankbaren Zuneigung des Verfassers zu C. S. Lewis, dem anglikanischen Philologen, Erzähler wie Dichter und Theologen; doch entspricht es zugleich der hier vertretenen Stufung der Sphären. Philosophische Reflexion übersteigt sich noch einmal ins Aufhören auf eines anderen Wort.[3] Und in dessen Rede wird schließlich der Selbstübersteig des menschlichen Worts überhaupt thematisch: in jene Sprach-Dimension, aus der es ursprünglich stammt, nämlich die von Anruf und Lobpreis im Kult: des Worts als Gebet. In der Antwort darauf, daß die Dinge, die uns betreffen, ihrerseits Worte sind.[4] Das ist ja gemeint, wenn man sie *Symbol* nennt.

Wort und Symbol: Indem das Denken seiner Sache folgt, führt diese es durch die Erfahrung des Schmerzes in den Dank der Hoffnung und zum Lob der Herrlichkeit.[5]

3. Zu den Motti. Die Notiz des Novalis findet sich in einer Sammlung unter dem Titel »Fragmente oder Denkaufgaben«.[6] ›Trope (tropos)‹ meint in Stilistik und Rhetorik einen bildlichen, »übertragenen« Ausdruck. Ist der Mensch so als solcher

---

[3] Siehe auch Anm. 250 zu Kap. 7.

[4] R. Guardini, Welt und Person, Würzburg ²1940, 100ff; W. Kern in: Mysterium Salutis II 467-477.

[5] Siehe: Lernziel Menschlichkeit. Philosophische Grundperspektiven Frankfurt/M. ²1981, Kap. 6 (Wort zur Antwort: Gebet).

[6] Schriften (Kap. 5, Anm. 191) II 564.

bereits eine »Wendung«, dann kehrt diese Symbolhaftigkeit in allen Weisen seiner Zuwendung wieder. Darum ist wahres Verständnis immer mehrdimensional. Es versteht das Gesagte, darin das Gemeinte, darin den Sprechenden selbst – und vielleicht darin nochmals ihn selber als Wort?

Verstehen ist ein Weg. Und davon spricht das zweite Motto, aus dem Bändchen der in Paderborn lebenden Dichterin *Blüte und Dorn,* zu dem der Verfasser das Nachwort hat schreiben dürfen.[7] – Zunächst hat man dabei wohl an mögliche Mißverständnisse auf seiten des labyrinthischen, also in sich verfangenen Hörers zu denken. Zu einer zweiten Lesart führt Martin Heideggers Hinweis,[8] daß das dichterische Wort – als Antwort – allererst ein Hören sei (denn in der Tat ist die Grundgestalt von Antwort geschenktes Gehör). So wäre es das vieldeutige Dichterwort, in dem wir uns den Weg zu bahnen hätten. In seinem Wort aber ist dann schließlich der Dichter selber gemeint – und damit jeder Mensch. Denn hieß er eben Wort, so ist er dies gerade als Gehör.[9]

Was schließlich findet die Weg-Suche im labyrinthischen Hören des anderen, wenn sie ans Ziel kommt? – Selbstredend die entsprechende Erwiderung: »Hab' ich dein Ohr nur, find' ich schon mein Wort.«[10] Das aber ist dann nie bloß meines, sondern stets das unsere.

---

[7] Lahnstein o. J. (1983).

[8] Unterwegs zur Sprache, Pfullingen ³1965, 254.

[9] Vgl. Zur Antwort berufen. Not und Chancen christlichen Zeugnisses heute, Frankfurt/M. 1984, Kap. 1: Leben als Antwort. Es schließt mit dem Satz des Cusanus: »Es hört Dich die Erde, und dieses ihr Hören ist das Werden des Menschen.«

[10] Karl Kraus, Zuflucht, in: Worte in Versen, München 1959, 63. Siehe in seinem Sinn (80 – »Er ist das Ufer, wo sie landen, / sind zwei Gedanken einverstanden« [Der Reim]) die »liebkosend sich gesellende«, »von Herzen gehende« Wechselrede zwischen Faust und Helena im inneren Burghof (Faust II 9365ff).

I. VORAUSSETZUNGEN

1. »ANIMAL SYMBOLICUM«
VOM BEZEICHNEND MENSCHLICHEN

»Animal rationale – vernünftiges Lebewesen« lautet die klassisch tradierte Definition des Menschen. Es ist die lateinische Übersetzung des griechischen »zôon lógon échon«. ›Logos‹ aber sagt mehr als ›ratio‹ (= Rechnung, rechnende Vernunft); es bedeutet grundlegend: Wort, Rede, Erörterung, Erzählung, also das Sprechen; sodann dessen Gegenstand, also den Inhalt, die Sache; schließlich Vernunft, Einsicht, Aufmerksamkeit, Rechenschaft, – objektiv gewendet: Beweis, Beweis- und Vernunftgrund, Bedingung, Wesen, Begriff. – Man kann Faust beipflichten, wenn er den Anfang des Johannesevangeliums übersetzen will: »Im Anfang war der Sinn«; denn vielleicht sammelt kein anderes deutsches Wort besser die ganze Bedeutungsbreite von ›logos‹; dennoch: das konkret Gestaltliche, die Zeichen-Wirklichkeit bleibt darin unausdrücklich. Sinn-Wesen wäre auch ein reiner Geist; der Mensch ist das Wesen des Wortes. Dementsprechend zeigt zum Beispiel Aristoteles die Gültigkeit des Nichtwiderspruchs-Satzes nicht »logisch«, sondern »dialogisch«: daß bei seiner Leugnung kein Gespräch möglich wäre.[11]

Der Mensch als Wesen des Wortes. Das sagt bereits, was die Überschrift ausspricht. Sie stammt aus dem letzten von ihm selbst veröffentlichten Buch Ernst Cassirers: Was ist der Mensch?[12]

---

[11] Aristoteles (Politik I 2, 1253a 9f: »Der Mensch ist aber das einzige Lebewesen, das Sprache besitzt.«), Metaphysik IV 4 1008 b (8-2): »Es kann, wer das meint, weder einen Laut von sich geben noch sprechen, indem er gleichzeitig dieses und nicht dieses sagt. Nimmt man aber nichts an, sondern meint man so, wie man nicht meint, wie unterschiede man sich da von den Pflanzen?«

[12] An Essay on Man, New Haven 1944 (eine Zusammenfassung seines großen Hauptwerks »Philosophie der symbolischen Formen«, Berlin 1923-1929), deutsch: Was ist der Mensch? Versuch einer Philosophie der menschlichen Kultur, Stuttgart 1960, 40: »Der Begriff ›Vernunft‹ ist viel zu eng, um die Formen des menschlichen Kulturlebens in all ihrem Reichtum und ihrem Gehalt zu umgreifen. Aber alle diese Formen sind symbolische Formen. Anstatt den Menschen als animal

Zeichen – Wort – Symbol

1. Bestimmen wir zunächst, was mit »Symbol« gemeint ist.[13]
Es gehört zum weiten Feld der Zeichen. Zeichen ist alles, was
auf etwas hinweist, was durch sich selbst etwas anderes
kundtut und meint, ob beabsichtigt, ausdrücklich, oder nicht.
Derart allgemein verstanden, reicht es von der Fußspur im
Sand bis zum prophetischen Anruf, vom »Indiz« über die
Zeigegeste bis hin zum persönlichen Namen. – Doch eigentli-
ches Zeichen wäre erst das »Zeichen als Zeichen«, d.h. jenes,
das sowohl *als* Zeichen gegeben wie als solches (das heißt: als
gegebenes) Zeichen aufgenommen wird.

»System von Zeichen als Zeichen« wäre eine mögliche
Definition von Sprache, womit nicht nur die Wort-Sprache
gemeint ist, sondern ebenso die Sprache der Gebärden, des
Tanzes, der Bilder und Töne mitverstanden sei. Dabei werden
in einer Sprachgemeinschaft nicht bloß Zeichen als solche, also
als Zeichen überhaupt, erkannt (so erfaßt man fremde Spra-
chen und Schriften), sondern auch ihre Bedeutungen, weil sie
für diese Gemeinschaft festgelegt sind. – Solche Festlegung
bringt Verbindlichkeit mit sich, gegenüber der Unverbindlich-
keit beliebiger Gebärden. Jemand kann bei seinem Wort be-
haftet, gegebenenfalls wegen einer Lüge zur Rede gestellt
werden.

Ja, in bestimmten Fällen ist nicht einmal mehr die Lüge
möglich – oder vielmehr belanglos angesichts der Festlegung
durch das gesetzte Zeichen, sei's – früher – der Handschlag auf
dem Viehmarkt, sei es heutzutage der Namenszug unter
einem Vertrag. – So mag es für ein Versprechen genügen,
gegeben worden zu sein, ob man es damit nun ehrlich gemeint
hat oder nicht, gar ob man es überhaupt in wacher Anteil-
nahme oder eher unaufmerksam gab.

Das Wort »Ich nehme dich zu meiner Frau« macht (wenn –
in bestimmtem Kontext – wirksam gesprochen) durch sein

---

rationale zu verstehen, sollten wir ihn daher als ein animal symbolicum definieren. Damit geben wir seiner besonderen Eigenart
Ausdruck und zeigen den neuen Weg, den nur der Mensch zu gehen
vermag – den Weg der Zivilisation.«

[13] Dies in geraffter Wiedergabe der Darlegungen aus: Konturen der
Freiheit. Zum christlichen Sprechen vom Menschen, Frankfurt/M.
²1981, 37 ff.

Wortwerden den Mann zum Ehemann, die Angesprochene zu seiner Frau. Hier hat das Zeichen eine tiefere Dimension erreicht als die bloßer Anzeige-Funktion. Es setzt, was es sagt, oder besser: durch es, in ihm setzt Freiheit, was sie sagt – zeugt sie, was sie zeigt, bestimmt sie sich selbst.

Damit hat der Gedankengang vom Zeichen zum hier angezielten Begriff von Symbol geführt. – Wo man »Symbol« nicht einfach gleichbedeutend mit »Zeichen« verwendet (wie z. B. in der modernen formalen Logik), unterscheidet man es im allgemeinen vom Zeichen aufgrund seiner engeren Bindung an das Symbolisierte. Hegel hat es deswegen dem Zeichen nachgeordnet; denn »als bezeichnend« beweise »die Intelligenz eine freiere Willkür und Herrschaft im Gebrauch der Anschauung denn als symbolisierend«.[14]

Doch auch und gerade das Denken manifestiert sich mit Notwendigkeit. Der Gedanke wird erst in der (Ent-)Äußerung seiner er selbst. Und dies Geschehen, in der ganzen Breite seiner »Formen« – vom Mythos bis zum philosophischen System – kann füglich »symbolisch« heißen: Zusammenwurf und -bindung (»symballein«) des einen und anderen in ein Selbes, zu Einem. Dabei ereignet sich diese Symbolisierung ursprünglicher als im Denken und Wissen (worin sie sich bei Hegel zu begründen und auch zu vollenden scheint) in der Selbst-Setzung von – sich wissender – Freiheit.

2. Symbol ist dann nicht bloß ein äußeres Zeichen, sondern das Erscheinen einer Wirklichkeit, die zwar in einem anderen sich »äußert« (also: entäußert), aber in dieser »Äußerung« eben sich auswirkt, nicht bloß anzeigt; die sich so verwirklicht und da ist. Um es an einem Beispiel zu zeigen: Man kann seine »ganze Habe« verschenken... und doch die Liebe nicht haben (1 Kor 13, 3). Almosen sind also selber nicht Liebe, sondern etwas anderes als sie. Wer aber nie etwas hergäbe, wird nicht sagen dürfen, er liebe; denn Mitmenschlichkeit zeigt sich nicht bloß, sondern realisiert, verwirklicht sich nur in irgendeiner Weise von »Praxis«.

---

14 Sämtl. Werke (Glockner) 10, 345 (Enzyklopädie § 458, Anm.).

Symbol in diesem vollen Sinne (als »Realsymbol«[15]) ist nicht der Verweis eines Dinges auf ein anderes Seiendes hin, und sei das Symbolzeichen noch so bedeutungsträchtig und sprechend. Symbol ist vielmehr der Selbstvollzug, die Selbstsetzung von etwas oder jemandem in etwas anderem (z.B. des Liebenden und seiner Liebe in deren Tat): ein Sich-Ausdrücken, darin das Erscheinende wirkend erst zu sich selbst kommt und in neuem Maße wirklich wird. Und insofern ist Symbol gerade nicht nur eine Hälfte, wie es Platon von uns Menschen sagt,[16] sondern vielmehr die Sichtbarkeit des Ganzen, das freilich diese seine Sichtbarkeit übersteigt. (Nicht schon das Bruchstück, erst die Zusammenfügung der Bruchstücke eines Rings oder Tontäfelchens, der »tessera hospitalis«, stellt eigentlich das Symbol dar: als Zeichen der sich damit ausweisenden Partnerschaft).

Ursymbol ist für uns derart der menschliche Leib, in dem die Person sich zur Mitwelt hin aussagt, de-finiert und erscheinend verwirklicht. Ähnlich die Grundvollzüge unseres Lebens, in denen Wollen und Denken erst als wirksame voll wirklich werden; vor allem die Sprache, die nicht nur gegebenes »Zeichensystem« ist (nach unserer ersten Zugangsbestimmung), sondern zuvor der gebende Ordnungsentwurf einer »Welt«.[17]

»Welt« zu haben aber – damit sind wir beim Untertitel dieses Kapitels – ist bezeichnend = charakteristisch für den Menschen. Es ist bezeichnend für ihn, daß er Vorgänge und Dinge »bezeichnend« findet, also in ihnen eine »Welt« erscheinen sieht. – Freilich sieht nur, wer weiß: wenn er beispielsweise eine japanische Teeschale in die Hand nimmt – oder ein

---

[15] K. Rahner, Zur Theologie des Symbols, in: Schriften zur Theologie IV, 275-311.

[16] Gastmahl 191d: »Jeder von uns ist demnach nur eines Menschen Symbol, weil wir zerschnitten, wie die Schollen, aus einem zwei geworden sind. Immerfort sucht ein jeder nach dem zu ihm gehörenden Symbol [= der anderen Hälfte].«

[17] Darum darf ich nicht etwa Sprache vom Code und seiner »Entschlüsselung« her denken (und dies gar als »lnformation« im Sinne chemo-elektrischer Umstrukturierung); sondern umgekehrt kann von Codierung und Decodierung nur in einem Verstehenshorizont gesprochen werden, der dem Menschen als Sprach-Wesen zukommt.

Lautenstück aus der Renaissance hört. Aber wir müssen gar nicht so weit gehen.

»Das Symbol gibt zu denken«

1. Denken mag der Einzelne für sich (»Ich denke, also bin ich«); doch will er sich anderen verständlich machen, bedarf er des Wortes *(Wir* sind wir nur als »Gespräch«[18]). Und selbst den Gedanken kann man nur festhalten im (zumindest inneren) Wort.

Das Wort aber ist nicht der Gedanke. Man muß das rechte für ihn suchen – oft genug ohne das Glück, es zu finden. Und auch das rechte wird ihm kaum gerecht. Einerseits verkürzt und »vereindeutigt« es seinen Reichtum und seine Vielbezüglichkeit. »In einem Satze läßt sich die Wahrheit nicht aussprechen.« In *einem* Satz nicht, und so, streng genommen, auch nicht im dialektischen Gegeneinander mehrerer Sätze.[19] Führt so nicht eine konsequente Linie zu den berühmten Schlußsätzen von L. Wittgensteins *Tractatus*? »Meine Sätze erläutern dadurch, daß sie der, welcher mich versteht, am Ende als unsinnig erkennt... Er muß diese Sätze überwinden, dann sieht er die Welt richtig. Wovon man nicht sprechen kann, darüber muß man schweigen.«

Andererseits erweitert und »vervieldeutigt« das Wort die Präzision des Gedankens durch die ihm eigenen Assoziationen und »Konnotationen«. – Man kann sich dessen eigens bedienen, im Sinne des Talleyrand-Ausspruchs, uns sei die Sprache gegeben, um unsere Gedanken zu verbergen. Umgekehrt gibt eben dies einem geübten Ohr die Möglichkeit, jene »Hintergedanken« zu vernehmen, mit denen jemand seine Gedanken

---

[18] Ich denke...: Descartes, Discours... IV 3; Gespräch: Hölderlin, Versöhnender, der du nimmer geglaubt..., Schluß des 3. Entwurfs (in SW [Kl. Stuttg. Ausg.] II 143): »Viel hat erfahren der Mensch. Der Himmlischen viele genannt, / seit ein Gespräch wir sind / Und hören können voneinander.«

[19] Hegel SW 16, 210 (Religionsphilosophie). Der Kontext legt die Betonung von *einem* nahe. Grundsätzlich heißt es in der Logik (SW 8, 105 [Enz. § 31 Anm.]): »Ohnehin ist die Form des Satzes oder bestimmter des Urteils ungeschickt, das Konkrete – und das Wahre ist konkret, – und Spekulative auszudrücken; das Urteil ist durch seine Form einseitig und insofern falsch.«

hinter Worten zu larvieren versucht. So wird die Sprache auf neue – entlarvende – Weise »manifestierend«.

Beides, Symbol als Antlitz wie als Maske sich zeigender Freiheit, spricht unsere Abschnitt-Überschrift an, eine oft wiederholte Kern-Sentenz Paul Ricœurs[20]: Das Zeichen, ein Symbol will mit Bedacht gelesen werden.

Erstens muß es überhaupt als ein Zeichen aufgefaßt werden, statt als pures Faktum. Um es mit Ungaretti zu sagen: »Zwischen einer gepflückten Blume und einer andern geschenkten – das unausdrückbare Nichts.«[21] Je einnehmender die eigene Dichte und Realität des Zeichens sich aufdrängt, desto größer ist die Gefahr, seinen Zeichen-Charakter zu übersehen. Das ließe sich am Thema »Sexualität« erörtern.[22] Statt dessen sei Rilkes Christentumskritik angeführt: Christus sei so etwas wie ein mächtiger Zeigefinger gewesen. Er habe auf Gott hinweisen wollen. »Aber die Menschen hier sind wie die Hunde gewesen, die keinen Zeigefinger verstehen und meinen, sie sollten nach der Hand schnappen...«[23]

Zweitens muß das Zeichen recht gelesen werden. Das heißt, man muß, wie schon gesagt, die Sprache beherrschen, um die Worte – und erst recht das Schweigen – des andern nicht mißzuverstehen. Aber es ist nicht damit getan, das Gesagte richtig aufzufassen, es also in dem zu verstehen, was damit gemeint ist. Tiefer geht es um das *eigentlich* Gemeinte: Drittens ist in dem, was einer sagt, der zu verstehen, der es sagt. Was schon darum nicht leicht ist, weil es für den Sprechenden selbst keine einfache Aufgabe darstellt.[24]

2. Von dorther versteht sich: Zeichen und Symbol bedeuten mehr, als was sie sind, oder genauer: sie *sind* (als Zeichen)

[20] Symbolik des Bösen, Freiburg-München 1971, 395ff.

[21] Eterno-Ewig, in: Gedichte, Frankfurt/M. 1961, 8f.

[22] Der Mensch ist Person. Zur christlichen Rechtfertigung des Menschseins, Frankfurt/M. 1978, Kap 5 u. 6.

[23] Der Brief des jungen Arbeiters, Sämtl. Werke (1966) VI 1113.

[24] L. Wittgenstein, Philos. Unters. § 531: »Wir reden vom Verstehen eines Satzes in dem Sinne, in welchem er durch einen anderen ersetzt werden kann, der das Gleiche sagt; aber auch in dem Sinne, in welchem er durch keinen anderen ersetzt werden kann.« S. Kierkegaard, Der Begriff Angst, Düsseldorf 1965, 148: »Verstehen, was man selbst sagt, ist eines, sich selbst verstehen in dem Gesagten ist ein anderes.«

mehr als ihre stofflich-physische Realität: Das Wort ist mehr als Klanggebilde (dies die Grenze der »konkreten« Poesie); der Leib mehr als ein organischer Körper (ein Kuß mehr als ein Schleimhautkontakt); ein Mahl mehr als Kalorienaufnahme...

Zugleich sind Zeichen und Symbol auch weniger als das, was sie bedeuten, wieder genauer: sie sind (als Zeichen) weniger als die von ihnen bedeutete oder sich durch sie bezeichnende Freiheits- und Personalwirklichkeit: Das Wort ist nicht der Gedanke; mein Leib ist nicht ich (auch wenn sich, recht verstanden, sagen läßt: ich sei mein Leib[25]); ein Kuß ist nicht schon die wechselseitige Eröffnung der Herzen; ein Mahl nicht eo ipso jener Lebensaustausch, als welcher es inszeniert wird...

So aber werden Zeichen und Symbol, zu denken gebend, bedenklich. Sie geraten in den »Konflikt der Interpretationen« (P. Ricœur). Heißt deren Theorie Hermeneutik, dann lassen sich mit Ricœur zwei Extreme im (Selbst-)Verständnis von Hermeneutik benennen: »Auf der einen Seite wird die Hermeneutik aufgefaßt als die Manifestation und Wiederherstellung eines Sinns, der in der Art einer Botschaft, einer Verkündigung oder, wie es zuweilen heißt, eines *Kerygma* an mich gerichtet ist; auf der anderen Seite wird sie verstanden als Entmystifizierung, als Illusionsabbau.«[26]

Natürlich gibt es nie rein eines ohne das andere; gleichwohl ist die Gewichtverteilung von entscheidender Bedeutung: Läßt man sich grundsätzlich vertrauend auf die Botschaft von Zeichen und Symbol ein oder gibt man – im Gefolge der drei »Meister des Argwohns« (ebd. 47 – soupçon ist mehr als »Zweifel«, wie E. Moldenhauer übersetzt) Marx, Nietzsche, Freud – dem Mißtrauen den Vorzug?

Setzt sich das Mißtrauen durch, sieht man in Zeichen und Symbolen eher diagnostische Symptome, Larven anstatt ein Gesicht: dann ist es konsequent, sich möglichst von ihnen zu befreien.

Statt der Zeichen: die »Realität«?

1. Grundsätzlich bieten sich dazu zwei Wege an. Einmal die Suche nach der »bild- und weiselosen« Urwirklichkeit als

---

[25] G. Haeffner, Philosophische Anthropologie, Stuttgart 1982, 88-105.

[26] Die Interpretation. Ein Versuch über Freud, Frankfurt/M. 1969, 40.

solcher: heraus aus den Bildern in den reinen Gedanken, heraus aus bildhaften Gedanken in reine Weltformeln und Strukturgleichungen.

Das war gegenüber dem »einfachen Glauben« das Programm der Gnosis – seinerseits wies es zurück in asiatische Weisheitsprogramme und voraus in das neuzeitliche Wissenschaftskonzept. Eine ganze Literatur stellt diese beiden Konzeptionen als Gegensätze (zwischen West und Ost) dar. Mir scheint es wichtiger, ihre Selbigkeit und Gemeinsamkeit zu erkennen: den Mauerbau – oder Weltriß – zwischen Phänomen, Erscheinung, von uns »konstruierter Wirklichkeit« oder wie immer – und dem Noumenon, dem Ding an sich, der »Realität«.

Die Methoden des Grenzübergangs sind beim Programm Weisheit andere als bei der Wissenschaft (um es so schlicht auszudrücken; tatsächlich gibt es ja Wissenschaft wie Weisheit hier wie dort, mit nochmals bezeichnenden Differenzen). Denn auch das An-sich wird jeweils anders gedacht. – Schließlich sei die Zeitachse nicht vergessen: europäisch etwa scheint gegenwärtig den Erkenntnisoptimismus des Neuzeitbeginns eine gewisse Resignation abzulösen. Manche Gründe lassen sich dafür nennen, von der Entdeckung innerwissenschaftlicher Grenzen (»Unschärfe-Relation«) über die von Grenzen der Wissenschaft selber (»Ende der Wissenschaftsgläubigkeit«) bis zu der von Grenzen des Wachstums unserer Welt im ganzen. Doch wäre auch zu erwägen, ob diese Resignation nicht in Wahrheit nur der Schatten jenes Optimismus sei. Es scheint nämlich, daß unter Voraussetzung eines grundsätzlichen Grabens zwischen An-sich und Für-uns dessen Überwindung unmöglich wird. Das »Ding-an-sich«, zu dem *ich* gelangte, würde eben dadurch zum »Für-mich« – außer es gäbe *mich* dann nicht mehr.

Und kommen in dieser Ausschaltung des Subjekts nicht Wissenschaft und Weisheit überein? »Es denkt« lautet dann die Formel hier wie dort.

Will jedoch das Ich verbleibend denken, muß es scheitern. Wer des An-sich habhaft werden will – und alles andere für nichts achtet, muß erkennen, daß er *nichts* hat (weder in der Natur noch bezüglich des anderen Menschen), und kann er *selbst* nur um den Preis *sein, nichts* zu *haben*. (Dies war die konsequente Absicht Max Stirners, jenes »Einzigen«, der »seine Sach' auf Nichts« als auf sein »Eigentum« stellen wollte.) Wer statt dessen alles haben will, der muß sich dazu und darauf verstehen, nichts zu werden und zu sein – sei es in asiatisch meditativem Sich-Lassen, sei es in westlich-wissenschaftlicher Selbstentäußerung in die allgemeine Vernunft (bzw. ins Team).[27]

2. In diesem Programm »höbe« das Ich sich also in das Ganze »auf«, ins farblos weiße Licht des Allgrunds oder der Vernunft. Im Gegenprogramm dazu nun verliert es sich in die farbigen Dinge hinein. Wurde dort der »Wirklichkeit« die Realität abgesprochen: Glaubenstatsachen seien Vorstellungen, die Weltdinge nur ein Traum, das Zeithafte eigentlich nichtexistent, die Sinnesqualitäten »uneigentlich«, gesellschaftliche Daten ein Konstrukt, Individuen eine Täuschung – so wird hier umgekehrt eine »eigentliche« Realität jenseits des Faktischen bestritten.

Galt es dort aus den Zeichen und ihrem verwirrenden Gegeneinander in das von ihnen eher verdeckte als bedeutete »Umgreifende« sich zu erheben (heiße es Nichts oder All-Eines), so geht es jetzt um den Abschied von allem tieferen Sinn. Mit Nietzsche gesagt: »Die wahre Welt haben wir abgeschafft: welche Welt blieb übrig? die scheinbare vielleicht?... Aber nein! mit der wahren Welt haben wir auch die scheinbare

---

[27] Beides läßt sich übrigens schön an zwei Hegel-Texten belegen. Das eine im Gedicht »Eleusis« des jungen Berner Hauslehrers (August 1796): »Was mein ich nannte schwindet, / ich gebe mich dem unermeßlichen dahin, / ich bin in ihm, bin alles, bin nur es...« Dokumente zu Hegels Entwicklung (J. Hoffmeister), Stuttgart 1936, 381. Das andere aus der Religionsphilosophie, wonach das religiöse Selbst-Opfer in der Philosophie auf den Begriff gebracht wird: »Philosophie ist ebenso denkende Vernunft, nur daß bei ihr dies Tun, welches Religion ist, in der Form des Denkens erscheint...« Sämtl. Werke 15, 204f (Adorno weist in diesem Zusammenhang auf »Hegels leidvolle Gebärde, das zerdachte Antlitz dessen, der sich buchstäblich zu grauer Asche verbrennt«, Ges. Schriften, Frankfurt/M. 1970ff, V 293). – In personaler Begegnung hingegen geht es nicht um das »An-sich« des anderen, sondern um *ihn selbst – insofern* er sich mir zukehrt, sich mir zeigt und zuspricht. Vgl. A. Brunner, Person und Begegnung. Eine Grundlegung der Philosophie, München 1982. Statt »Ich bin Er (= Es)« heißt das Grundwort »Ich bin Dein« – indem ich Dir Dich glaube (und mich).

abgeschafft!«[28] Das heißt, es gibt nur, was es gibt, und alles ist, was es ist, ohne weiteres zu bedeuten. Und da es der Streit um Bedeutungen ist, der die Menschen entzweit, wird so endlich das Glück »jenseits von Freiheit und Würde« erreichbar: Friede durch die Abschaffung des Menschen.[29]

In der Tat ist zeichenlose Realität nur um diesen Preis zu erreichen; denn der Mensch ist ein Leib- und Zeichen-Wesen: animal symbolicum. Vor allem aber hängt der Normal-Mensch an seinem Leben. Was sollen also derart abstrakte Extremüberlegungen? – Sie scheinen mir darum geboten, weil sich an ihnen zeigt, was in den Alltagshalbheiten verborgen bleibt und doch enthumanisierend am Werk ist: im allgemein beklagten Symbolschwund. Werden wir also wieder konkreter.

Symbolverlust heute

1. Zunehmend klagt man über den Schwund an Sinn für Symbole, für Formen im privaten wie im öffentlichen Leben, für Bräuche und Institutionen. Dabei handelt es sich oft nur um den Wandel von Symbolen, den es stets gegeben hat, freilich nicht in so beirrender Geschwindigkeit.

Zunächst ist ja zwischen den Ur- oder Großsymbolen (in Jungscher Terminologie: den Archetypen) und deren näherer Ausgestaltung zu unterscheiden. (Nicht bloß im Märchen läßt sich der König kaum einfach durch einen Präsidenten oder Konzernchef ersetzen; umgekehrt wird so der Großreeder zum »Tankerkönig« oder der Filmstar zur Ersatz-Prinzessin). Ohne über Geschichtlichkeit oder Ungeschichtlichkeit der Urbilder hier befinden zu wollen: jedenfalls verlaufen deren Wandlungen in anderen Zeitmaßen, als wir es aus der kurzen Phase unserer industriellen Zivilisation gewohnt sind.

Mehr als ein Beispiel hierfür mag die Religion selbst sein, um deren Zukunft man noch vor einem Jahrzehnt landauf landab diskutierte, während man heute bereits von einem

---

[28] Götzen-Dämmerung (KStA 6, 81).

[29] »Leider sind es öfter die Meinungen über die Dinge als die Dinge selbst, wodurch die Menschen getrennt werden«, Goethe an Schiller, am 15.12.1795 (nach Epiktet, Handbüchlein 5). – B. F. Skinner, Jenseits von Freiheit und Würde, Reinbek 1973. – Siehe: C. S. Lewis, Die Abschaffung des Menschen, Einsiedeln 1979.

Jahrhundert der Religion spricht (was jetzt, im Blick auf den politisierten Islam oder die sogenannten Jugendreligionen, nur festgestellt, nicht gewertet sein soll). (Wie lange hat es beispielsweise gedauert, bis nach der Abschaffung des Weihrauchs in den Kirchen die Räucherstäbchen in die Studentenbuden einzogen?)

Damit dürfte zusammenhängen, daß die meisten Symbol-Ausgestaltungen aus der langen agrarischen Epoche stammen, ohne daß man schon überzeugende neue vorweisen könnte. Obendrein ist nicht alles in gleicher Weise zur Symbolisierung geeignet, obwohl prinzipiell nichts ausgenommen werden kann. Auch zur Ackerbauzeit hat man (bei uns jedenfalls) nicht den Dung- oder Komposthaufen, den Kohl und die Rübe symbolisiert – obwohl sich manches dazu sagen ließe. Zwar den Pflug, doch nicht die Egge, zwar das Worfeln und Dreschen, doch nicht das Schälen und Enthülsen.

2. Trotzdem bleibt die Frage bestehen. Greifen Schwund und Wandel von Symbolen nicht den Sinn für Zeichen und Symbol überhaupt an? – In der Tat. Nicht bloß bisherige Symbolwelten gehen unter, sondern die moderne Welt ist als ganze offenbar abstrakt und wissenschaftsgeprägt; terminologie- (und schlagwort-)bestimmt statt von lebensgesättigter Sprache, da Formeln und Abkürzungen (neuerdings Piktogramme) den Platz von Metaphern und Bildern besetzen.

Den Gründen hierfür müssen wir jetzt nachgehen. Ausgangspunkt sei Ungarettis Wort vom symbolischen »Nichts« an der geschenkten Blume. Es ist unausdrückbar, weder sichtbar noch gar beweisbar. Man muß es glauben, d. h. mit den »Augen des Herzens«[30] erblicken. Wo aber Vertrauen verlangt wird, besteht auch die Möglichkeit (und es bleibt nicht bei dieser) zum Vertrauens-Mißbrauch. Aus dessen Erfahrung mag ein Mißtrauen gegen Symbolisierung überhaupt erwachen, das sich nur mehr an der »Blume« als solcher orientiert (denn »was man hat, das hat man«) und von weiterer Bedeutung absieht, um darin nicht getäuscht und enttäuscht werden zu können.

---

30 Der kleine Prinz, Kap. XX; vorher Eph 1, 18; noch früher – und prinzipieller – Jesus Sirach 17, 8: »Er hat sein Auge in ihre Herzen gesetzt.«

Auf dem Grund anderer Gründe des heutigen Schwunds an symbolischem Sinn sehe ich also die Brüchigkeit modernen Gemeinschaftsbewußtseins.

Vielfache Brüche begegnen hier allenthalben. Neuzeitlicher Individualismus wie sein Gegenpart, ideologischer Kollektivismus, privatistische Isolation und »politische« Ver-öffentlichung der Einzelnen sind gleichermaßen (ihrerseits wirkende) Zeichen der Schwächung gelebter Gemeinschaft, Zeichen schwindenden und geschwundenen Sinns für Institutionen als äußere und innere Form von Gemeinschaft (als deren »Haut« wie als ihr »Knochengerüst«).[31]

Ein Bündel an Gründen hierfür liegt in den Versäumnissen der Sachwalter des »objektiven Geistes« den Subjekten gegenüber: beim »Übermut der Ämter« (Hamlet III 1) in Staat wie Kirche, wo der Einzelne sich lieblos immer wieder übergangen und »überfahren« vorkommt. Verschärft durch die ständige Zunahme von »Verwaltung« und Bürokratie unabhängig von der weltanschaulichen Prägung und politischen Verfaßtheit des jeweiligen Gebildes. Ein zweites Bündel stammt aus bösen Erfahrungen inhaltlichen Gewichts. Wer sich etwa im Deutschland dieses Jahrhunderts für Volk und Staat eingesetzt hat, fand sich schmählich betrogen; nicht anders ging es denen, die der »Partei der Arbeiterklasse« ihr »sacrificium intellectus« dargebracht hatten (ich nenne nur Arthur Koestlers Essay-Band »Der Yogi und der Kommissar« und Manes Sperbers Romantrilogie »Wie eine Träne im Ozean«). Selbst in der Kirche haben Menschen lebenslang – nicht selten unter Opfern – Dinge »gehalten« (glaubensbekennend wie lebenspraktisch), die durch die konziliare Reform auf einmal Gewicht und Geltung verloren.

Aber nicht weniger Gründe liegen im »Subjektivismus« der Einzelsubjekte, in »Narzißmus« und Wehleidigkeit, in der infantilen Ängstlichkeit und Begehrlichkeit nicht etwa bloß der Jugend, sondern genauso ihrer privaten wie öffentlichen Erzieher.

---

[31] Vgl. O. Höffe, Freiheit in sozialen und politischen Institutionen, in: J. Splett (Hrsg.), Wie frei ist der Mensch? Zum Dauerkonflikt zwischen Freiheitsidee und Lebenswirklichkeit, Düsseldorf 1980, 54-82.

3. Dostojewski und Nietzsche haben wohl am tiefsten in die Ab-Gründe dieser verschiedenen Motivationen geblickt. Ihre Einsichten sind von Martin Heidegger »wiederholt« worden; schließlich hat sie Horst Eberhard Richter auf die eingängige Formel vom »Gotteskomplex« gebracht. Danach sah der Mensch, nach dem Verlust des Vertrauens auf Gott, sich in der Neuzeit dazu genötigt, selbst die Rolle der Vorsehung für sich und seine Welt zu übernehmen. Dieser Überanstrengung ist seine Menschlichkeit, besonders seine Mit-menschlichkeit, jedoch nicht gewachsen.

Einerseits beansprucht die Gemeinschaft göttlichen Rang (Thomas Hobbes nennt den »Großen Leviathan« – Kap. XVII – den sterblichen Gott); andererseits wollen die Einzelnen jeder für sich als souveräne Götter selbst-bestimmen. Und obendrein braucht jeder Sündenböcke für sein vielfaches Scheitern. Denn wer alles selbst tun will, muß angesichts der Folgen seines Handelns eine Strategie entwickeln, es zugleich doch nicht gewesen zu sein: »es andere gewesen sein zu lassen«.[32]

Der Bruch im Gemeinschaftsbezug weist so noch einmal auf eine tiefere Störung zurück. Unter dem Zeitaspekt wäre sie als Verlust von Zukunft aus dem Verlust von Vergangenheit zu fassen. Der Mensch der Neuzeit beansprucht, selbst erst anzufangen, sich und seine Welt aus Eigenem erst zu schaffen. Was aber hat er von einer Zukunft zu erwarten, die er selbst machen muß? Erklärt sich nicht hieraus die wachsende Verfinsterung des Horizonts, das Umsichgreifen der Resignation, das zunehmende Nicht-mehr-warten-Wollen und -Können (wiederum bei allen Lebensaltern)? Man könnte im philosophischen Sinn von »Inflationsmentalität« sprechen.

Symbol-Sinn – als Sinn für die »Sprache« des Leibes und seiner Vollzüge – »symbolisiert« (d. h. zeigt und verwirklicht) seinerseits Mitmenschlichkeit. Mitmenschlichkeit symbolisiert das menschliche Welt- und Selbstverhältnis überhaupt: zuletzt das Gottesverhältnis des Menschen. – Bis hierhinein scheint mir der Symbol-Schwund und das Mißtrauen gegen Zeichen, Brauch und Ritual zu reichen. Damit sollen andere Gründe (z.

---

[32] O. Marquard, Ende des Schicksals? Einige Bemerkungen über die Unvermeidlichkeit des Unverfügbaren, in: Schicksal? Grenzen der Machbarkeit. Ein Symposion, München 1977, 7-25, 19f. Vgl. Lebendiges Zeugnis 36 (1981) H 2, 5-16.

T. ja hier genannt) nicht bestritten oder auch nur abgewertet werden. Grundsätzlich verkomplizieren sie den Sachverhalt insofern, als eben auch Unmenschlichkeit nicht ohne Symbole auskommt. Das Mißtrauen und die Abwehr kann sich darum gerade auch im Namen der Menschlichkeit oder Gottes gegen unverantwortliche Machtansprüche richten.

So mancher fürchtet diese in der Liturgie der römisch-katholischen Kirche mit ihrem »Allein-Seligmachungs-Anspruch«. Auf das partielle Recht und grundsätzliche Unrecht dieses Verdachts ist jetzt nicht einzugehen.[33] Prekärer stellt sich die Frage wohl im Blick auf Zeichen, Symbole, Riten und Formen des modernen Staates dar: nicht erst bezüglich Ost-Berliner Mai-Paraden, sondern etwa schlicht bezüglich einer Trauungsfeier auf dem Standesamt (die für Katholiken durch eine »Vollzugsmeldung« des Pfarrers ersetzt werden können müßte).

Leichter (nicht zu vermitteln; denn das ist immer schwer, wenn Traditionen abgebrochen wurden; aber) einzusehen sollte m. E. der Dienst von Zeichen und »Formen« im alltäglichen Umgang sein. Gegenüber einer Tyrannei von »Aufrichtigkeit«, die in Wahrheit oft nur Ungezogenheit und Bequemlichkeit, gedankenloser Egoismus ist, wird vielleicht die bescheidene Humanität von Umgangsformen neu entdeckt, die man mit Luft-Kissen verglichen hat: drin ist nicht viel, doch polstern sie nicht wenig. – Aber gehen wir noch einmal eigens auf die religiösen Symbole ein.

Neue Symbole? Menschsein als Zeichen

1. Wir leben zunehmend in Stadtkulturen, und – so hieß es zwischenzeitlich – die Stadt ist gottlos. »Renan sagte, die Wüste sei monotheistisch. Und man hat oft den Ausspruch wiederholt, man glaube von Natur aus auf dem Land an Gott und in der Stadt an den Menschen.«[34] Indes hat Harvey Cox auf seine Vision der »Secular City« (1965) bald (1969) sein Buch vom »Fest der Narren« folgen lassen. Und 1982 hat Bischof

---

[33] Siehe W. Kern, Disput um Jesus und um die Kirche, Innsbruck 1980, 88-112: Außerhalb der Kirche kein Heil? (auch als Einzelpublikation, Freiburg 1979).

[34] J. Lacroix, Wege des heutigen Atheismus, Freiburg 1960, 29.

Joachim Wanke in seinen vielbeachteten »Antritts«-Ausführungen erklärt: »Es ist jedem, der seinen katholischen Glauben bewahren und weitergeben will, dringend zu raten, in eine Stadt zu ziehen. In der Stadt ist am ehesten dank einer lebendigen Gemeinde für den Glauben eine Chance gegeben.«[35]

Für einige konkrete Hinweise sei zunächst auf ein Büchlein des französischen Jesuiten Pierre Sempé hingewiesen: Lob Gottes in der Stadt.[36] »›Du hast ja kein Schöpfgefäß und der Brunnen ist tief...‹ (Joh 4, 11). Wir können nur von dem Wasser trinken, das aus den Wasserhähnen fließt. Es ist nicht frisch, aber es ist Wasser und fließt. [Muß man die ewig Unzufriedenen erst an die Sahel-Zone erinnern?] Gott ist in der Stadt gegenwärtig« (9). Denn für den Glauben ist er überall.

Tatsächlich gibt es hier Dinge, die nur im Widerstand fruchtbar zu machen sind, kaum als Symbol. So der Lärm: »Es muß Stille sein, wenn man hören will, ob der Herr bei uns anklopft; aber dieser ganze Lärm, den unsere Brüder machen, das ist auch der Herr, der anklopft« (15). – Zum Lärm in der Familie jedenfalls wäre die a-theistische Ethik sub specie mortis einer Notiz Wolfdietrich Schnurres zu bedenken[37]: »Wenn ich täglich befürchte, die um mich sind, morgen nicht wiedersehen zu können, habe ich anders Umgang mit ihnen, als wenn ich zu wissen glaube, mich morgen schon *wieder* über sie ärgern zu müssen.«

Doch schon die »Massenverkehrsmittel« muß man nicht mit den Augen jenes Weichenstellers sehen, der dem Kleinen Prinzen erklärt, hier würden Tausenderpakete ziellos hin und her geschickt (XXII). Morgens sind die Menschen zur Arbeit unterwegs: zum Erwerb des Lebensunterhalts für sich und die Ihren und zum Dienst an den Menschen, denen ihre Arbeit zugutekommt. Abends sind sie auf dem Weg zu ihrem Heim. Sind wir nicht alle unterwegs im großen Schiff und Zug Menschheit, im Omnibus (d. h. »für alle«) Kirche? – Und soll-

---

[35] »Die Kirche hat die Wirklichkeit Gottes zu bezeugen.« Überlegungen eines Bischofs zur seelsorglichen Lage, in: Herderkorrespondenz 36 (1982) 436-442, 437.

[36] Graz-Wien-Köln 1960. – Verf. nimmt hier Ausführungen auf aus: Neue Welt in alten Zeichen? Zur Möglichkeit religiöser Symbole in der modernen Industriegesellschaft, in: Kath. Bildung 82 (1981) 333-344.

[37] Der Schattenfotograf, München 1978, 86.

ten wir nicht hier, in der gefüllten Straßen- oder U-Bahn, schon lernen, daß die Ewigkeit nicht eine Summe isolierter »Privataudienzen« darstellen wird, sondern die Einzelnen, bei voller Wahrung ihres ganz persönlichen Namens, zu flutenden Lobes-Chören verbindet?

Von welchem Symbolgewicht sind Brief- und Paketpost, erst recht das Telefon! Und muß die Verpackung uns hindern, in jeder Ware »die Frucht der Erde und der menschlichen Arbeit« zu erkennen? Wenn man uns sagt, in der Natur begegne der Mensch heute weitgehend nur noch sich selbst, dann begegnet er eben dort seinen Brüdern und Schwestern; denn jeder Gegenstand ist greifbar gewordene Zeit und Zuwendung von Menschen. Noch das abstrakte Geld verwirklicht den Austausch zwischen den Menschen. Er ist von Ungerechtigkeit, Unmenschlichkeit, von Gier und Neid gezeichnet; aber er ist Austausch, »Kreislauf« gemeinsamen Lebens.

2. So könnte man fortfahren über Notarztwagen, Feuerwehr, Auto und Flugzeug (die »kleine« Therese hat bekanntlich unter anderem den Lift einbezogen). Doch lenken wir zur grundsätzlichen Überlegung zurück.

Was das Symbol und die Humanität der Zeichen ausmacht, ist deren *Mehrdeutigkeit*. Wir brauchen die Vereindeutigung der Sprache zur Terminologie in den Wissenschaften, die Vereindeutigung von Zeichen etwa im Straßenverkehr und die einseitige Festlegung von Wort wie Geste im Recht. Aber es ist eine Frage der Humanität, Leben und Selbst nicht auf diese univoken Dimensionen reduzieren zu lassen; der Angst und dem Mißtrauen zu widerstehen, welche uns hindern, es mit dem Wort und auf das Wort eines anderen hin zu wagen.

Hier sei nur vor dem Irrtum gewarnt, weniger »natürliche« Zeichen seien keine. Man kann »Blumen sprechen« lassen, doch auch etwa Briefmarken auf dem Kuvert. Tatsächlich begegnet der Mensch niemals »reiner«, sondern stets schon von ihm »gezeichneter« Natur. Immer lebt er in Kulturen, seien sie dem »Naturzustand« nun näher oder ferner. Und warum wäre größere Nähe an sich schon humaner? Man beschwört Wiese und Wald gegen »seelenlosen« Beton; doch ist es menschlicher, bloßfüßig in überfluteten Reisfeldern zu waten als in Schuhen auf Asphalt oder Kunststeinfliesen zu gehen?

Unleugbar mangelt vielem in unserer technisch-wissen-schaftlichen Welt jene Mehrdeutigkeit, an der symbolische Indienstnahme leichter ansetzen kann. Vieles ist eindimensional auf bestimmte Zwecke hin entworfen. Aber entworfen von Menschen für Menschen. Und das Grundsymbol ist nach wie vor das Da-sein des Menschen selbst (da-seiend als »Objekt« anderer wie als Subjekt für sie), also sein Leib und seine Leiblichkeit. Leib aber ist nicht etwas, das ich habe, sondern jene Wirklichkeit, kraft derer ich alles andere habe und mich zu anderen verhalte. Grundsätzlich läßt sich hier alles einbeziehen, auch wenn es bei Maschinen schwerer fällt als bei Werkzeug.

Vermutlich kann das auf die Dauer jedoch nur gelingen, wenn sich der Mensch selbst als Symbol bewußt wird und bleibt. »Animal symbolicum« hieß bislang: Wesen der Symbole; der Mensch bezeichnet anderes und findet es bezeichnend. Doch der Mensch selbst ist eine »sprechende«, bezeichnende Erfahrung; er ist selber »Bild und Gleichnis«, und mehr als das – nämlich nicht Abbild, Stellvertreter (gar bloß Chiffre) eines Abwesenden (wie ein Kunststoff-Schupo vor einer Straßenverengung), sondern die Versichtbarung, das Antlitz einer unsichtbaren *Anwesenheit*. In ihm, der im Leibe da ist, ist – nicht ein anderer, sondern der »Nicht-Andere« (Cusanus) da.[38]

Die Tiefenpsychologie erklärt, was uns bei Begegnungen so betreffe, sei die Wiederkehr einer Ursituation. Dies ist *eine* Schicht, oder besser: Dimension von Symbol. Aber es ist nicht alles. Im helfenden wie im hilfeheischenden, im fragenden wie im erwidernden Anderen – und dies lebendig zu wissen könnte alles verwandeln – begegnet Er.

---

[38] W. Kern, Der Gottesbeweis Mensch, in seiner Sammlung: Atheismus – Marxismus – Christentum, Innsbruck ²1979; J. Splett, Gottesbeweis Mitmenschlichkeit sowie: Gottes Menschlichkeit (Analogie), Kap. 4 und 7 in: Gotteserfahrung im Denken, Freiburg-München ⁴1995.

2. FEST DER SPRACHE.
GRÜNDUNG IM KULT

Gleich eingangs ist eine doppelte Klarstellung nötig. – Wir wollen 1. hier keine historische These aufgrund (prä-)historischer Forschung erörtern. Statt vom Beginn, dem zeitlichen (und so stets schon vergangenen) Anfang, ist vom währenden Ursprung die Rede. Ursprung = Prinzip wird von der Schule definiert als jenes, von dem her etwas ist oder wird oder sich erklärt, von dem her es also Sein und Wesen, Sinn und Wahrheit besitzt. Das schließt die historische Perspektive nicht aus – Anfang Beginn und Gründung im Ursprung stehen ja nicht beziehungslos nebeneinander; doch gehen wir darauf nicht näher ein.[39]

Ein Grund für diese Beschränkung ist 2. die Unmöglichkeit klarer Scheidung zwischen Dichtung und Sprache. Bezüglich des Sprach-Beginns gilt nämlich nach wie vor der bekannte Satz Wilhelm von Humboldts: »Der Mensch ist nur Mensch durch Sprache; um aber die Sprache zu erfinden, müßte er schon Mensch sein.«[40] Das betrifft jedoch zugleich die Dichtung; denn Dichtung, oft Sprach(kunst)werk genannt, ist dies nicht im selben Sinn wie andere Werke der Kunst.

»Das Verhältnis des Dichters zur Sprache ist anders als das des Komponisten zu den Tönen, und ganz und gar verschieden von dem des Malers oder des Bildhauers zu ihren Werkstoffen. Denn nicht erst das Werk, sondern schon der Dichter selbst steht innerhalb der Sprache und nicht, von ihr abgetrennt, der Sprache gegenüber. Die Sprache ist nicht der Stoff

---

[39] Siehe dafür aber, mit eindrucksvollen Belegen: W. Pannenberg, Anthropologie in theologischer Perspektive, Göttingen 1983, 346-348.

[40] Über das vergleichende Sprachstudium... (1820), in: Werke in fünf Bänden (A. Flitner/K. Giel), Darmstadt 1960ff, III 11. H. Arens, Sprachwissenschaft. Der Gang ihrer Entwicklung von der Antike bis zur Gegenwart, Freiburg/München ²1969, 3: »Mythen verschiedener Völker berichten, wie der Mensch zum Feuer kam oder das Getreidekorn gewann – von den Göttern, aber ich kenne keinen Mythos (d. i. Wort), der überliefert, wie der Mensch zum Wort, zur Sprache gelangt.«

der Dichtung, auch nicht eigentlich, wie man heute meta-
phorisch oder sonstwie poetisch sagt, ihr Leib (»Sprachleib«):
das Verhältnis von Sprache und Dichtung ist in gewissem
Betracht das der Identität« (Gerhard Storz).[41]

Der Dichter betreibt auch gewiß nicht »so etwas wie Edel-
raffinerie gegenüber dem Rohstoff Sprache« (ebd.). Gleichwohl ist die Rede vom Werk unerläßlich. Und es »läßt sich
sagen, daß in der Dichtung die Sprache recht eigentlich zu sich
selbst kommt, oder daß die Dichtung der Sprache ihre höchsten Möglichkeiten offenbart« (Helmut Kuhn).[42]

Ansonst zumeist gedankenlos als Instrument (der Mitteilung, des Ausdrucks, des Appells) verwendet, erscheint in der
Dichtung Sprache als sie selbst: als »gehobene Sprache«.
Dichtersprache »steht dadurch dem Tanz nahe«, der seinerseits gehobenes Schreiten ist. Und in beidem erscheint die gehobene Freiheit des Menschen: »die Befreiung des Menschen
im gehobenen Augenblick ist, dichterisch erfahren, zugleich
die Befreiung des Wortes in gehobener Rede« (ebd. 296f).
Solche Erhebung heißt Fest. – So soll in diesem Kapitel von
Fest und Feier als Grundvollzügen freier Menschlichkeit ge-
handelt werden, um dem Ursprung der Dichtung aus solcher
Freiheit nachzudenken.

Fest-Theorien

1. Der dänische Forschungsreisende Knud Rasmussen berichtet aus Alaska folgende Erzählung: Nacheinander sind einem
einsamen Eskimo-Paar zwei tüchtige Söhne auf der Jagd spur-
los verschwunden. Dem dritten nun begegnet ein Adler und
droht auch ihm den Tod an, wenn er nicht ein Sängerfest
abhalten werde. Der junge Mann will das gern tun und kommt
mit zur Adlermutter, um alles zu lernen, was zu einer solchen
Veranstaltung gehört. Darunter auch das Einladen von Gästen.
Aber es gebe doch gar keine anderen Menschen, wendet er ein.

---

[41] Sprache und Dichtung, München 1957, 25. Vgl. auch die Trennung
von Dichtung und Kunst bei H. Schmitz, Das Göttliche und der Raum
(System der Philosophie, 3. Bd., 4. Teil), Bonn 1977 (527ff u. 613ff, bes. §
231: 613-619).

[42] Dichter und Dichtung, aus dem Fischer-Lexikon Bd. 35/1 (Literatur
2/1) 1965, 115-151; hier zitiert nach: H. Kuhn, Schriften zur Ästhetik,
München 1966, 292-335, 293.

»Die Menschen sind allein, weil sie die Gabe des Festes nicht bekommen haben«, lautet die Antwort.

Tatsächlich erscheinen am Festtag viele Gästepaare, in Tierfelle gekleidet, und werden am Ende (wieder) zu Tieren. Das Fest kann nämlich Tiere in Menschen verwandeln – und macht auch die alte Adlermutter wieder jung. »Denn wenn die Menschen Fest halten, werden alle alten Adler verjüngt; deshalb ist der Adler der heilige Vogel des Gesanges, des Tanzes und des Fests.«

»Dieser Ursprungsmythos eines Naturvolkes läßt einige Hauptzüge des Festes erkennen: es entstammt einer anderen Welt und ist also eine Göttergabe, es schafft Gemeinschaft sowohl zwischen den Menschen untereinander wie zwischen ihnen und der göttlichen Welt, es gibt den Teilnehmern Freude und neues Leben, indem sie durch das Fest verjüngt und verwandelt werden.«[43]

Heute scheinen so manchem Feier und Fest eher eine Bedrohung von Menschlichkeit zu bedeuten, weil in Gefahr, die herrschende Unmenschlichkeit »versöhnlerisch und heiter zu verschleiern, statt sie endlich zu entlarven. Darum wollen die Linkeren den Rechteren ihre Festlichkeiten verderben. Aber sie selbst wollen und können auch nicht mehr feiern. Sie verbieten sich die Epiphanie des Schmetterlings, bevor nicht der Prozeß der Ent-larvung ganz ausgestanden ist. Oder sie wollen Feste mit Treffsicherheit als politisch effektive Feste inszenieren. Ob dies aber gelingen kann, ohne daß das Fest zum Nicht-Fest, zur Indoktrination, politischen Schulung oder Umschulung wird, bleibt die Frage. Und die eher Liberalen beklagen ihre eigene Unfähigkeit zu Spiel, Phantasie und Kreativität.«[44]

Wäre demnach die religiöse Dimension vielleicht nicht bloß als einer von vielen Fest-Bereichen zu sehen, sondern als der bleibend ursprüngliche Ort von Festlichkeit?

2. Am bekanntesten sind wohl die Darlegungen Josef Piepers unter dem Titel »Zustimmung zur Welt«.[45] »Ein Fest

---

[43] C.-M. Edsman, Feste und Feiern 1. Religionsgeschichtlich, in: RGG³ 2, 906f.

[44] G. M. Martin, Fest und Alltag. Bausteine zu einer Theorie des Festes, Stuttgart u.a. 1973, 8.

[45] Zustimmung zur Welt. Eine Theorie des Festes, München 1963.

feiern heißt: die immer schon und alle Tage vollzogene Gutheißung der Welt aus besonderem Anlaß auf unalltägliche
Weise begehen« (52). Natürlich darf man das nicht »mit vor-
dergründigem Optimismus« verwechseln, »oder gar mit der
bequemen Billigung des jeweils Faktischen« (47). Gutheißung
erweist ihren Ernst »gerade in der Konfrontierung mit dem
geschichtlich Bösen«, gegenüber »jener sehr sublimen, schwer
zu fassenden ›Verzweiflung der Schwachheit‹, von welcher
Sören Kierkegaard gesprochen hat, und die in der alten
Lebenslehre *acedia* heißt, ›Trägheit des Herzens‹« (48f).

Pieper kann sich auf eine Notiz Friedrich Nietzsches aus
dem Jahre 1884 berufen: »Um Freude irgendworan zu haben,
muß man *Alles* gutheißen.«[46] G. M. Martin teilt demgegenüber
zwar nicht einfach die Kritik Diethart Kerbs', man habe hier
ein »Musterbeispiel« für »reaktionären und gefährlichen affirmativen Optimismus... von katholischer Seite« (92)[47]; aber
auch er vermißt eine Zuordnung von Affirmation und Widerspruch, fürchtet undialektische Stabilisierung ungerechter Verhältnisse, bemängelt Piepers Unverständnis für eine Deutung
des Fests als Protest und Exzeß.

3. Widerspruch und Exzeß sind die Bestimmungen des
Festes bei Sigmund Freud,[48] vor allem aber bei Roger Caillois
und Michail Bachtin. – Bei Caillois steht das Moment des Ex-
zessiven im Zentrum, gegenüber der ausgewogenen Mittel-
mäßigkeit des alltäglichen Lebens. Das Fest ist ihm die »Zeit
der Vorherrschaft des Sakralen«.[49] Das Sakrale aber bestimmt
er als nicht ungefährlichen Aufbruch aus der Ruhe und
Stabilität des normalen Daseins (182-184). »Das Fest, die
Vergeudung der während einer langen Zeit angehäuften
Güter, die zur Regel gewordene Regellosigkeit... «[50]

---

[46] SW (Colli/Montinari) KSA 11, 160 (26 [47]), bei Pieper: 46.

[47] D. Kerbs, Das Ritual und das Spiel. Bemerkungen über die politische
Relevanz des Ästhetischen, in: ders. (Hrsg.), Die hedonistische Linke.
Beiträge zur Subkultur-Debatte, Neuwied-Berlin 1970, 24-47, 46 A. 25.

[48] »Ein Fest ist ein... gebotener Exzeß, ein feierlicher Durchbruch eines
Verbotes... die festliche Stimmung wird durch die Freigebung des
sonst Verbotenen erzeugt.« Totem und Tabu IV (Stud. Ausg. IX, 425).

[49] L'homme et le sacré, Paris [4]1961, 130.

[50] Die Spiele und die Menschen. Maske und Rausch, München-Wien
o.J. (Paris 1958), 99.

Stärker den Widerstand akzentuiert M. Bachtin. Er bezieht sich auf die mittelalterliche »Lachkultur«, die am Feiertag »das ganze offizielle System mit allen seinen Verboten und hierarchischen Schranken zeitweise außer Kraft« setzte.[51] In einem gewissen Gegensatz zu Caillois wird ihm das Fest zur Feier der Freiheit gerade auch vom Heiligen und seinem bedrückenden Ernst (35).[52] Das Fest begegnet ihm in erster Linie als Karneval.

4. Narrenfreiheit und Triumph des Harlekins stellt Harvey Cox ins Zentrum seiner Fest-Theologie. Ihr Grundprinzip heißt Gegenüberstellung.[53] Und gegenübergestellt werden »Symbol« und »Situation«, man könnte auch sagen: Ideal und Realität; doch nicht in schmerzlichem Rückblick auf den verlorenen Anfang, sondern in froher Hoffnung auf die Zukunft. Cox sieht das Mißverhältnis nicht als »beklagenswerten Konflikt«, sondern als zu bewahrenden »pikanten Mißklang«, der uns »in das Heimweh nach der Zukunft« einstimmt (172).

Cox übernimmt von Caillois die Idee des Exzesses wie von Pieper die der Bejahung. Diskontinuität wird positiv er- und ge-lebt, im Namen offener Zukunft, gemäß Leszek Kolakowskis Gegenüberstellung von Priester und Narr und im Sinn von Morse Peckhams »Begeisterung für das Chaos« (172-174).[54]

5. Gerhard M. Martin faßt die angeführten Bestimmungen im Begriff der Bewußtseinserweiterung zusammen. Er stellt dem betreffenden Abschnitt in seinem Buch als Motto Sätze von Ernst Jünger voran (24):

»Es ist für uns wichtig, daß wir zuweilen hart an die Grenzen des Humanen herangeführt werden, wie es ursprünglich der Sinn des Festes gewesen ist. Dessen Geschichte läßt sich in zwei große Erwartungen einteilen: in den Wunsch,

---

[51] Literatur und Karneval. Zur Romantheorie und Lach-Kultur, München 1969, 33.

[52] Vgl. A. C. Zijderveld, Humor und Gesellschaft. Eine Soziologie des Humors und des Lachens, Graz-Wien-Köln 1976, 96ff: zum »Fest der Narren«.

[53] Das Fest der Narren. Das Gelächter ist der Hoffnung letzte Waffe, Stuttgart-Berlin [4]1972, 171.

[54] L. Kolakowski, Der Mensch ohne Alternative, München 1961, 250-280; M. Peckham, Man's Rage for Chaos, Philadelphia 1965.

mit dem Tier identisch zu werden, und in die Hoffnung, daß Götter eintreten.«[55]

Martins Fazit: »Der anthropologische und ontologische Grundbegriff meiner Theorie des Festes ist ein erweitertes, offenes, aufgesprengtes, nicht einfach verlassenes oder abgeblendetes Realitätsprinzip« (27). Darin verbinden sich umfassendes Ja und konkretes Nein, Urvertrauen und das Dennoch eines Muts zum Sein (28-31).

6. Martin unternimmt mit dieser Bestimmung eine Synthese der zusammengetragenen Aspekte. Was aber bildet den »gemeinsamen Nenner«, der diese Verbindung erlaubt? Worin besteht die gemeinsame Perspektive, die auch seinen Vorschlag mit den von ihm synthetisierten Momenten verbindet? – Die Frage zielt also nicht eigentlich auf eine weitere (fünfte oder sechste) Fest-Theorie, sondern eher darauf, die referierten Theorien grund-sätzlicher zu verstehen. Das bedingt einen höheren Abstraktionsgrad, womit wir uns scheinbar von der konkreten Fest-Realität entfernen. Einzig der Fortgang unserer Reflexion kann ergeben, ob diese Abstraktion zu einem Verlust an Wirklichkeitsbezug führt oder umgekehrt zu einem tieferen, fruchtbareren Verständnis.

Gemeinscbafts-Vollzug menschlicher Zeitlichkeit

1. Denken wir an die Eingangsbestimmung zurück Feier als Begehung eines prägenden Ereignisses im Leben eines Einzelnen oder einer Gruppe. Fest ist herausgehobene, geheiligte Zeit, seien es Geburts- und Hochzeitstage, religiöse oder politische Gedenktage, Feiern des Übergangs von der Kindheit zum Erwachsenenstand (»rites de passage«) oder die feierliche Eröffnung und Beendigung der Jagdzeit.

Zeit wird hier nicht bloß durchlebt, indem man *in* ihr das erlebt, was geschieht; sondern sie selbst wird thematisch: in der Feier des Anfangs von etwas wird Anfang als solcher bedacht und begangen; ebenso Ende als solches, Jetzt als Jetzt, Wechsel *als* Wechsel, Umlauf als Umlauf und so fort. – Gehen wir unter dieser Rücksicht die genannten Theorien nochmals durch, in umgekehrter Reihenfolge.

---

[55] Annäherungen. Drogen und Rausch, Stuttgart 1970, 378.

2. In der Tat ist mit unserer Deutung erstlich gegeben, was G. M. Martin herausgestellt hat: ein besonders waches und erweitertes Bewußtsein. Der Mensch macht sich in stärkerer Weise bewußt, was es um Zeit und Zeitlichkeit ist, um Anfang, Höhe wie Ende, um die langsamen Prozesse von Wachstum und Alter, um die Plötzlichkeit von »Augenblick« und »Stunde«, um die Offenheit von Zukunft wie die Unabänderlichkeit des Vergangenen und die Herausforderung, die das Heute für den Einzelnen und die Gemeinschaft darstellt.

3. Damit ist auch die Gegenübersetzung gegeben. Der Mensch tritt nämlich gleichsam aus dem Fluß der Zeit heraus, in welchem er alltäglich treibt. Er schaut dies Fließen an – im Blick zurück auf die Quelle und die bislang durchmessene Strecke, im Blick voraus auf das geahnte Ziel, zu dem er auf dem Weg ist, in Besinnung auf das »Wandern« selbst, den ständigen Abschied und das immer neue Auftauchen von Neuem.

Es muß nicht die »juxtaposition« von Ideal und Realität sein, jedenfalls nicht im geläufigen, das Heute »kontrafaktisch« abwertenden Wortsinn, eher schon im ursprünglichen platonischen Verständnis des Ausdrucks: als Begegnung von »eidos« (als In-bild) und seiner konkreten Wirklichkeit bzw. als Konfrontation des tätig Gelebten mit dem, was es selbst in Wahrheit ist und bedeutet, mit seinem »Wesen«.

4. Was aber bedeutet es nun in Wahrheit? Hegel hat die Zeit die für sich gesetzte Negativität genannt.[56] Sie sei der »alles gebärende und seine Geburten zerstörende Chronos« (§ 258). Entsprechend zeigt das Zeitliche sich wesenhaft als unruhig (statt in sich ruhend), das heißt, Zeitlich-sein besagt Vergänglichkeit (ebd.). Und das bezieht sich nicht etwa auf ein Ereignis am Ende, sondern macht die Seinsart des Endlichen überhaupt aus. Es gilt darum, daß das Zeitliche »ist, indem es nicht ist, und nicht ist, indem es ist«.[57]

Eben diese Erfahrung scheint die Basis der an zweiter Stelle aufgeführten Fest-Theorien zu bieten. Exzeß und Widerspruch verneinen den Daueranspruch von Normen. Was gilt, gilt auch nicht. Das »juste milieu« des Alltags (Caillois) ist in seiner

---

[56] Enzyklopädie... (1830) § 257.

[57] Zusatz zu § 448, Sämtl. Werke (Glockner) 10, 322f.

Ruhe trügerisch; denn unter ihm lauert das Chaos. Der Mensch verbirgt es sich im Alltagsleben; denn er kann nicht ohne das Gehäuse einer Ordnung, ohne Halt an Institutionen bestehen. Der Einzelne braucht die »zweite Natur« seiner Gewohnheit und die Gemeinschaft das Regelgesamt des kollektiv Gewohnten. – Fest entsetzt aus solcher Gewohnheit: in der Feier wird das Ungewöhnliche Ereignis.

Das Ungewöhnliche aber ist nicht bloß Exzeß, sondern zugleich und wesentlich auch Widerspruch gegen das Gewohnte. Sein Widerspruch gilt dem Gewohnten nicht, weil es im negativen Sinn »gewöhnlich« wäre, also verächtlich; sondern er zielt im Gegenteil auf dessen Endlichkeit und Hinfälligkeit – und auf unsere Mißachtung seiner. (Wäre es verächtlich, hatte man ja sein Verschwinden zu begrüßen.) Das heißt, Fest und Feier sind das Unterfangen, den Fluß der Zeit zum Stehen zu bringen. Fest besagt *Vergegenwärtigung* dessen, was es begeht.

Es hält den Anfang, das Ende, den Übergang... was immer man gerade feiert, als solches (»an und für sich«) eine Weile fest, »ehe das Leben weitergeht«. Dabei muß dieser »Stillstand« nicht Ruhe, gar hieratische Statik besagen. Er kann im Gegenteil auch so zustandekommen, daß das Fließen exzessiv zu Raserei und Sturz beschleunigt wird: die thematisierende Unterbrechung des »Zeitflusses« geschieht dann statt in einem »See« wie durch einen »Fall« (ein Stau verbände beides, oder ein Wirbel) – ehe wieder der normale Zeitlauf seine Rechte erhält.

Ob also in Sammlung oder in Verschwendung: in beidem wird die Anfangs-Fülle gegenwärtig. In den Naturfeiern ereignet sich die »ewige Wiederkehr« (M. Eliade) des durch allen Wandel hindurch archetypisch Selben. Otto Friedrich Bollnow nennt »als das eigentlich Festliche die *kreisende Struktur* der Zeit, wie sie in der Musik und insbesondere im Tanz erfahren wird«.[58] Und auch wo (was Eliade vernachlässigt) statt des zeitlos Selben ein konkret historisches Ereignis begangen wird, geschieht Wieder-holung des Vergangenen.

---

[58] Neue Geborgenheit. Das Problem einer Überwindung des Existenzialismus, Stuttgart ⁴1979, 243; vgl. bes. M. Eliade, Kosmos und Geschichte. Der Mythos der ewigen Wiederkehr, Reinbek b. Hamburg 1966.

Gerade wenn es dabei nicht um jene »mythische« Entgeschichtlichung geht, der Mircea Eliade (34-45) auf der Spur ist, handelt es sich um Vergegenwärtigung des betreffenden politischen und/oder religiösen Geschehens, also um einen Protest gegen Alter, Veralten und Anheimfall ans Vergessen, wie sie das Schicksal des Zeitlichen sind und wie es die Gewöhnung an ihm vollstreckt.

5. Doch woher läßt der Protest sich *feiern?* Wieso wird der Widerspruch zum Fest? Unsere eigene Wieder-holung der Fest-Theorien ist damit zur erstgenannten Bestimmung des Festes gekommen. Es muß tatsächlich, wie Josef Pieper vertritt, einer fundamentalen Bejahung entspringen. Und wir müssen, unserer Deutung zufolge, zeigen können, daß dieses Ja dem Zeitlichen als solchem, der Zeit selbst gilt, gegen die sich offenbar doch der Protest des Festes richtete.

Ansatz dieses Erweises ist, gegen Hegel – und nicht nur gegen ihn, die Unterscheidung von Vergänglichkeit und Zeit.[59] Ist Zeit denn einzig oder auch nur vordringlich Verfließendes, das alsbald nicht mehr da ist, oder fließt sie nicht erstlich auf mich *zu* – und gibt sich nicht in ihr ein je und je (ge)währendes Sein-lassen meiner und unser? Zeit wäre so, durch alle Abschiede hindurch, in allem Sorgen und Vergehen, »Zeit der Gnade« (2 Kor 6, 2). Von Stunde zu Stunde gegeben – kann sie doch keiner sich schaffen (nur eben sich für die anderen »nehmen«, um dies Geben fortzusetzen).

Doch Zeit ist mehr als nur der Charakter meines oder auch unseres Werde-Wesens. Ihr Ursprung liegt vielmehr gerade im *Begegnungsgeschehen* dieses Werdens. – Wirklichkeit besagt, Gestalt zu haben, und Gestalt besteht nur in Konturen, also in Grenzen, wobei Grenze stets die Grenze von (mindestens) zweien ist (da man nicht an nichts grenzen kann). Solch konturierende Grenze besteht für Personen nun nicht als statisches Faktum, sondern allein als Vollzug; und Grenz-Vollzug ist Begegnung. Begegnung aber heißt Anruf – der Antwort freigibt,

---

[59] Das folgende gibt Gedanken wieder, die aus größerem Zusammenhang vorgelegt wurden in: Gotteserfahrung im Denken. Zur philosophischen Rechtfertigung des Redens von Gott, Freiburg-München 1973 (^{5}2005), 76f. Siehe zuvor: Der Mensch in seiner Freiheit, Mainz 1967, 43-58.

sie *erwarten* muß. Begegnung heißt, sich angerufen hören, antworten sollen.

Und darin wird ursprünglich Zeit in ihren »drei Dimensionen«: da im einander Entgegenwarten von Ich und Du (in ihrer Gegen-wart für einander) der An-Ruf, der sie wechselweise erweckt hat (ihre Herkunft), antwortheischend auf sie zukommt. Die Namen »Kairos«, »Symbolos«, [60] Augenblick (Kierkegaard) sprechen in das Gemeinte. Bei Proust heißt es »wiedergefundene Zeit«; in einem nachgelassenen Gedicht R. M. Rilkes »vollzählige Zeit«.[61]

All das meint nicht Flucht aus der Zeit und Erlösung von ihr, geschweige denn selbst-trügerischen Protest; es meint erlöste Zeit. *Zeitlosigkeit* wäre nach diesem Verständnis nämlich totales Alleinsein, also gänzliche Verhältnislosigkeit. Und umgekehrt Bezug zum anderen sagt Zeitlichkeit. Besonders Franz Rosenzweig hat das herausgearbeitet und dem zeitlos monologischen Ideal eines »kranken Menschenverstandes« ein »neues Denken« der Dialogik und Zeithaftigkeit gegenübergestellt.[62]

Solch hohem Augenblick nun, da den Menschen nicht nur das «rechte Wort« kommt, sondern das «Gespräch« sich in den Zwiegesang übersteigt,[63] entspringt das Fest.

6. Ist jedoch Zeit derart gewährte Gabe, dann verhalten sich in ihrer Feier die Feiernden nicht einzig zueinander und gemeinsam zu ihr, sondern ihr Gesang gilt zugleich und zuhöchst dem »Herrn« dieser Stunde. Fest ist »heilige Zeit«. Griechisch hieß Fest heorté. »Das Wort verlangt zur Verdeutlichung den Zusatz *tou theoû* (des Gottes). Der ursprüngliche Sinn des Ausdrucks dürfte ›Liebeserweis an die Gottheit‹

---

[60] Vgl. M. Müller, Erfahrung und Geschichte. Grundzüge einer Philosophie der Freiheit als transzendentale Erfahrung, Freiburg-München 1971, 555ff.

[61] Perlen entrollen... Sämtl. Werke, Wiesbaden 1955, II 42.

[62] Vom gesunden und kranken Menschenverstand, Düsseldorf 1964; Das neue Denken, in: ders., Kleinere Schriften, Berlin 1937, 373-398; Siehe jetzt auch E. Levinas, Die Zeit und der Andere, Hamburg 1984.

[63] F. Rosenzweig, Der Stern der Erlösung, Heidelberg ³1954, 2 Teil, 181-193; vgl. B. Casper, Seit ein Gespräch wir sind, in: B. Casper/K. Hemmerle/P. Hünermann, Besinnung auf das Heilige, Freiburg 1966, 80-123; ders., Das dialogische Denken, Freiburg 1967, 129.

sein.«[64] »Den Grund für die freudige Gestimmtheit des Menschen während der Festzeit sieht Plutarch nicht in dem Genuß von Wein und Fleisch, sondern in dem Glauben, daß der Gott wohlwollend anwesend ist und das Festgeschehen huldvoll akzeptiert« (ebd.). Ähnlich bedeuten in der lateinischen Sprache die Wörter *feriae* und *(dies) festus* gottgehörige Zeit (ebd.).

Feier als Fest-Ritual

1. Das Fest nun begeht der Mensch in der Feier. Wir können mit Otto F. Bollnow unterscheiden:»Die Feier ist die engere Veranstaltung, die als solche ausdrücklich gestaltet wird, sie geschieht in einem feierlichen Akt und endet mit diesem Akt. Das Fest dagegen ist etwas Umfassenderes.« Im Blick auf Weihnachtsfest und Weihnachtsfeier meint er sogar: Das Fest »besteht bis zu einem gewissen Grade, auch wenn es vom Menschen nicht beachtet wird, zum mindesten nicht von den Menschen ausdrücklich ›veranstaltet‹ wird.«[65]

Denkt man Fest in solch hohem Sinn, dann gilt allerdings, daß nicht jeder Feier notwendig ein Fest entspricht (223f). Doch läßt sich wohl mit gleichem Recht sagen, eine Feier *mache* eben aus ihrem konkreten Anlaß (Studienabschluß, Beförderung, Wiedersehen, Sieg...) ein Fest. Und je nach Rang mag aus solchem Anlaß für die Gruppe und Gemeinschaft der Betroffenen durchaus ein »offizieller« Festtag werden.

Zum Festtag wird freilich nur ein freudiger Anlaß. Und auch dies allein, wenn er nicht schlicht zurückliegt, sondern fortlebt ; man spricht statt von Gedächtnisfesten von Gedächtnisfeiern. Ähnlich im Blick auf die noch offene Zukunft: Fest gilt dem Geglückten (sei auch nur geglückt, zu einem bestimmten Anfang zu kommen); die Eröffnung als solche eines gemeinsamen Unternehmens begeht eine Feier.

Bollnow glaubt überhaupt die Feier der Geschichte zuordnen zu sollen, während das Fest in das »natürlich-vorgeschichtliche Dasein, in letztlich nur mythisch zu verstehende Zusammenhänge« zurückweise (225). Wir haben diese Unter-

---

64 G. Lieberg, Fest, in: HWP II 938f.

65 O. F. Bollnow, Neue Geborgenheit 222ff, Zitat: 223. Wir folgen im weiteren seinem Gedankengang (Seitenzahlen in Klammern im Text).

scheidung überstiegen (oder untergriffen), weil der Mensch nie nur natürlich, niemals ungeschichtlich lebt.

2. Doch Bollnow zeigt den Unterschied von Fest und Feier noch auf andere Weise, nämlich »von dem bezeichnenden Stimmungsgehalt der zugehörigen Seelenzustände her« (226). Festlichkeit strahlt in Weiß und Gold und Helle. Ihre Stimmung ist gelöst in freiem Schweben, Heiterkeit und Lachen, Lebensfreude, die im Tanz aufgipfelt (231 f). – Feierliche Gestimmtheit ist demgegenüber nicht etwa gedrückt, ihre Gehobenheit aber verbindet sich mit einer bezeichnenden Schwere. Der Ernst verbietet das Lachen, erwartungsvolle Stille erlaubt höchstens ein Flüstern, Bewegungen in dieser Angespanntheit haben ein »gemessenes« Tempo; was geschieht, wird »vollzogen«, nicht zuletzt auch – in gehobenem Stil – die Sprache, in Zuruf, Vortrag, Wechselrede, Hymne, Hochgebet, gemeinsamem Bekenntnis. Rahmend treten hinzu ernst erhebende Musik, dunkle und satte Farben und »meist eine gewisse Dunkelheit, ein Dämmern« (230).[66]

Dieser Ernst aber ist nicht der tätige Ernst des Lebens. Er steht daneben, außerhalb oder »darüber«. Feierlichkeit ist stets mehr oder minder »prunkvoll«, also gerade nicht »nüchtern«. So ist es zu verstehen, daß demokratische Lebensformen überhaupt wenig Verständnis für die Ansprüche des Feierlichen haben« (230).

Auch mit dieser Unterscheidung sollen freilich Fest und Feier einander nicht strikt entgegengesetzt werden. Fest umgreift, wie schon gesagt, die Feierstunde, und die Feierstunde feiert das Fest. Fest wird auch für Bollnow, »wie immer wir es fassen und wie verdünnt es auch in unseren modernen Festen erscheinen mag« (232), erst durch die Gegenwart eines Göttlichen zum Fest. – Wenn er demgegenüber nun den feierlichen Augenblick durch das Empfinden der Nähe des Schicksals charakterisiert (ebd.), dann zeigt sich noch einmal, daß zwischen Fest und Feier – schulsprachlich gesagt – eine *distinctio inadaequata* besteht; denn zwar muß die Nähe des Schicksals nicht religiös als Da-sein eines Göttlichen aufgefaßt

---

[66] »Der helle, übersichtliche, klare Raum der reformierten Kirchen wirkt darum nicht feierlich und ist auch nicht als feierlich gemeint« (ebd).

werden; wohl aber ist die »Heimsuchung« des Göttlichen stets
schicksalhaft. Darum geht das Fest zwar in der Feier nicht auf,
aber ohne sie fehlte ihm seine Mitte.[67]

3. Dieser «Vollzug« nun in seiner Feierlichkeit geschieht
»zeremoniell« bzw. rituell. »Ritus nennen wir die sozial ste-
reotypisierte, zur Regelform gewordene Ablaufsganzheit eines
als korrekt geltenden Verhaltens. In diesem Sinn mehr oder
weniger ritualisiert ist das ganze Brauchtum des Menschen...
Ein religiöser Ritus ist nicht nur sozial approbiert, sondern
auch sanktioniert, d. h. er gilt als heilig.«[68]

Der nächste Satz gleich erklärt: »Der Ritus beruht auf dem
menschlichen Bedürfnis nach Sicherheit.« Aus dieser Perspektive spricht die Psychoanalyse vom neurotischen »Zeremoniell«[69] und hat man umgekehrt religionskritisch »wiederholt
darauf hingewiesen«, »bis in welche Einzelheiten sich die
Analogie der Religion mit einer Zwangsneurose verfolgen,
wieviel von den Sonderheiten und den Schicksalen der Reli-
gionsbildung sich auf diesem Wege verstehen läßt«.[70]

Es sei keineswegs bestritten, daß solche Aussagen zutref-
fen, wohl aber, daß mit ihnen das Wesen des Ritus getroffen
sei. Zunächst einmal ist es doch trivial, daß jeder Gemein-
schaftsvollzug Handlungsregeln voraussetzt. Hätte man das
Wesen von Sprache erfaßt, wenn man in Wörterbuch und
Grammatik erstlich die Kodifikation von Sicherungs- oder gar
Zwangssystemen erblickte? Und Sprache stellt mehr als ein
«Bei-her-Spiel«[71] dar; denn jedes Ritual ist grundsätzlich als
Zeichen-Gebilde, als Sprache zu sehen. Und zwar wiederum
nicht sogleich psycho-analytisch als Symptom-Zeichen (also
als unbewußte Manifestation eines larvierten, erst zu ent-lar-

[67] Selbst die »harmlosen kleinern Feste«, auf die Bollnow – seinem
a-historischen Festverständnis zufolge – abhebt, werden über Essen,
Trinken, Gespräch, Musik und Tanz zu *Festen* nur, wenn sie zumindest
feierliche Augenblicke kennen.

[68] W. E. Mühlmann, Ritus, in: RGG[3] V 1127f.

[69] Vgl. S. Freud. Zwangshandlungen und Religionsübungen, Stud.
Ausg. VII 11-21.

[70] S. Freud, Die Zukunft einer Illusion, Stud. Ausg. IX 177.

[71] So Hegels gelegentliche »Etymologie«, z. B. SW (Anm. 57) 2, 82.

venden Trieb-Gehaltes), sondern erst einmal als «Symbol«: als Selbst-Ausdruck gemeinsamer Freiheit.

In diese Richtung zielt bereits die biologische Ethologie mit ihrem Begriff der «Ritualisation«, womit man seit Julian Huxley »jede Veränderung einer Verhaltensweise im Dienste der Signalfunktion« bezeichnet.[72] Uns hier geht es um bewußtes Freiheits-Geschehen. »Hinter dem Ritus findet man den Mythus [Wort!], der dem Ritual Leben und Inhalt verleiht. Ohne den Mythus ist dies ein rein mechanisches Handeln, das niemanden beeindrucken kann, nicht einmal den Ausführenden selbst... Das Ritual enthält ein Programm, ein Dogma, eine Weltanschauung.«[73]

4. Doch die Sprache des Rituals ist mehr als Information; sie enthält *wirksame* Zeichen. Man nennt dies gewöhnlich »magisch« – und auch hier nicht selten zutreffend, doch wiederum, ohne damit den Kern der Sache zu treffen

Magische Handlungen sollen unmittelbar durch ihre eigene Mächtigkeit bestimmte Resultate erzwingen »oder, richtiger gesagt: sie direkt zeitigen«.[74] Nicht so wahrhaft religiöse Vollzüge. »Automatik der Kraftwirkung« einerseits – Bezug auf Personalität und Freiheitswirklichkeit andererseits, ein Bezug, der auch und gerade im Willen zur Beeinflussung (durch beschwörendes Flehen, Opfer usw.) die Entscheidungsmacht dieses Gegenübers bekennt: diese Differenz markiert die unaufhebbare Differenz zwischen Magie und Religion. (Es dürfte freilich auch einsichtig sein, wie schwierig in concreto diese Trennungslinie zu ziehen ist.)

Zugleich darf Magie nicht mit »primitiven« Formen von »Naturwissenschaft« oder Technik verwechselt werden (und schon gar nicht mit der Faszination des Fremdartigen überhaupt). Magie in unserem strengen Verständnis ist nicht ein

---

[72] W. Wickler hat dafür den klareren Ausdruck ›Semantisierung‹ vorgeschlagen. Lexikon der Psychologie (1972), Taschenbuch-Ausg. Freiburg 1976, III/1, 209f.

[73] G. Widengren, Religionsphänomenologie, Berlin 1969, 210. In einet Fußnote zitiert er [J. H.?] Frere: »No one can hope to judge fairly matters of ceremonial who does not see that the reason why they cause such heat of controversy is that they signify so much.«

[74] A. Bertholet, Magie, in: RGG³ IV 596; das Folgende nach: J. Splett, Magie, in: SM 3, 317-322 (auch in HTTL 4).

unbekannter (vielleicht irriger) Versuch der Naturbeherrschung als solcher (indem man etwa glaubt, durch bestimmte
Kontakte die Härte der Schildkrötenschale auf die eigenen
Fußsohlen so zu übertragen, wie sich die Farbe einer Tonerde
auf das Gesicht übertragen läßt); sondern sie ist der Versuch
zur Beherrschung einer geglaubten fremden *Macht*.

Magie ist also die Theorie und Praxis unmittelbarer natu-
raler Bestimmung von Freiheit: »von Freiheit« (im Unterschied
zu wie auch immer aufgefaßter Naturbeherrschung), »unmittelbar natural« (im Unterschied zum stets naturhaft vermittel-
ten, *leibhaften* Freiheitsbezug). So will Liebeszauber den anderen nicht bloß gefügig machen (wie Lockungen, Drohungen
oder Drogen), sondern seine *Liebe* – erzwingen.

Nochmals gesagt: auf diesen widersprüchlichen Versuch
trifft der Blick in die Religionsgeschichte stets auch. Aber er
zeigt das Un-wesen, nicht das Wesen von Ritual. – Dies liegt
vielmehr in dem, was sprachphilosophisch mit John L. Austin
als »Performativ« benannt wird: einem Wort, das wirkt, was es
sagt;[75] theologisch begegnet es insbesondere im »Sakrament«.

Mann und Frau *machen* sich vor dem Priester durch ihr
wechselseitiges Ja zu Eheleuten; und ebenso staatlich, wo die
Trauerklärung durch den Standesbeamten weder bloß eine
Mitteilung ist (wie die Hochzeitsanzeige) noch ein magischer
Akt, aber wirklich das Paar zu einem Ehepaar macht. (Siehe
oben Kap. 1, Abschn. 1.) – Um das zu sehen, darf man freilich
nicht bloß physische Realitäten als wirklich ansehen, sondern
auch Geist und Freiheit und ihre Bezüge. So ist Leib mehr als
Körper, sind Gestik, Schreiten, Sich-Verbeugen, Händedruck
und (wieder) das Sprechen nicht bloß oder doch »eigentlich«
physische Lageveränderungen, sondern umgekehrt verändert
sich darin »an sich« und »eigentlich« ein Mensch und die
Situation zwischen Menschen.

Dies aber noch einmal so, daß andererseits der physische
»Außenaspekt« nicht etwa unwichtig und vernachlässigbar
würde. – Situationen zwischen Menschen sind nur *leiblich*
(»leibhaftig«) solche. Und Gedanken sind allein als Worte in
der Welt (sogar »im Kopf« des Einzelnen nur, wenn sie

---

[75] Siehe J. L. Austin, Zur Theorie der Sprachakte (How to do things
with Words), Stuttgart 1972.

Sprachform haben), wobei die Wortgestalt mitnichten »äußerlich« und so »beliebig« wäre, sondern durchaus prägend. Der Mensch *ist* zwar nicht einfachhin sein Leib, aber er *hat* ihn auch nicht bloß: er ist und lebt und verwirklicht sich leiblich.

Ist eine Hochform sich verwirklichender Gemeinschaft das Fest, so verwirklicht sich Fest im Ritual der Feier. Und ist der Mensch in Leib und Gemeinschaft ein Wesen der Sprache, so feiert Dichtung die Leibhaftigkeit des Worts.

Dichtung als Feier

1. Die Überschrift möchte auf ihre Weise sagen, was Beda Allemann in die »Wortfügung« (die »weder eine handliche Formel noch eine Definition sein möchte«) gebracht hat: »Das Wesen des Dichterischen – der Rhythmus.«[76]

›Ernst‹, ›Gemessenheit‹, ›Vollzug‹ waren vorhin herangezogene Worte; sie sprechen eine innere Gespanntheit zwischen Auftakt und Schlußakzent an, in der die Zeit, wie erwogen, sich zu »Augenblick« und »Stunde« sammelt. Im Rhythmus ereignet sich »der Zusammenklang von Vergänglichkeit und Vollendung« (21).

Dichtung ist, was Rilke an der Tänzerin rühmt: »Verlegung / alles Vergehens in Gang« (26).[77] Darum kann man rechtens mit Allemann (ebd.) Hölderlins Wort »Was bleibet aber, stiften die Dichter« zusammenstellen mit Rilkes »Denn Bleiben ist nirgends«.[78] – Dichtung ist Feier der Zeit, nicht indem sie uns aus ihr ins Zeitlose entrückt, sondern als deren »Gestaltung«.[79]

---

[76] Über das Dichterische, Pfullingen 1957, 11. ›Wesen‹ ist dabei, in Heideggers Folge, verbal zu lesen.

[77] SW (Anm. 61) I 763 (Sonette an Orpheus II 18).

[78] Hölderlin, SW (Kl. Stuttg. Ausg.) II 198 (Andenken); Rilke, SW II 687 (1. Duin. Elegie). – Allemann erinnert an das »Nirgends ohne Nicht« der achten Elegie (II 714) – als den Bereich des Engels und weist auf ein Frage-Bild Paul Klees hin. Noch deutlicher wäre das Gemeinte aber in einem Gedicht des Malers (das R. Guardini in einer Besinnung auf die religiöse Sprache zitiert hat): »Einst werd ich liegen im Nirgend, / bei einem Engel irgend.« – P. Klee, Gedichte, Zürich 1960, 9; R. Guardini, in: Bayr. Akademie (Hrsg.), Die Sprache, Darmstadt 1959, 11-31, 30.

[79] Für eine literaturwissenschaftliche Konkretisierung dieser These siehe beispielsweise: E. Staiger, Die Zeit als Einbildungskraft des Dichters, (1939) Zürich ³1963; auch seinen »Beitrag der Literatur-

»Gestalt« meint hier statt den äußeren Umriß ein Kraft-Geschehen, die Figur in einem Gefüge, wo Kräfte und Spannungen miteinander, gegeneinander und ineinander verspannt sind. Wir können den verschiedenen Gegensätzlichkeiten jetzt nicht im einzelnen nachgehen; Romano Guardini nennt Akt – Bau, Fülle – Form, Einzelheit – Ganzheit...;[80] eigens bedenkenswert wäre vor allem, was bei ihm unter den Begriffen »Immanenz – Transzendenz« bedacht wird: die Verschränkung von Anspruch, Zukehr (Dialogik) und Inwendigkeit, Abkehr (Monologik) literarischer Werke. Hier sei nur die Spannung von Leben und Tod aufgenommen:

Gestalt erfüllt in »Dichte« derart ihr Gesetz, daß ihre Kontur völlig die ihrige ist. Sie wird also weder von außen willkürlich abgeschnitten noch verläuft sie ausfließend ins vag Beliebige: sie erfüllt sich. Ihre Spannung ist die eines Melodie-Bogens, der sich selbst sein Ende erwirkt. – Rilke rühmt es an Hölderlin: »Die Zeile schloß sich wie Schicksal, ein Tod war / selbst in der lindesten, und du betratest ihn; ...«[81]

So aber kann sich dem Sich-Einlassen auf das Ende die Vollendung schenken. Rilke fährt fort: »... aber der vorgehende Gott führte dich drüben hervor.« – Solches Reden ist – unvermeidlich? – räumlich, als wäre ein faßliches Jenseits gemeint, zu dem man schlicht – wie durch ein Tor – »hinüberginge«. Wie aber könnte Dichtung uns dann in unserem täglichen Sterben betreffen? Sie wäre dann wirklich Träumerei und Lüge, wovon ein ernsthafter Mensch möglichst rasch wieder in die Bewährung des Lebens zurückkehrt. Aber Dichtung ist Gestalt, die »bleibt – im Nirgend«.[82]

wissenschaft an die philosophische Anthropologie« (10): Grundbegriffe der Poetik, (1946) München 1971.

[80] Der Gegensatz, Versuche zu einer Philosophie des Lebendig-Konkreten, (1925) Mainz ²1955.

[81] SW II 93 (An Hölderlin). »Wille ist dies, sich zur Endlichkeit zu entschließen.« – »Nicht das Leben, das sich vor dem Tode scheut..., sondern das ihn erträgt und in ihm sich erhält, ist das Leben des Geistes«, hat Hölderlins Freund G. W. F. Hegel geschrieben. SW (Anm. 57) 7, 65 (Rechtsphilosophie § 13) u. 2, 34 (Phänomenologie, Vorr.). – Siehe auch B. Allemann, Zeit und Figur beim späten Rilke. Ein Beitrag zur Poetik des modernen Gedichtes, Pfullingen 1961.

[82] Im Licht solcher Gedanken könnte einsichtig werden, inwiefern Gestalt Probleme »erledigt«, nach der selbstbewußten Feststellung

Vielleicht zeigt sich das am eindrücklichsten gerade an Werken des Protestes und der Klage, die unserer These von der Dichtung als Fest und Feier am entschiedensten zu widersprechen scheinen. – Was ist das für ein Geschehen, in dem[83] »das klagende Leid rein zur Gestalt sich entschließt«? – Damit ist Tieferes gemeint als jene Alltagspsychologie, die bei dem Goethe-Wort »Gab mir ein Gott, zu sagen, was ich leide« (Tasso V 5) nur an das Lösende von Träne und Wehlaut denkt. Was ein Gott gab, ist, daß die Klage *Gesang* wird.

Indem das Leid, im tiefsten unsere Endlichkeit überhaupt, Gesang wird, wird sie weder bloß lindernd in Schrei und Weinen verlautbart (obwohl in solcher Linderung schon sich das Geheimnis des »Gesangs« auswirkt: das der Gestalt) noch wird sie in ein (»transfinites«) Jenseits hinein überstiegen (die Flucht in »Hinterwelten« scheitert stets kläglich). Vielmehr wird die Endlichkeit als solche angenommen, das »Zeitliche gesegnet« und auf diese Weise als Voll-endung Ereignis.

2. »Poetisches Lob ist eine Errungenschaft. Die größte Errungenschaft besteht darin, die Stimme der Affirmation durchzuhalten angesichts des Leidens. Und Leiden in dem vollen menschlichen Sinn des Wortes ist Schmerz, der mit Schuld gepaart ist, aber ohne daß die Partnerschaft zu einem gerechten Gleichgewicht werden könnte. Dichtung erringt diesen Triumph dadurch, daß sie das Leiden in sich aufnimmt – Tränen, Herzenspein, Gewissensnot und Verzweiflung, die ganze Angst dieses unseres Lebens, besiegt aber und versöhnt. Wie das vollbracht werden kann – dies zu verstehen, ist der Dichter selbst im allgemeinen unfähig. Nur als Dichter vollbringt er, wonach die Metaphysik umsonst strebt: eine überzeugende Theodizee.«[84]

Was aber ist der genaue Sinn des indikativischen Perfekts »Besiegt, versöhnt«? Es beschreibt genau die Botschaft der

---

Hugo von Hofmannsthals in seiner Rede auf Grillpazer: »Freilich deuten die Zeitgenossen immer auf Probleme hin, überall sehen sie, nach Hegels Redeweise, Prozesse anhängig... Wer nicht gestalten kann, schleppt den Prozeß der Begriffe von einer Instanz zur andern. In der Gestalt erst ist das Problem erledigt.« GW Prosa IV, Frankfurt/M. 1955, 126 (144: »Die Gestalt erledigt das Problem.«).

[83] Rilke, 9. Elegie: I 719.

[84] H. Kuhn, Schriften zur Ästhetik 257 (Dichten heißt Rühmen).

Dichtung; aber wie ist diese zu verstehen? Soll sie nicht Naivität oder Zynismus sein, dann müssen wir sie als die Sprache kultisch prophetischer Vorwegnahme lesen. Das ist ausführlicher in der »Bilanz« des achten Kapitels zu bedenken (besonders in dessen Schlußabschnitt). Blicken wir jetzt nur noch einmal auf den Kultvollzug selbst.

Bestätigung und Erhebung durch den Zuspruch, ja durch das Da-sein des Gottes lassen den Menschen gewiß beseligt verstummen; dann aber lösen sie ihm die Zunge. Kürzeste Formel seiner Annahme und Bekräftigung von Bestätigung wie Erhebung ist wohl das *Amen*. Das aber treibt (wie das Grün seine Blüte) das *Alleluja* heraus: das Lob Gottes in der Rühmung seiner wie seiner Taten und Gaben.

»Der Ursprung der Dichtung aus der sakralen Feier, mag er auch nicht für alle Formen der Dichtung gesichert sein, bedeutet mehr als eine historisch-genetische Tatsache. Die Dichtung, ihrem Wesen nach Rühmung, lebt von der Aura der Festlichkeit, und zugleich erzeugt sie diese ihre Lebensluft.«[85]

Die viel beredete Krise der Dichtung zeigt sich damit als die humaner Festlichkeit überhaupt, und darin, wie schon im ersten Kapitel erwogen, als die gegenwärtiger Liturgie(un)fähigkeit.[86] Ernst und Tragweite der Krise, hieß es, dürfen nicht beschwichtigend weggeredet werden – dennoch, nicht minder entschlossen ist einem gegenwartsverfallenen Fatalismus zu widerstehen, und auch gerade, wenn er sich geschichtsphilosophisch geriert.

Helmut Kuhn zitiert (330f) Paul Valéry, der das Gedicht als Fest des Geistes feiert. »Man feiert eine Sache, indem man sie vollendet oder sie in ihrem reinsten und schönsten Zustand darstellt... Man tut von sich sein Elend, seine Schwächen, seine Alltäglichkeit. Man organisiert die ganze Möglichkeit der Sprache.«[87] Ich würde nicht sagen, daß man das Gewohnte ab und von sich tue, sondern: man nehme es und so sich selber an

---

85 H. Kuhn 335.

86 Siehe, vor vielem Späteren, auf den bekannten Brief R. Guardinis von 1964 hin, Th. Bogler (Hrsg.), Ist der Mensch von heute noch liturgiefähig? (Liturgie und Mönchtum, Laacher Hefte 38), Maria Laach 1966.

87 Tel Quel I. Œuvres (Pléiade) II 546 f.

– als angenommen. Das mag dann – im Vorgriff – zur Verwandlung in den »schönsten Zustand« führen; aber auch solche Verwandlung ist anderes als ein Abtun. (Die geistliche Tradition spricht von Verklärung, besonders im Blick auf die Leidensmale des Auferstandenen.)

Folgerichtig fügt Valéry der Notiz den Schlußabsatz an: »Das Fest ist beendet. Nichts soll übrig bleiben. Asche, zertretene Girlanden.« – Nein es bleiben erstlich und vor allem (im »Nirgend« des Herzens) Dank und Gedenken; es bleibt die Hoffnung, als welche Dankbarkeit lebt. Und es bleibt beider Sichtbarkeit: der ölgetrankte Stein Jakobs, der Zettel im Rocksaum Pascals, das Buch auf dem Bord, aus dessen Buchstaben immer neu die Epiphanie des Fests Ereignis werden kann. Und dies alles letztlich darum, weil der Herr bleibt und lebt, dessen Da-sein Fest werden ließ – und weil er wiederkommt.

3. PHILOSOPHISCHE DEUTUNG
VON DICHTUNG?

Eigentlich kann man nur dichten
– alles andere ist ungenau.
Mathias Schreiber[88]

Die Themafrage stellt sich zunächst doppelt: 1. Wie ist philosophisch Dichtung als solche, das »Wesen von Dichtung« zu interpretieren? Was hat man unter Dichtung, als was hat man sie zu verstehen? 2. Wie ist philosophisch eine bestimmte Dichtung zu interpretieren? Und diese zweite Frage doppelt sich wiederum: a) Was hat man unter philosophischer Interpretation einer bestimmten Dichtung, als was hat man solche Interpretation zu verstehen? b) Was sagt diese Interpretation? Wie hat man philosophisch jene Dichtung zu verstehen?

Sichtlich hängen diese Fragen nicht bloß irgendwie zusammen, sondern bilden einen Zusammenhang, der unserem Antwortversuch eine sinnvolle Schrittfolge anbietet. Beginnen wir also mit Überlegungen zur philosophischen Deutung als solcher.

Philosophie der Dichtung

Philosophie der Dichtung fragt nach ihrer Wahrheit. Sie tut dies in zweifachem Sinn: einmal als Frage nach dem, wodurch Dichtung wahrhaftig zu Dichtung wird, sodann als Frage nach dem, wodurch Dichtung wahrhaftig wird.

1. Vorstellung und Schein. Beide Fragen zugleich beantwortet eine Tradition von Platon[89] bis Hegel[90] mit der Bestimmung: sinnliches Erscheinen der Idee.

---

[88] M. Schreiber, Die unvorstellbare Kunst. Die Stärke des Schwachen als poetisches Prinzip, Frankfurt/M. 1970, 8.

[89] Phaidros 250b.

[90] Sämtl. Werke (Glockner) 12, 89 u. 107; 160: »Das Schöne bestimmt sich dadurch als das sinnliche Scheinen der Idee.«

Sichtbarwerden der Idee, aber nur im sinnlichen Schein; nur sinnlicher Schein, aber darin Sichzeigen der Wahrheit. In dieser hermeneutischen Situation der Kunst, ihrer Dolmetsch-funktion, gründen ihr Glanz wie ihr Elend. Ihr Glanz, insofern »das Schöne das Symbol des Sittlichguten«[91] ist: »Jetzt also hat uns die Macht des Guten seine Zuflucht gefunden bei der Natur des Schönen.«[92] – Ihr Elend, insofern der Dichter, in Nach-bildung der sinnenhaften Realität, die ihrerseits schon Schatten der Idee ist, »der dritte abwärts von der Wahrheit ist«.[93]

Hegelsch gesprochen: die Kunst gehört zur Dimension des absoluten Geistes, aber hier als erste, prinzipiell zu überstei-gende und schon überstiegene Stufe. Manifestation des Abso-luten freilich wird sie gerade in ihrer von Platon geschmähten Abbild-Abbildhaftigkeit. Allerdings ist diese Abbildlichkeit nicht als bloße Nachahmung zu verstehen. So gilt gerade be-züglich der berühmten Weintrauben des Zeuxis, »daß statt Kunstwerke zu loben, weil sie *sogar* Tauben und Affen ge-täuscht«, man jene tadeln müsse, die ein Kunstwerk durch Hinweis auf eine »so niedrige Wirkung« zu erheben geden-ken«.[94]

Die Wirklichkeit selbst täuscht ja etwas vor: »diese Selb-ständigkeit und Freiheit« der Trauben, die für die Begierde doch nur dazu da sind, »um zerstört und verbraucht zu wer-den« (65). Indem solche Scheinwirklichkeit nun im Kunstwerk ausdrücklich »zum bloßen Schein erhoben« wird (67), doku-mentiert sich im bleibenden Sein des Werks die Freiheit des Subjekts von der Begierde-Bindung an die Natur-Realität.

Gleichwohl ist diese Freiheit nicht schon die des Begriffs, des reinen Gedankens im allgemeinen und des sich selbst verstehenden Wesens der Erscheinung. Daraus entspringt eine Auffassung der Kunst, die Hegel als schief ablehnt, obwohl sie eine achtenswerte Tradition besitzt: »daß sich das Kunstwerk sodann auf ein anderes beziehen soll, das als das Wesentliche, Seinsollende für das Bewußtsein hingestellt ist, so daß nun das Kunstwerk nur als ein nützliches Werkzeug zur Realisation

---

91 I. Kant, Kritik der Urteilskraft § 59.

92 Philebos 64e.

93 Politeia 595-606.

94 Hegel 12, 73.

dieses außerhalb des Kunstbereichs selbständig für sich geltenden Zwecks Gültigkeit haben würde« (89).

Als »Werkzeug« und Mittel verstanden, wird die Kunst in
einen doppelten Dienst gestellt: Entspannung und Ertüchtigung,[95] wobei Ertüchtigung eher rational: Belehrung, oder
eher emotional bestimmt werden kann: Mobilisierung, Erbauung.

Dazu habe ich andernorts die These vertreten und zu belegen versucht, daß solche Verzwecklichung dazu führt, sich an
den Schwächen des »Publikums« zu orientieren, und so die
Verkehrung des Kunstwerks ins Kitschprodukt nach sich
zieht.[96] Dabei wurde bewußt der Kitsch-Begriff Hermann
Brochs übernommen:[97] Kitsch, mit Malraux gesagt, als »Be-
friedigungskunst«[98], zu invertierter Selbstbefriedigung. – Als
Instrument in den Dienst der »Wahrheit« gestellt, endet die
Kunst in zynischer Selbstbestätigung des bloßen Scheins.

»Hiegegen steht zu behaupten, daß die Kunst die Wahrheit
in Form der sinnlichen Kunstgestaltung zu enthüllen, jenen
versöhnten Gegensatz [von Natur und Freiheit, Wirklichkeit
und Vernunft] darzustellen berufen sei, und somit ihren Endzweck in sich, in dieser Darstellung und Enthüllung selber
habe.«[99]

Diese Versöhnung, in der bildenden Kunst objektiv darge-
stellt, in der Musik als »Sich-Vernehmen des Innern als
Innern«[100] präsent, erscheint zuhöchst in der Dichtkunst. Sie
ist gewissermaßen die absolute Kunst (die darum auch in sonst
unerreichbarer Weise sich »mit dem Allgemeinen der Kunst

---

95 Ebd. 83: »In dieser Rücksicht enthält der horazische Kernspruch *Et
prodesse volunt et delectare poetae* in wenigen Worten das konzentriert,
was später in unendliche Grade ausgeführt, verwässert und zur
flachsten Ansicht von der Kunst in ihrem äußersten Extrem geworden
ist.«

96 Der Mensch ist Person. Zur christlichen Rechtfertigung des Menschseins, Frankfurt/M. 1978, Kap. 8.

97 Kommentierte Werkausgabe, Frankfurt/M. ²1981, 9/2, 169. Siehe
auch L. Giesz, Phänomenologie des Kitsches, München ²1971.

98 P. Régamey, Kirche und Kunst im XX. Jahrhundert, Graz 1954, 339-
341.

99 Hegel (Anm. 90) 12, 89.

100 Hegel 14, 222.

als solcher zu tun macht« – 231). Sie nimmt die Gesamtheit der Inhalte und der Kunstformen in sich auf, aber in einer Verwandlung, die gerade jenes Moment am Wesen des Schönen und der Kunst hervortreten läßt, demzufolge die Kunst sich selbst transzendiert: d. h. sie zeigt sich »als diejenige besondere Kunst, an welcher zugleich die Kunst selbst sich aufzulösen beginnt und für das philosophische Erkennen ihren Übergangspunkt zur religiösen Vorstellung als solcher sowie zur Prosa des wissenschaftlichen Denkens erhält«.[101]

Was gegen diese Sicht der Kunst vor allem eingewandt wird, ist, daß hier die Philosophie den beunruhigenden und unverfügbaren Anstoß seitens des Kunstwerks in die Gewalt bekommen hat. »Wir müssen die Frage stellen, ob auf diese Weise die Philosophie nicht von vornherein der Kunst vorschreiben will, was sie ist und zu leisten hat.«[102]

Indem die Wahrheit ihrer Wahrheit der Begriff ist, wird die Kunst doch zu einem Mittelglied bzw. einer Vermittlungsstufe, die der »weiterblickende Geist« schließlich als unangemessen »von sich fortstößt«.[103]

Demgegenüber sucht Heidegger die Kunst, und vor allem *die* Kunst, die Dichtung, als Geschehen der Wahrheit zu denken.[104]

2. Geschehen der Wahrheit. Wahrheit geschieht, indem das Heilige aufgeht, oder sagen wir besser: aufgehen läßt. – Das ist jetzt zu erläutern.[105]

---

[101] Ebd. 232. Dieser Übergang ist selbst wieder dreistufig. Der bildenden Kunst korrespondiert die Epik, der Musik die Lyrik; beides synthetisiert die Dramatik, zu der wir wohl auch – trotz Hegels Widerwillen gegen das Drucken und Lesen von Dramen – den klassischen (»spät«-)bürgerlichen Roman zu zählen hätten.

[102] W. Biemel, Die Bedeutung von Kants Begründung der Ästhetik für die Philosophie der Kunst, Köln 1959,166-182 (Die Kunst als sinnliches Scheinen der Idee bei Hegel), 181.

[103] Hegel 12, 151. Wie es Ludwig Wittgenstein in dem berühmten Schluß seines Tractatus (6.54) von dessen Sätzen sagt.

[104] Vgl. W. Biemel (Anm. 102) 182-197 (Die Kunst als Geschehen der Wahrheit bei Heidegger).

[105] Die folgende Darstellung stützt sich auf das Heidegger-Kapitel und die diesbezüglichen Reflexionen in: Die Rede vom Heiligen. Über ein religionsphilosophisches Grundwort, Freiburg München ²1985.

Im Kunstwerk erscheint zunächst nicht eine oder die Idee, sondern das dargestellte Seiende selbst, und damit alles, was ist. »Je einfacher und wesentlicher nur das Schuhzeug, je ungeschmückter und reiner nur der Brunnen in ihrem Wesen aufgehen, um so unmittelbarer und einnehmender wird mit ihnen alles Seiende seiender.«[106] So aber läßt das Werk »Unverborgenheit als solche« geschehen: »Das ins Werk gefügte Scheinen ist das Schöne« (ebd.).

Im Werk erscheint darum nicht nur das Seiende in seiner Einzelheit und vielfältigen Bezüglichkeit, sondern zuvor und eigentlich erscheint – und dies ist Heideggers Thema – das Erscheinen als solches. Dies Erscheinen aber kann seinerseits nicht als Erscheinendes erscheinen, sondern nur, indem es (anderes) erscheinen läßt. Darum soeben die Korrektur: Im Werk der Kunst geht eigentlich nicht das Heilige auf, es waltet, indem es aufgehen läßt. Und das Eigene der Kunst ist es, dieses stets und überall geschehende Aufgehen *als* Aufgehen »ins Werk zu fügen«.

Dabei hat die Dichtung[107] »eine ausgezeichnete Stellung im Ganzen der Künste«, weil »die Sprache jenes Geschehen ist, in dem für den Menschen überhaupt erst Seiendes als Seiendes sich erschließt« (60f). Darum ist es, wie auch für Hegel, erst innerhalb der Dichtung möglich, die Kunst selbst nach ihrem Wesen zum Thema zu machen. Anders aber als für Hegel wird die Kunst nicht eigentlich in der Philosophie bedacht; ursprünglicher dichtet die Dichtung selber die Dichtung. Hölderlin ist für Heidegger aus diesem Grund bestimmend geworden: als Dichter des Dichters.[108]

Den Dichter nun dichtet Hölderlin im Verständnis Heideggers so, daß er ihm »das stiftende Nennen der Götter und des Wesens der Dinge« zuspricht (39). Und vor dem Nennen der

---

M. Heidegger, Wegmarken, Frankfurt/M. 1967, 107: Der Denker sagt das Sein. Der Dichter nennt das Heilige.

[106] Holzwege, Frankfurt/M. ⁴1963, 44.

[107] Im üblichen, Heidegger sagt: »engeren« Sinn, insofern Dichtung sein Wort für jenes Entbergungsgeschehen überhaupt ist, aus dem Mensch, Sein, Welt und alles Seiende Da-sein erhalten, so »daß es offen bleiben muß, ob die Kunst, und zwar in allen ihren Weisen, von der Baukunst bis zur Poesie, das Wesen der Dichtung erschöpft«. Ebd. 61.

[108] Erläuterungen zu Hölderlins Dichtung, Frankfurt/M. ³1965, 32.

Götter geschieht das Nennen des Raums des Göttlichen als solchen. Zentral sind hier die beiden Zeilen der Hymne »Wie wenn am Feiertage...«:

Jetzt aber tagts! Ich harrt' und sah es kommen,
Und was ich sah, das Heilige sei mein Wort.

Dieses Jetzt ist freilich noch unterwegs. Hölderlins Wort wird kaum schon gehört. Und seinerseits versteht es sich als Vorblick, Gruß, der »die Ferne zwischen dem Gegrüßten und dem Grüßenden [entfaltet], damit in solcher Ferne eine Nähe sich gründe, die der Anbiederung nicht bedarf« (91).

Für ein solches Verständnis ist »eigentliche Dichtung... niemals nur eine höhere Weise (Melos) der Alltagssprache. Vielmehr ist umgekehrt das alltägliche Reden ein vergessenes und darum vernutztes Gedicht«.[109] – Mit einem schönen, tragenden Wort nennt Heidegger das dichterische Sprechen das »Geläut der Stille« (ebd.).

»Indem wir das Gedicht hören, denken wir dem Dichten nach. Auf solche Weise *ist*: Dichten und Denken« (237). – Damit soll keine (metaphysische) Wesensaussage gemacht sein, sondern nur eine Aussage darüber, wie Dichtung heute »west«. »Der Dichter nennt das Heilige«, d. h. die Dichtung hält den Raum möglicher Erscheinungen und Begegnungen offen. Und das darf wiederum nicht im Sinn trauszendentaler Möglichkeitsbedingungen verstanden werden. »Raum« ist kein leer Vor(her-»apriori«)liegendes, sondern er »regt« sich, räumt ein, eignet die Begegnenden einander zu und ist derart »das Ereignis selbst«.[110]

Philosophische Interpretation von Dichtung

Es liegt auf der Hand, daß philosophische Interpretation einer Dichtung, die als sinnliches Erscheinen einer Idee aufgefaßt wird, sich anders versteht und anderes ergibt, als wenn der Interpret Dichtung als Wahrheitsgeschehen aufnimmt.

---

[109] Unterwegs zur Sprache, Pfullingen ²1960, 31.

[110] Ebd. 258. – Im Wort »Raum« »spricht das Räumen«. »Räumen ist Freigabe der Orte, an denen ein Gott erscheint, der Orte, aus denen die Götter entflohen sind, Orte, an denen das Erscheinen des Göttlichen lange zögert.« Heidegger, Die Kunst und der Raum. L'art et l'espace, St. Gallen 1969, 8f.

1. Die Wahrheit der Dichter. Natürlich wäre diese schlichte Alternative erheblich weiter zu differenzieren. Wolfgang Kayser ist seinerzeit der »Wahrheit der Dichter« anhand von Aussagen deutscher Dichter seit der Renaissance nachgegangen.[111]

Danach vermittelt Dichtung zunächst die als bestehend anerkannte Wahrheit der Religion, der Vernunft, der Natur. Dann spricht sich die Wahrheit der Seele aus, *die* Seele des Menschen überhaupt, einer Gruppe oder des einzelnen Dichters. Die Wahrheit kann weiterhin in der zynischen Verkündigung allgemeinen Wahrheitsverlustes oder in der Proklamation einer kommenden wahren Gesellschaftsordnung bestehen. Schließlich gibt es die Vertreter eines (quasi-?)religiösen Sendungsanspruchs.

Demgegenüber bestehen etwa Goethe, Jean Paul und Hofmannsthal auf der Eigengestalt dichterischer Wahrheit, die weder als religiöse Offenbarung noch als Gedanke und Lehre aufgefaßt werden darf. Diese Wahrheit liegt im Gebilde-Charakter des Kunstwerks.[112] – ›Gebilde‹ wird durch den Begriff des Symbols erläutert; d. h. »eine kleine Welt für sich« läßt in Bedeutsamkeit die Wahrheit des übergreifenden Ganzen ahnbar werden; anschaulich zeigt sich die Möglichkeit einer Synthese von Freiheit und Notwendigkeit.

Kayser besteht darauf, daß die Wahrheit dieser »Spielwelt« nicht als Satz- und Lehrwahrheit faßbar wird. Freilich seien die Grenzen hier fließend. Im 17. Jahrhundert betrug der Anteil der Erbauungsliteratur am gesamten Schrifttum in England wie in Deutschland über 40 %, bei 5 % der Poesie; seit 1800 sieht es ungefähr so aus, daß 5 % Erbauungsliteratur über 20 % schöner Literatur gegenüberstehen. Da die Menschen kaum anders geworden sein dürften, müsse man sagen: »Weite Bereiche der erscheinenden ›Dichtung‹ sind eingekleidete Erbauungsliteratur, und die Leserscharen greifen danach, weil

---

111 W. Kayser, Die Wahrheit der Dichter. Wandlung eines Begriffes in der deutschen Literatur, Hamburg 1959. Vgl. hierzu auch: E. Auerbach, Mimesis. Dargestellte Wirklichkeit in der abendländischen Literatur. Bern ³1964.

112 Kayser 52. G. Vico, Die neue Wissenschaft... I.2 (Elemente 47): »So ist das poetisch Wahre, wenn man es so gut bedenkt, ein metaphysisch Wahres, dem gegenüber das physisch Wahre, das nicht damit übereinstimmt, gleich einem Falschen geachtet werden muß.«

sie Wahrheit und Erbauung zu finden hoffen, handgreifliche Wahrheit und handgreifliche Lebenshilfe« (56).

Wir stimmen Kayser zu. Aber was ist nun im Unterschied zu »Ansprüchen aus dem Munde der Wahrheit«, »die wahre Wahrheit der Dichtung«? Was besagen die Namen *Symbol* und *Gebilde*? Wäre Kayser einverstanden oder ist es nochmals etwas anderes, wenn Heidegger erklärt[113]: »Das im dichtenden Sagen Gesagte hat keinen Inhalt, sondern ist Gebild«?

2. *Gestalt als Wahrheit.* Gebilde ist hierbei nicht als Gebildetes, Gemachtes zu verstehen, sondern als Gestalt. Und Gestalt ist statt Veranschaulichung eines Gedachten der Ort von (aktiv wie passiv zu lesendem) Ansichtigwerden. Ansichtig aber wird. wenn wir dem oben zu Heidegger Referierten folgen, nicht etwas, sondern eben dies das Ansichtigwerden.[114]

Und dies wieder so, daß nicht etwa es selbst, sondern nur sein Entzug (sein Selbstentzug) erscheint. Das heißt: Was sich zeigt, ist – gerade in seinem Sich Zeigen – Geheimnis.

Kann man, wie kann man angesichts dessen von Wahrheit, Falschheit, Unwahrheit sprechen?

Darauf zielt innerhalb der philosophischen Diskussion die eindringliche Kritik Ernst Tugendhats an Heideggers Wahrheitsbegriff.[115] Er sieht die Verantwortung und Verantwortlichkeit des Denkens preisgegeben in einer Konzeption, die Wahrheit als Un-Verborgenheit (»das Gegenwendige von Lichtung und Verbergung«[116]) bestimmt. Gegen Heideggers Entwurf einer Freiheit als gelassenen Sich-Verlassens in das

---

[113] Sprache und Heimat, in: Denkerfahrungen 1910-1976, Frankfurt/M. 1983, 87-112, 104.

[114] Ebd. 112: »Erst Gebild wahrt (d. h. verwahrt) Gesicht / Doch Gebild ruht im Gedicht. Das heißt: Das dichtende Sagen bringt erst das Gesicht des Gevierts hervor ins Scheinen.« Geviert aber ist das vielfältige Ineinanderspiel von Himmel und Erde, Himmlischen und Sterblichen, also nicht ein Etwas, sondern der »Raum« jeder Etwaigkeit.

[115] E. Tugendhat, Der Wahrheitsbegriff bei Husserl und Heidegger, Berlin 1967. Vgl. auch die Schlußkritik W. Perpeets an Heideggers Begriff einer Natur, die nur zu achten, nicht auch abzuwehren sei: Heideggers Kunstlehre, in: 0. Pöggeler (Hrsg.), Heidegger, Perspektiven zur Deutung seines Werks, Köln 1969, 217-241, 23f.

[116] 397 (Holzwege 49).

Geheimnis hinein[117] besteht er darauf, daß Verbindlichkeit nicht dem Offenbaren überhaupt zugesprochen werden dürfe.

»Die Wahrheit kommt dem unmittelbar Gegebenen – seien es Ansichten von Seiendem, seien es Möglichkeiten des Daseins – nicht als solchem zu, sondern ist das, woraufhin über die Vielzahl der Möglichkeiten, in dem [denen?] es sich zeigt, entschieden werden kann. Die Verbindlichkeit der Wahrheit ist eine solche, die, da sie nicht auf der Ebene des unmittelbar Gegebenen liegt, die Freiheit – eine Mannigfaltigkeit von Möglichkeiten, die eine Entscheidung fordert – nicht ausschließt, sondern impliziert. Weil bei Heidegger diese Tiefendimension der Wahrheit fehlt, konnte bei ihm in der Kehre an die Stelle einer unmittelbaren *Setzung* [ohne Verbindlichkeit, gemäß Tugendhats Interpretation von »Sein und Zeit« und »Vom Wesen des Grundes«] nur eine ebenso unmittelbare *Hinnahme* treten« (384).

Ohne diese Kritik jetzt in sich zu erörtern, könnte man hier nur fragen, ob sie vielleicht gerade bezüglich des Dichtwerks nicht zutreffe. Hier stünden keine Entscheidungen an, die Probleme seien gelöst, und die Lösung sei in der Tat entgegenzunehmen.[118] – Doch welchen Geistes ist die jeweils gebotene Lösung?

Dazu sei an einen der Texte erinnert, die Hans Sedlmayr unter dem Titel »Kunst und Wahrheit« zusammengefaßt hat. Der Text ist seinerseits die kommentierte Erinnerung an »vier Texte zur Unterscheidung der Geister in der Kunst«.[119]

Das erste Zitat stammt von Bonaventura: Ein Bild ist schön, wenn es 1. gut gemacht ist und 2. den, den es meint, auch gut

---

[117] 382f. Heidegger, Vorträge und Aufsätze, Pfullingen ²1959, 32f: »Das Wesen der Freiheit ist ursprünglich nicht dem Willen oder gar nur der Kausalität des menschlichen Wollens zugeordnet. Die Freiheit verwaltet das Freie im Sinne des Gelichteten, d. h. des Entborgenen... Alles Entbergen kommt aus dem Freien, geht ins Freie und bringt ins Freie. Die Freiheit des Freien besteht weder in der Ungebundenheit der Willkür noch in der Bindung durch bloße Gesetze. Die Freiheit ist das lichtend Verbergende, in dessen Lichtung jener Schleier weht, der das Wesende aller Wahrheit verhüllt und den Schleier als den verhüllenden erscheinen läßt.«

[118] Siehe das Wort v. Hofmannsthals im vorigen Kapitel, Anm. 82.

[119] Kunst und Wahrheit. Zur Theorie und Methode der Kunstgeschichte, Hamburg 1958, 128-139 (Das Problem der Wahrheit).

darstellt (ein Teufelsbild ist schön, wenn es seine Abscheulich-
keit gut herausbringt).[120] Im zweiten Zitat kommentiert Hugo
von St. Victor Pseudo-Dionysius: Gott muß durch unähnliche,
fremde Gestalten gelobt werden, weil ihm nichts ähnlich, er
ein totum aliud ist.[121] Der dritte Text ist Hegels Kunstphilosophie entnommen: seine Kritik an Schlegel und der romantischen Ironie.[122] Und zuletzt kommt Franz von Baader zu
Wort. Es gebe Künstler, die »das Brautkleid der himmlischen
Sophia auszuweben« suchen, andere, den »schwarzen Schleier
der Hekate«.[123]

Daran zeigen sich Sedlmayr vier Verfehlungen des künst-
lerischen Auftrags, im Versagen bezüglich der Beziehung von
Bild und Wirklichkeit. »Das häßliche Bild verfehlt die angemessene Beziehung; das dialektische Bild zerreißt den Zusammenhang zwischen dem Bild und dem zu Bildenden; das ironische Bild schaltet mit beiden beliebig, in Willkür; das diabolische Bild verkehrt das zu Bildende.«[124]

Wir wollen nicht nur die konkrete Anwendung Sedlmayrs
(vor allem bekanntlich auf die moderne Kunst) hier beiseite
lassen; auch von dem »metaphysischen« Urbild-Abbild-Ge-
danken kann man absehen, der die ersten drei Texte (nicht den
vierten) bestimmt. Die darin sich stellende Frage aber dürfte
eine philosophische Interpretation von Dichtung in der Tat
nicht unterschlagen, so schwierig es sein mag, sie angemessen
zu stellen, und so schwierig erst recht, die jeweils angemessene
(d.h. vor allem wohl: nicht kurzschlüssige) Antwort zu finden.

3. *Seher oder Seh-Hilfen?* Vielleicht dient es der Verdeutlichung, wenn wir uns auf eine konkrete Interpretationskontro-
verse beziehen; richtiger: auf eine Polemik, da mir keine aus-
drückliche Erwiderung des Angegriffenen bekannt ist. Ich

---

[120] Sent. I, d. 31, p. 2 art. 1, qu 3 (Opera 1, 544b, Quaracchi).

[121] Migne PL 175, 978. E de Bruyne, Etudes d'Esthetique médiévale II,
Brügge 1946, 214: Wegen des überweltlichen Heimwehs, das es erweckt, »le laid est encore plus beau que le beau«.

[122] SW 12, 100-105.

[123] Ges Werke (Hoffmann) II 503 u. IV 219.

[124] Anm. 119: 138 f.

meine Hans-Georg Gadamers Stellungnahme zu Romano Guardinis Interpretation von Rilkes Duineser Elegien.[125]

Der Grundeinwand bestreitet das auf Selbstzeugnisse des Dichters gestützte Apriori Guardinis, die Elegien seien, wenn man sie ernst nehmen wolle, als religiöse Botschaft zu lesen. Statt eine dichterische Aussage zu prüfen, werde so ein System der Daseinsdeutung und »Religion« konstruiert.

Wenn etwa Guardini in der ersten Elegie die »Liebeslehre« Rilkes wegen ihrer Du-losigkeit kritisiert, dann plädiert Gadamer für ein mehr «relativistisches« Verstehen, wonach Rilkes Lehre eine solche vom Lernen der Liebe sei und der Dichter die verlassenen Liebenden darum beschwöre, weil man von ihnen die Selbstlosigkeit der Liebe lernen könne.

Die dritte Elegie sieht Guardini als gnostische Irrlehre, in der das Dunkle und das Böse als seiende Gegenmacht des Hellen erscheinen (104f). Gadamer dazu: »Ist es vielleicht nicht wahr, daß dem liebenden Jüngling vor dem ›reinen Gesicht‹ des Mädchens der ›Flußgott des Blutes‹ schuldig heißen muß?« (181) – Und solche Gegenfragen erwidern Guardinis Kritik von Elegie zu Elegie. Denn im von Guardini verpönten ästhetischen Relativismus sieht Gadamer den Wahrheitskern, »daß die Wahrheit der Kunst und damit der Sinn ihrer Aussagen erst im Interpreten die Bestimmtheit und Begrenztheit erfährt, die unmittelbare Kritik möglich macht«, so daß alle Kritik an Dichtung Selbstkritik ihres Interpreten ist (185).

Legitime philosophische Dichtungskritik habe darum bei dem einzusetzen, was in einer Dichtung *nicht* gesagt wird, als Frage nach den Grenzen ihrer Wahrheit, und dies so, daß sie die Grenze sucht, die Rilkes Wahrheit *in uns* zukommt (186).

Wir wollen wieder nicht in Einzelerörterungen eintreten. In der Tat sind nicht nur Detailauslegungen Guardinis fragwürdig, sondern auch etwa sein »Wechsel von Einbeziehung und Ausschließung des Biographischen«,[126] Gewaltsamkeiten auf

---

[125] R. Guardini, Rainer Maria Rilkes Deutung des Daseins. Eine Interpretation der Duineser Elegien, München 1953. Gadamers Stellungnahme jetzt erweitert in: Kleine Schriften II. Interpretationen, Tübingen 1967, 178-187 (Rainer Maria Rilkes Deutung des Daseins (Zu dem Buch von Romano Guardini); dazu ebd. 194-209 (Mythopoietische Umkehrung in Rilkes Duineser Elegien).

[126] E. Heftrich, Die Philosophie und Rilke, Freiburg-München 1962, 62.

ein philosophisches oder theologisches System hin, das nicht haben zu müssen gerade der »Freibrief des Dichters«[127] ist, und vor allem sein Apriori, in zu enger Abhängigkeit von Rilkes Selbstauslegung, den Dichter als »Seher« und Propheten zu nehmen. – Und Gadamers Deutungsprinzip mythopoietischer Umkehrung überzeugt. Es besagt, daß bei Rilke »die Welt des eigenen Herzens in der dichterischen Sage als eine mythische Welt, das heißt eine Welt aus handelnden Wesen uns entgegengestellt [wird]« (199).[128]

Die Wahrheit der Dichtung zeigt sich in solchem Verständnis als unsere Wahrheit, und diese ist in der Tat keine objektive, keine reine Wahrheit, sondern eine, die noch auf dem Wege zu sich, »lernend« ist. – Aber die Grenzen dieser Deutung nun wieder, und so das bleibende Recht von Guardinis Einspruch, werden deutlich, wenn Gadamer andernorts die Einleitung von Hesiods Theogonie so deutet, daß die Musen stets Wahres und Falsches zugleich geben: »Wahres und Falsches zugleich sagen und insoweit ins Offene deuten, macht das dichterische Wort aus. Seine Wahrheit ist nicht von der Unterscheidung von wahr und falsch auf solche Weise beherrscht, wie es die bösen Philosophen meinen, wenn sie von den Dichtern sagen: ›Die Dichter aber lügen viel‹.«[129]

Bewußt war nicht von Falschheit, sondern behutsam von Grenzen der Deutung und Deutungsart Gadamers die Rede, so wie er selbst behutsam und wohl wissentlich vage einschränkt: »auf solche Weise, wie...« Eine Vereinnahmung der dichterischen Wahrheit durch metaphysische, religiöse oder moralische Wahrheit ist nämlich offenbar nicht die einzig mögliche Verfehlung der hier waltenden Spannung; diese Wahrheit als absolut (= abgelöst) zu statuieren verfehlt sie (d. h. ihre Wahrheit) nicht minder.[130]

---

[127] Gadamer 185.

[128] Der Engel ist dann die Gestalt »reinen Fühlens«, der uns vergessende Tote unser Vergessen seiner; die Klage, der der junge Tote folgt, ist unser Klagen, das ihm nachgeht, usf.

[129] Kl. Schriften II 15. (Das Zitat: Aristoteles, Metaphysik A, 2 983a 3).

[130] Und tatsächlich übt auch Gadamer im einzelnen wie bezüglich der Grundaussage Kritik. Vgl. aus der doppelten Perspektive des Thomismus wie der modernen französischen Dichtung: J. u. R. Maritain, Situation der Poesie (1938), Düsseldorf 1950.

Grundsätzlich indes dürfte der Dichtung gegenüber noch entschiedener als gegenüber philosophischen Aussagen das Hören und Sich-Einlassen den Vorrang vor jedem kritischen Einspruch besitzen. Denn erst wenn er ihrem Hinweis folgt, mögen dem Leser sich die Augen auftun; *seine* Augen, nicht die des Dichters, doch um zu sehen, was ihm ohne diesen niemals zu Gesicht gekommen wäre.

Sehen in (Selbst-)Kritik und Selbstvergessen

Dichtung haben wir in diesen Überlegungen als unrückführbares Heraustreten von Wahrheit verstanden. Philosophische Interpretation eines Dichtwerkes ist dann das Bemühen um ein unverfälschtes Erkennen dieser Wahrheit, oder genauer, sie ist die selbstkritische Reflexion dieses Erkennens (die ihrerseits nochmals diesem Erkennen dient, hier handelt es sich ja um einen Prozeß). Sie muß darum ihrer Andersheit, ihrer Grenzen ebenso bewußt sein, wie Philosophie es stets angesichts des Lebens, das sie reflektiert, zu sein hat. Nicht minder aber hat sie hier wie gegenüber dem Leben überhaupt ihre kritische Dienstfunktion wahrzunehmen.

Wenn ein literarisches Kunstwerk *bedeutet* und *ist*, Logos und Poiema ist,[131] dann steht in der literarischen Interpretation das Poiema, in der philosophischen der Logos im Vordergrund. Die Größe des Werks ist die Einheit beider Aspekte; das Wesen interpretierender Reflexion ist deren Trennung, »und je besser das Werk ist, desto lebhafter wird die Abstraktion gefühlt«.[132] – Führt diese Prävalenz eines Aspektes zur Unterdrückung und zum Vergessen des anderen, wird Literatur nicht mehr als Literatur interpretiert. Denn das Poiema ist solches aus Logos, nicht bloß »gekonntes« Mach-werk. Der Logos seinerseits ist hier Poiema, nicht Diskurs.

Doch die Prävalenz, zumindest im Wechsel des Nacheinander, bleibt unvermeidlich, weil der Reflexion die abstrahierende Unterscheidung unvermeidlich ist. – Darum die

---

131 C. S. Lewis, Über das Lesen von Büchern. Literaturkritik ganz anders, Freiburg 1966, 118. ›Poiema‹ könnte in anderer Akzentuierung auch durch ›Gestalt‹ und ›Rhythmus‹ ersetzt werden; siehe im vorigen Kapitel, Anm. 125: B. Allemann, Über das Dichterische, Pfullingen 1957.

132 Lewis 119.

ständige Rede der Interpreten von der endlichen Selbst-
aufhebung aller Interpretation, »daß alle Explikationen völlig
weggeschmolzen werden von der eindeutigen Klarheit, mit
der das Gedicht sich nun selbst aussagt«.[133]

Soll nun noch die Frage 2 b angesprochen werden: wie man
philosophisch eine bestimmte Dichtung zu verstehen habe, so
führt das über unsere Vorüberlegungen hinaus; denn dazu
wäre mindestens ein konkreter Versuch solcher Auslegung zu
unternehmen. Das nächste Kapitel bietet dafür ein Beispiel.
Hier sei statt dessen die bisher behandelte Frage 2 a noch einen
Schritt weiter konkretisiert: Wie also hat man genauer die
philosophische Deutung einer bestimmten Dichtung zu verstehen?

Anders gefragt Was ist der Logos eines Poiema? Ist er die
Botschaft seiner Sprecher und Figuren? Ist er, was der Dichter
sagen wollte? Ist er, was in diesem Wollen und seinem Sagen
sich ausspricht, also dessen ihm selbst nicht thematische
Wahrheit, die psychologisch, soziologisch, struktural oder auf
die conditio humana als solche hin zu erheben wäre? Sagt
dieser Logos – auf seine poietische Weise –, was ist (oder war
oder sein wird – bejahend [rühmend] oder verneinend [prote-
stierend])? Oder sagt er, was nicht ist (was sein könnte oder
nicht, was sein sollte, sein solle oder niemals sein dürfe)?

Auch diese Fragekette wird hier nur offen lassend beantwortet: dahin, daß Einseitigkeit sich verbiete. Die »eindeutige
Klarheit« des Gedichtes darf man eben nicht als Eindimensio-
nalität und Univozität mißverstehen. Es geht hier um die
Klarheit eines Reichtums von Sinn, man könnte sagen: eines
Sinn-Akkords in Analogien = Entsprechungen. Die Wahrheit –
auch und gerade der Dichtung – ist immer »symphonisch«.[134]

---

[133] Gadamer (Anm. 125) 209. Vgl. Heidegger (Anm. 108) 7f.: »Um des
Gedichteten willen muß die Erläuterung des Gedichtes danach
trachten, sich selbst überflüssig zu machen. Der letzte, aber auch der
schwerste Schritt jeder Auslegung besteht darin, mit ihren Erläuterungen vor dem reinen Dastehen des Gedichtes zu verschwinden.«

[134] E. Rosenstock-Huessy, Soziologie in zwei Bänden, 1. Die Übermacht der Räume, Stuttgart 1956, 294: »Am Satz vom Widerspruch
halten wir uns fest, wenn wir den Dingen der Natur gegenüberstehen... Der Ursatz der soziologischen Logik lautet: Wir müssen
einander im gegenseitigen Widerspruch treu bleiben... Alle Wahrheit
ist symphonisch.«

Eben darum ist keine Deutung *die* Deutung. Solange eine Dichtung »lebt«, hat dieses Leben Zukunft. Das heißt, es ist nicht vorher ausgemacht, auf wen sie zukommt, wer und was auf sie zukommt und was auf den zukommt, der sich von ihr betreffen läßt.

Die breitesten Wirkungen werden, wie anklang, außerliterarischer Art sein. Das gilt für den Publikumserfolg, politischen und gesellschaftlichen Einfluß und auch für Ausmaß und Art philosophischen Interesses, das ein Literaturwerk gewinnt. Das sogleich abzuwerten wäre seinerseits eindimensionaler Ästhetizismus. Doch man muß sich dessen bewußt sein – wie des bleibenden Unterschieds von Dichtung und Philosophie überhaupt.

Die Radikalität dieses Unterschieds fordert, daß weder Dichtung auf Philosophie hin noch Philosophie auf Dichtung hin relativiert wird. – Hegel tat das eine; das Motto dieses Kapitels scheint das andere zu tun. Aber man muß es nicht so verstehen. Unabhängig davon, wie es gemeint sei, ist dem, was es sagt, voll zuzustimmen; doch neben der Genauigkeit des Gedichts gibt es nicht nur die exakte Ungenauigkeit der Wissenschaften, sondern auch die offene Unfertigkeit eines philosophischen »fuzzy thinking«,[135] d. h. hermeneutischen Um- und Durchspielens der Aspekte. Es stehen also (um uns auf Dichtung und Philosophie zu beschränken) dem »Blitz« die Übergänge gegenüber, dem Ereignis der Weg, dem Augenblick die Geschichte. Und wiederum läßt sich nicht eins auf das andere relativieren.

So gilt zwischen Philosophie und Literatur nochmals, und zwar in beiden Richtungen, was hier nur für den Philosophen angesichts des Literaturwerks zu bedenken war, daß Verstehen nicht Angleichung, sondern Entsprechung, Übereinkunft besagt: Erkenntnis und Anerkenntnis der Fremdheit.

Insofern »Verstehen« Einordnen in verfügbare Kategorien bedeutet,[136] vollendet Interpretation sich darin, gegen die

---

[135] Über das Lob eines »fuseligen« oder »verschwommenen« Denkens durch die »fuzzy set theory« von Lofti Zadeh (Berkeley) in *The New Scientist* vom 18. 10. 1973 hat F. Bondy in der SZ vom 10. /11. 11. 1973 berichtet (Nr 269, 118).

[136] Vgl. M. Heidegger, Gelassenheit, Pfullingen 1959, 40. – Speziell auf das literarische Verstehen hin wäre hier die fragwürdige Rolle von

schier unüberwindbare Plausibilität eines vielleicht sogar äußerst bemühten Miß-Verstehens die »Unverständlichkeit« des Begegnenden bewußt zu machen und zu halten. Oder sagen wir besser: seine Unbegreiflichkeit; denn gemeint ist das Gegenteil von Dunkelheit, Vorbehalt oder Verschlossenheit, vielmehr dies, daß offenbare Wahrheit einzig in und aus sich selbst und ihrem Sich-Zeigen, nur aus dem unableitbaren Ereignis der Begegnung selbst verständlich ist – und so, im eigentlichen Sinn des Wortes, *selbstverständlich*.[137]

»Parallelstellen« zu erörtern. Siehe etwa (bzgl. der »Tische« in Hölderlins »Friedensteier«) P. Szondi, Hölderlin-Studien. Mit einem Traktat über philologische Erkenntnis, Frankfurt/M. 1967, 14-24.

[137] Wilhelm Meister lernt auf dem Lago Maggiore mit den Augen seines Malerfreundes sehen, wie »die Natur das offenbare Geheimnis ihrer Schönheit« entfaltet (Wanderjahre II 7, Hamburger Ausg. 8, 229).

II. BEISPIELE

4. DER GOLDSCHMIED.
EINE POETISCHE KUNSTTHEORIE

Warte! Langsam! droh ich jedem Ringe
und vertröste jedes Kettenglied:
später, draußen, kommt das, was geschieht.
Dinge, sag ich, Dinge, Dinge, Dinge!
wenn ich schmiede; vor dem Schmied
hat noch keines irgendwas zu sein
oder ein Geschick auf sich zu laden.
Hier sind alle gleich, von Gottes Gnaden:
ich, das Gold, das Feuer und der Stein.

Ruhig, ruhig, ruf nicht so, Rubin!
Diese Perle leidet, und es fluten
Wassertiefen im Aquamarin.
Dieser Umgang mit euch Ausgeruhten
ist ein Schrecken: alle wacht ihr auf!
Wollt ihr Bläue blitzen? Wollt ihr bluten?
Ungeheuer funkelt mir der Hauf.

Und das Gold, es scheint mit mir verständigt;
in der Flamme hab ich es gebändigt,
aber reizen muß ichs um den Stein.
Und auf einmal, um den Stein zu fassen,
schlägt das Raubding mit metallnem Hassen
seine Krallen in mich selber ein.[138]

---

[138] R. M. Rilke, Sämtliche Werke (E. Zinn), Wiesbaden 1955 ff. (im folgenden zitiert durch Band- und Seitenzahl), II 27.

Entstehung

Einer jungen Freundin, die nach bestimmenden Einflüssen fragt, antwortet Rilke am 17. März 1926, Paris sei ihm zur Basis für sein Gestaltenwollen geworden. »Unter dem großen Einfluß Rodins, der mir eine lyrische Oberflächlichkeit und ein billiges (aus lebhaft bewegtem, aber unentwickeltem Gefühl stammendes) A peu près überwinden half, durch die Verpflichtung, bis auf weiteres, wie ein Maler oder Bildhauer, *vor der Natur* zu arbeiten, unerbittlich begreifend und nachbildend. Das erste Ergebnis dieser strengen guten Schulung war das Gedicht Der Panther – im Jardin des Plantes in Paris –, dem man diese Herkunft ansehen mag.«[139]

Vor der Natur, das betraf Tier und Pflanze, Landschaften, Menschen, mythische, biblische, historische Gestalten; es bezog sich aber vor allem immer wieder auch auf von Menschen geformte Dinge: Bauwerke, Bilder, Plastiken, Skulpturen. Der *Neuen Gedichte Anderer Teil*, den Rilke 1908 mit der Widmung »A mon grand Ami Auguste Rodin« erscheinen ließ, beginnt mit einem Gedicht, das kaum weniger bekannt ist als der berühmte *Panther*: Archaischer Torso Apolls (I 557). Vor diesem Stein, der ihm flimmert »wie Raubtierfelle«, erfährt er: »da ist keine Stelle, / die dich nicht sieht. Du mußt dein Leben ändern.«

Und um diesen An-Blick und Anruf geht es immer wieder in der dichtenden Ver-Gegenwärtigung von Kunst-Dingen aus jenen Jahren. So wenn es von den Tanagra-Figürchen heißt, nachdem wir sie gedreht und gewendet und von allen Seiten betrachtet hätten, sollten wir »lächeln: ein wenig klarer / vielleicht als vor einem Jahr« (I 516); oder wenn eine Bahn geklöppelter Spitze uns lächeln machen soll und hinreichen könnte, den des Lebens Müden »hier zu halten« (I 512.[140]

In den Kreis solcher Arbeiten gehört auch ein Entwurf vom 5 August 1907, der nach elf Versen abbricht (II 753): »Warte! Langsam! droh ich jedem Ringe...« (und weiter wie in unserem Gedicht, bis zu den Zeilen:) »Ruhig, ruhig, ruf nicht so, Rubin

---

[139] Briefe, Wiesbaden 1950, 929.

[140] Vgl. zu diesem Gedicht – wie auch zum *Panther* – meine Interpretation in: Wagnis der Freude, Meditationen zu Worten der Schrift und Zeichen der Kunst, Frankfurt/M. ³1984.

/ Diese Perle leidet, ich muß bleiben.« Ein Jahr später werden daraus die im zweiten Teil der *Neuen Gedichte* erschienenen Strophen *Der Reliquienschrein* (I 577f):

> Draußen wartete auf alle Ringe
> und auf jedes Kettenglied
> Schicksal, das nicht ohne sie geschieht.
> Drinnen waren sie nur Dinge, Dinge
> die er schmiedete; denn vor dem Schmied
> war sogar die Krone, die er bog,
> nur ein Ding, ein zitterndes und eines
> das er finster wie im Zorn erzog
> zu dem Tragen eines reinen Steines.

> Seine Augen wurden immer kälter
> von dem kalten täglichen Getränk;
> aber als der herrliche Behälter
> (goldgetrieben, köstlich, vielkarätig)
> fertig vor ihm stand, das Weihgeschenk,
> daß darin ein kleines Handgelenk
> fürder wohne, weiß und wundertätig:

> blieb er ohne Ende auf den Knien,
> hingeworfen, weinend, nicht mehr wagend,
> seine Seele niederschlagend
> vor dem ruhigen Ruhm,
> der ihn zu gewahren schien
> und ihn, plötzlich um sein Dasein fragend,
> ansah wie aus Dynastien.

Auch hier also stellt das Werk den Menschen, der es erblickt (und sei es sein Verfertiger), in Frage, herrscherlich ihn »um sein Dasein fragend«. Gerade seine Geschlossenheit, die geglückte Rundung seiner Gestalt, aus der es gleichsam abweisend – oder besser: allvergessend, welt- und selbstvergessen – in den eigenen Mittelpunkt stürzt,[141] betrifft den zer-

---

[141] Siehe das Gedicht *Die Frucht* (Januar 1924, II 148f), von deren Sein und Leben (Rilke sagt nur – ohne nähere Benennung –: »Das«) eben dieser Sturz ins Zentrum ausgesagt wird. Vgl. J. u. I. Splett, Meditation der Gemeinsamkeit, Hamburg ³1996, 14-19 (Selbst-Einigkeit).

streuten Menschen derart, daß sie ihn zur Umkehr nötigt und mitreißt.

Als dann Ende 1925 Rilke einen Sammelband »Aus Taschen-Büchern und Merk-Blättern« für Katharina Kippenberg zusammenstellt, stößt er auf den vor 18 Jahren aufgegebenen Entwurf (II 753f) und vollendet ihn jetzt – »ein beim späten Rilke singulärer Vorgang«[142] – zu dem Gedicht *Der Goldschmied.*

Der Text

Aus der Lehrzeit bei Rodin hat Rilke sich eine Vorliebe für den nüchternen Werkstatt-Gebrauch des Wortes »machen« bewahrt. Eine Paraphrase dessen gibt die erste Strophe. Nicht Inspiration, »Symbolismus««, priester-königliche Gebärde, kein erlesenes Schicksal noch große Gefühle, sondern alltägliche Handwerks-Arbeit läßt die Dinge entstehen. Und in diesem Werk-Vorgang sind alle von dem gleichen schlichten und zugleich ursprünglich-hohen Rang (»von Gottes Gnaden«): der gelassene Meister,[143] sein Feuer und das ebenso elementare Material.

Gleichwohl herrscht hier von Anfang an mehr als einfache Arbeits-Atmosphäre. Die Werkstatt durchzittert verhaltene Spannung; es bedarf ausdrücklicher Beruhigung, Drohung, Vertröstung. Doch sie fruchten nicht. In der zweiten Strophe bricht dies Niedergehaltene aus. Nicht mehr Material für zu machende Dinge, sondern selber Dinge sind Rubin, Aquamarin und Perle. Ausgeruht, das heißt, gesammelt und von sehr weit her, nehmen sie den Menschen in Dienst. Sie brauchen ihn; denn blitzen und bluten können sie nur durch ihn.[144]

---

[142] B. Allemann, Zeit und Figur beim späten Rilke. Ein Beitrag zur Poetik des modernen Gedichtes, Pfullingen 1961, 263. 208 erinnert er an die, später aufgegebene (II 756), Strophe aus den *Gedichten an die Nacht* (II 67), die mit den Zeilen schließt: »o so will ich mich üben, / gefaßt wie die Sterne / zu sein in der reinen Figur.« Hier gibt das Spiel mit dem wörtlichen und übertragenen Sinn des »gefaßt« schon jetzt einen Hinweis für die Deutung unseres Gedichts.

[143] »Als Adam grub und Eva spann...«

[144] Neunte Elegie: »... und weil uns scheinbar alles das Hiesige braucht...« (I 714). Es »werden die alten deutschen Wörter thing und dinc zu den Namen für Angelegenheit; sie nennen jegliches, was den Menschen in irgendeiner Weise anliegt, sie angeht«. – M. Heidegger,

Doch ist er diesem Anspruch gewachsen? »Ungeheuer«
heißt ursprünglich soviel wie wild, unheimlich, ungezähmt.
(Und daß Rilke, der ein eifriger Wörterbuch-Leser war, an diese Wortbedeutung gedacht hat, zeigen die folgenden Zeilen).

Von dem wilden Verlangen der Steine »scheint« sich das
Gold zu unterscheiden, weniger funkelnd als schimmernd, ja
nicht einmal schimmernd – es ist nicht so seelenvoll wie die
Perle –, als vielmehr von verläßlich ruhigem Glanz. Anders als
das »Ur-Gestein« (I 600), ist es nicht mehr roh, sondern bereits
behandelt und handlich; es hat die umschmelzende Macht des
Menschen kennengelernt, ist verständigt mit ihm und so
seinerseits ihm verständlich.[145]

Doch es ist keineswegs gezähmt und zahm geworden, sondern nur gebändigt (denken wir an das Raubtierfell-Flimmern
des Torsos zurück). Man hat es bei aller Handlichkeit nicht
einfach in der Hand; es folgt nicht wie ein Hund, sondern muß
gereizt werden wie seinerzeit die Tiere vom Dompteur. Und
dabei nun kommt es zum Unfall: das Raubding fällt den
Bändiger an.

Oder geschieht doch anderes? Rilke sagt nicht: »*statt* den
Stein zu fassen« (oder: »Plötzlich, statt *allein* den Stein...«); er
sagt auch nicht: »... im Versuch, den Stein zu fassen«, sondern
eindeutig »um zu«.

Malte Laurids Brigge schreibt vom Sterben Felix Arvers', der
mit dem letzten Atemzug einen Sprechfehler seiner Kranken-
schwester verbessert: »Er war ein Dichter und haßte das
Ungefähre« (VI 863). Das Wort »genau« ist eines der »immer
wiederkehrenden Grundworte [Rilkes], und gerade aus der
Art, wie dieses Wort nicht nur die engere Welt der Arbeit,
sondern darüber hinaus das ganze Leben durchzieht, zeigt
sich, daß hiermit einer der Angelpunkte seines gesamten Ethos
bezeichnet ist«.[146] Wollen wir dieser Genauigkeit entsprechen,

---

Das Ding, in: ders., Vorträge und Aufsätze, Pfullingen 1954, 163-185,
173.

[145] Am 1. 3. 1912 schreibt Rilke an Lou Andreas Salomé – er liest
gerade über das Venedig des 14. Jahrhunderts –: »In der Zeit, mit der
ich umgeh, war das Geld noch Gold, noch Metall, eine schöne Sache,
die handlichste, verständlichste von allen« (Briefe 344).

[146] O. F. Bollnow, Rilke, Stuttgart ²1956, 120.

dann müssen wir die Schlußverse so verstehen, daß das Gold den Meister *als* Stein »faßt«.

Das heißt, hier faßt das Werk ihn nicht bloß an, betrifft ihn nicht bloß, »um sein Dasein fragend«, wie es früher hieß, sondern es faßt ihn ein. Die zentripetale Kraft seiner Rundung reißt ihn nicht bloß mit, sondern nimmt ihn in den eigenen Umriß hinein.

Aus der Gleichheit von Meister, Feuer und Werkstoff im Arbeitsgeschehen des entstehenden Werks ist nun die Gleichung von Meister und Stein im entstandenen Werk geworden, oder genauer (da das Werk nicht fertig, sondern selbst Geschehen ist): die Gleichrangigkeit der Momente im Werk-Geschehen als solchem. – Der ihn machen wollte, gehört nun selbst in den Ring.

Das geht nicht ohne Gewaltsamkeit ab. Die Krallen greifen »mit metallnem Hassen«. Doch wird Gestalt nicht allermeist erst »durch den Kampf der Gegensätze« (II 314)? Dann aber sind es eigentlich nicht mehr die kämpfenden Gegner, die – ohne Absicht und Wissen – den einigen Umriß bilden, sondern *er* bildet *sich* durch sie und aus ihnen.

Dieses schmerzhafte Geschehen mag nun mythische Namen erhalten und mag sodann, in mythischer Umkehr, als Wirkung und *Tat* eben dessen erscheinen, womit man es zuvor benannte. Man kennt diesen Vorgang aus der griechischen Religion. Bei Euripides ruft Helena aus (V. 560): »O Götter! – Denn (ein) Gott ist auch, die Lieben zu erkennen.« Achtzig Verse später (642) ist aus dem Prädikat ein handelndes Subjekt geworden: »Nun lenkt Gott zum Ausgleich das Glücksspiel des Zufalls.«[147]

In diesem Sinn sagt ein Widmungsgedicht von 1923, das Rilke ebenfalls in die erwähnte Sammlung für Frau Kippenberg übernahm (II 144 [253]):

---

[147] Siehe dazu K Kerényi, etwa: Die griechischen Götter, in: A. Schäfer (Hrsg.), Der Gottesgedanke im Abendland, Stuttgart 1964, 13-20; oder: Griechische Grundlagen des Sprechens vom Gott, In Arbeitsgemeinschaft Weltgespräch (Hrsg.), Weltliches Sprechen von Gott, Freiburg 1967, 9-15.

> auf einmal bricht
> der große Herzschlag heimlich in uns ein,
> so daß wir schrein –,
> und sind dann Wesen, Wandlung und Gesicht.

Noch schärfer formuliert ein Pariser Entwurf von 1909 (II 367-369), der Gott anruft:

> Damit entstehe, was du endlich stillst,
> mußt du uns überfallen und zerfetzen;
> denn nichts vermag so völlig zu verletzen
> wie du uns brauchst, wenn du uns retten willst.

Für solche »Heimsuchung«[148] (man beachte den Doppelklang dieses Wortes christlicher Tradition) kann Rilke dann im Briefwechsel mit Erika Mitterer auch das Bild vom versteckspielenden Kinde finden, das sein Entdecktwerden zugleich fürchtet und wünscht (Juli 1924). Mit einem bewegenden Wort spricht er vom »erhofftesten Schrecken... der Findung« (II 294). – Ist vielleicht auch der »auf einmal« »gefaßte« Meister weniger überrascht als endlich befreit – von einem Druck der Erwartung, der gar nicht Ruf des Rubins und Leiden der Perle war, sondern seine eigene Not?

Dann aber ließe das Gemeinte sich auch weniger »reißerisch« und dramatisch, gelassener sagen. Im Februar 1924 schreibt der Dichter in ein Exemplar der *Duineser Elegien* für Hans Carossa die Zeilen (II 259):

> Auch noch Verlieren ist *unser;* und selbst das Vergessen
> hat noch Gestalt in dem bleibenden Reich der Verwandlung.
> Losgelassenes kreist; und sind wir auch selten die Mitte
> einem der Kreise: sie ziehn um uns die heile Figur.

---

148 Zu der zerstörend rettenden Weise, in der das Göttliche uns »braucht«, vergleiche auch die Interpretationen zum 27. des II. Teils der *Sonette an Orpheus* (I 769) von H. Mörchen, Rilkes Sonette an Orpheus, Stuttgart 1958, 391-405, sowie H. G. Gadamer, Kleine Schriften II. Interpretationen, Tübingen 1967, 188-193 (Poesie und Interpunktion).

Sinn-Dimensionen

Im vorigen, vor allem mit den letzten Gedanken, sind wir bereits über ein erstes verstehendes Lesen der Strophen hinaus zu einer Gesamtdeutung fortgegangen. Doch ist es die »Sache« selbst, die dazu nötigt.

Als Rilke in Paris vom fließend allverbindenden Fühlen seiner frühen Gedichte zur klar konturierenden Arbeit vor konkreten »Dingen« fand, hieß das keineswegs, daß er deren Sinntiefe und Verweisungscharakter zudecken wollte. Im Gegenteil: der Panther ist nicht bloß das Tier im Jardin des Plantes – ohne daß dies gesagt werden müßte; die Gazelle, eine Treppe, die Hortensie... *bedeuten.* Mitunter wird der Dichter ausdrücklich, so wenn er im »ängstlichen Sich-Niederlassen« des Schwans in die Wasser unser Sterben erblickt (I 510): Aber zumeist erfüllt er einfach durch genaue Gegenwärtigung Goethes berühmte Bestimmung des Symbolischen: »Alles, was geschieht, ist Symbol, und, indem es vollkommen sich selbst darstellt, deutet es auf das übrige. In dieser Betrachtung scheint mir die höchste Anmaßung und die höchste Bescheidenheit zu liegen.«[149]

Und worauf vor allem für Rilke jegliches deutet – um so entschiedener, je gesammelter er es und, in seinem Wort, es selbst sich darstellt –, ist der Mensch. Diese Sicht gibt er nicht preis (obzwar sie sich wandelt), wenn er aus der Lehrzeit der Ding-Gedichte in die Meisterschaft der Elegien und Sonette und schließlich in die reife Leichtigkeit der spätesten Gebilde wächst. Eins der Gedichte aus der Sammlung *Vergers* sagt es ganz deutlich (II 527, Februar 1924):

> Tout autour veut qu'on écoute –,
> écoutons jusqu'au bout;
> car le verger et la route
> c'est toujours nous!

---

[149] An C. E. Schubarth am 2. 4. 1818 (Hamburger Ausgabe der Briefe III 426).

Hinhören soll man auf Garten und Straße, weil dies immer wir sind.[150]

Für das Verständnis unseres Gedichts bedeutet dies, daß wir nicht nur die Schicksals-Ungeduld der Steine als die Ungeduld des Meisters lesen müssen, sondern weiterhin auch dessen Not als »Symbol«, d. h. Re-präsentanz, der Erwartung des Menschen als solchen. (Damit soll das Symbol keineswegs zur Allegorie entwirklicht werden; die vollkommene Selbstdarstellung des Gedichteten, seine *Gestalt*, macht das Gedicht zum Gedicht – im Unterschied zur Deutung, die zerlegen und *problematisieren* muß, doch dabei nicht vergessen [lassen] darf, daß sie nur in den Dienst des Verstehens-Bemühens gehört, nicht etwa an die Stelle des Zu-Verstehenden selbst[151]).

Der Mensch überhaupt hat mit den Dingen dieser Welt zu tun, sie zu bearbeiten – und eben darin sich selber zu bilden. Einen Grund-Text dieser Sicht stellt das vielzitierte Kapitel über Herrschaft und Knechtschaft in Hegels Phänomenologie dar:[152]

Aus dem Kampf auf Leben und Tod zwischen Selbst und Selbst geht das Herrschaftsverhältnis hervor. Herr wird jener, der sein Leben wagt; der andere kann nicht auf seine Lebensbegierde verzichten und hat so sich selbst in den Dienst des Physischen gestellt. Dieser Dienst heißt nun, im Dienst des Herrn zugleich: Arbeit. In der Arbeit jedoch – dies die faszinierende Dialektik – gelingt nun dem Knecht, das nachzuholen, dessen Versäumnis ihn zum Knecht gemacht hat: seine Selbstaufgabe. Die Arbeit bestimmt Hegel nämlich als »gehemmte Begierde, aufgehaltenes Verschwinden [des Gegen-

---

150 Es hängt also am Verständnis von Symbol, in welch präzisem Sinn man der von Allemann (306) akzeptierten These U. Fülleborns zustimmen kann, daß der Weg vom mittleren zum späten Rilke der Weg vom Symbol zur Figur sei (Das Strukturproblem der späten Lyrik Rilkes. Voruntersuchung zu einem historischen Rilke-Verständnis, Heidelberg 1960, 256f u. 280).

151 Siehe oben den Schluß des dritten Kapitels.

152 Sämtl. Werke (Glockner) 2, 150-158. Empfehlenswert der klare Kommentar von N. Hartmann, Die Philosophie des deutschen Idealismus. II. Teil: Hegel, Berlin 1929, 105-109 (jüngst: J. Schmidt, »Geist«, »Religion« und »absolutes Wissen«. En Kommentar zu den drei gleichnamigen Kapiteln aus Hegels Phänomenologie des Geistes, Stuttgart 1997, 32-35).

stands, den die Begierde eigentlich sofort verschlingen will],
oder sie *bildet*« (156). Sie bildet in doppeltem Sinn: der Knecht,
statt den Gegenstand zu verzehren, verleiht ihm Form; indem
aber so der Gegenstand bleibt, kann an und in ihm, wie einem
Spiegel, der Arbeitende seiner selbst als eines Selbständigen
innewerden; er und sein Bilden vergegenständlichen sich im
Gebilde. Und so kommt er zum »Wiederfinden seiner durch
sich selbst« (ebd.): der sich in Todesangst verloren hatte, weil
er sich nicht aufgeben konnte, hat nun in selbstvergessener
Arbeit (zu) sich gefunden; indem er anderem Gestalt gab, hat
er *sich* zum freien Selbst gebildet.

»Arbeit«, »leisten«, »können« sind in der Tat Grundworte
Rilkes. Um Disziplin, Arbeitenkönnen und -müssen hat er
jahrelang gerungen.[153] Es gibt wenige Dichter, deren Anfänge
so fragwürdig, ja peinlich sind wie die seinen. »Was er aus sich
gemacht hat, das hat er sich in unerbittlicher anhaltender
Selbstdisziplin abgewonnen.«[154] Wird damit, wie etwa von
Hegel her bei Marx, die Arbeit zur Grundbestimmung des
Menschen?

»Jeder muß in seiner Arbeit den Mittelpunkt seines Lebens
finden und von dort aus strahlenförmig wachsen können,
soweit es geht...«, schreibt er am 8. 4. 1903 an seine Frau (Briefe
49), und an Lou im eben angeführten Brief (60): »In einem
Gedicht, das mir gelingt, ist viel mehr Wirklichkeit als in jeder
Beziehung oder Zuneigung, die ich fühle; wo ich schaffe, bin
ich wahr, und ich möchte die Kraft finden, mein Leben ganz
auf diese Wahrheit zu gründen.«

Zweifellos sieht Jahre hindurch Rilke seine Aufgabe und
die des Menschen überhaupt in dieser Weise. Von daher stellt
sich ihm die vielverhandelte Alternative: Arbeit (Werk) oder
Leben (Liebe). Wir können dieses Thema hier nicht angemessen entfalten; doch sei soviel gesagt, daß seinerzeit Dieter
Bassermann schon die Hauptpunkte deutlich herausgestellt
hat: 1. sei die Lehre, auch die Liebeslehre, Maltes nicht einfach
die Rilkes; 2. habe man die »Liebeslehre« Rilkes konkret als
Antwort und norwendige Abwehr aufgrund seiner Mutter-
Erfahrung wie so mancher »Freundin« gegenüber zu verste-

---

[153] Siehe z. B. Briefe 61 (8. 8.1 903, an Lou Andreas-Salomé).
[154] Bollnow 9, siehe auch 119 ff.

hen, nicht zuletzt oft als List einer Ritterlichkeit, die das Scheitern einer Beziehung lieber sich selbst anlasten will (um den Preis, daß die Memoiren-Schreiberin ihn ohne Skrupel beim Wort nimmt); all das werde erst aus der Begegnung mit »Merline« anders; 3. handle es sich bei Rilke überhaupt nicht um eine Lehre; er sei kein Denker, sondern versuche, was er als seinen Auftrag sehe, konkret zur Sprache und zur Lebenslösung zu bringen.[155]

Tatsächlich haben die Erfahrung der Liebe mit Baladine Klossowska, die Teilnahme an dem selbstlos gelösten Sterben der jungen Wera Ouckama Knoop, das Geschenk der ihr gewidmeten *Sonette an Orpheus* und der *Duineser Elegien* es dem Dichter ermöglicht, nicht nur aus der Klage zu reinem Jubel, sondern auch aus dem Arbeits- und Leistungswillen sich zu gelassener Hingabe und Hinnahme zu lösen.

Wohl vom Höhepunkt der Krise liegt inzwischen eine Dokumentation vor, die Rilke selbst 1921 als »Testament« zusammengestellt hat.[156] Dem fingierten Herausgeber verzeichnet es einen »grausamen, verwirrenden Verlust« ([11] 84). Immerhin, obwohl der Schreibende hier noch nicht weiß, wie sehr auch die Verluste »unser« sind, ist es bedeutsam (und allein darauf kommt es uns jetzt an), daß sich ihm der Streit zwischen Arbeit und Leben bereits verwandelt: »Schließlich ists immer dieser eine in meiner Erfahrung unversöhnliche Konflikt zwischen Leben und Arbeit, den ich in neuen unerhörten Verwandlungen durchmache und fast nicht überstehe«, hat er noch am 17. 2. 1921 an die Fürstin Marie Taxis geschrieben (156). Im Testament aber erkennt er als Fortschritt, »daß ich diesen Zwiespalt nicht länger einen zwischen Arbeit und

---

155 Der späte Rilke, ²Essen- Freiburg 1948, bes. gemäß Register s. v. Malte, Küunstlerische Arbeit, Liebeshaltung; Der andere Rilke. Gesammelte Schriften aus dem Nachlaß (H Mörchen), Bad Homburg 1961, bes. 75ff, 205ff. – Vor allem hinsichtlich des letzten Punktes hat, wie im vorigen Kapitel zitiert, auch Hans Georg Gadamer energisch der Kritik Romano Guardinis widersprochen. R. Guardini, Rainer Maria Rilkes Deutung des Daseins. Eine Interpretation der Duineser Elegien, München 1953; H. G. Gadamer, Kleine Schriften II, 178-187 (u. 194-209).

156 Das Testament. Faksimile der Handschrift aus dem Nachlaß. Transkription, Erläuterungen, Nachwort E. Zinn, Frankfurt/M. 1974 (gleichzeitig auch in der Bibliothek Suhrkamp).

Liebe aufgesprungenen nenne, er klafft *in* meiner Liebe selbst, da ja, wie ich nun ein für alle Mal erfuhr, meine Arbeit Liebe ist. Welche Vereinfachung! Und nun ist dies, in der Tat, soweit ich sehe, der einzige Konflikt meines Lebens« ([36] 103).

Darum löst im Maß von dessen Lösung sich alles – in die schwebende Heiterkeit der französischen und deutschen Landschaftsgedichte wie in die Freiheit der tastenden Wagnisse, die etwa den Gong (II 186 f) und das Fenster (II 509) zu sagen versuchen.

Rechtens besteht Bassermann darauf, diese Gelöstheit, die das *ganze* Leben bejaht hat und so auch den Tod – zwar nicht liebt, aber – annimmt,[157] nicht als metaphysische Tröstung mißzuverstehen. – So wie sich Rilke das Christentum zeigte, sah er in ihm einerseits eine unehrliche Tröstung über das Leiden des Irdischen und den Tod, anderseits – im Dienste eben dieses Trostes – eine unerlaubte Abwertung dieser Welt; beides verband sich für ihn vor allem in der Botschaft vom Mittlertum Christi.[158] Und dagegen hat er sich mit zunehmendem Ernst entschieden gewehrt. Wir verzichten auf eine einläßliche Antwort. Doch fragt mit nicht minderem Recht Hermann Mörchen, eben zum früher (Anm. 148) erwähnten Orpheus-Sonett 2 XXVII, »ob nicht gerade die Richtung, die. Rilke hier einschlägt, um die aus der Antike überkommene metaphysische Abwertung der Zeit zu überwinden und deren wahre ›Geltung‹ zu statuieren, aus der Kraft des christlichen Seinsimpulses ermöglicht wird: aus jener Kraft, die die Selbstgenügsamkeit bleibenden Bestandes ›nicht für einen Raub

---

[157] Der Überschwang der neunten Elegie, die den »vertraulichen Tod« als der Erde »heiligen Einfall« rühmt (I 720), ist wahrhaftig im Ernst nicht verantwortbar (Guardini 419) – doch wohl auch kaum Rilkes grundsätzliche Haltung. – Mir scheint, Sie mißverstehen noch ein wenig das, was ich (und wie ich annehme, was RMR.) mir dem Wort ›consentement‹ eigentlich meint. Es ist nicht der Ausdruck für ein dauerndes Beglücktsein von allem, was geschieht, oder vollkommenes Befriedigtsein von allem, was es ist, west und tut, – denn es handelt sich um die grundsätzliche Einsicht: ›Das Leben hat recht‹.« Bassermann, Der andere Rilke 160; siehe: Der späte Rilke, gemäß Register s. v. Tod.

[158] Der späte Rilke, bes. 382ff, Der andere Rilke, bes 140ff u 222ff.

hielt‹ [Phil 2, 5f], sondern sich gehorsam in die Sterblichkeit hineingab« (414).[159]

Tun wir aus solcher Überlegung einen letzten Schritt. Nach dem bisher Bedachten ist der Schmied nicht bloß Repräsentant des Menschen. Mit Rilke muß man von dem durch Krallen Verletzten zugleich sagen: »Orpheus ists. Seine Metamorphose / in dem und dem« (I 733, 1 V).[160] Orpheus, den »reißend zuletzt die Feindschaft verteilte« – und »nur weil« dies geschah, »sind wir die Hörenden jetzt und ein Mund der Natur« (I 748, 1 XXVI). Orpheus, von dem das XVI. Sonett des 2. Teils sagt: »Immer wieder von uns aufgerissen / ist der Gott die Stelle, welche heilt« (I 761).

Darf, ja muß hierzu nicht der Christ – nochmals: ohne fälschlich Rilke selbst für sich zu vereinnahmen – sagen: Wie im Goldschmied Orpheus erscheint, so zeigt sich Orpheus als »Metamorphose« Christi? Tatsächlich nehmen wir damit nur einen Topos der frühen christlichen Denker auf, die in Orpheus ein Bild für die lösend beschwingende Kraft dessen fanden, der Totes belebt und Wildes vermenschlicht, die Seinen aus der Unterwelt holt, dessen Tod den versöhnenden Tanz und den Lobpreis des Kosmos vor dem Vater eröffnet.[161] Gilt aber dies, dann kann unser Schluß-Schritt endlich Orpheus doch wieder beiseite lassen. Als »terminus medius« ist er in die Vermittlung aufgegangen, aus der nun die Einheit von *Schmied* und *Christus* entspringt. Orientieren wir uns noch einmal an den alten christlichen Traditionen:[162] 1. wird im Rückbezug auf Gen 4,19-22 der Kains-Nachkomme Tubal-

---

159 Vgl. den Abschnitt über Christlichkeit und Nicht-Christlichkeit Rilkes in der Einleitung seines Kommentars: 41f.

160 Eins der die vorliegende Besinnung tragenden Vor-urteile ist, Rilkes eigener Meinung entgegen, dies, daß »das kleine rostfarbene Segel der Sonette« ein Kleinod bringt, das kostbarer ist als die Fracht unter »der Elegien riesige[m] weiße[m] Segel-Tuch (Briefe 900). Bei den Sonetten tritt zur Seitenangabe die des Sonetts: Teil 1 bzw. 2 und römisch die Zahl des Gedichts.

161 Siehe z. B. Lexikon der christlichen Ikonographie, Rom/Freiburg... 1968ff, III (356-358; vgl. auch H. Rahner, Griechische Mythen in christlicher Deutung, Neuausg. Basel 1984, obwohl dort gerade Orpheus nicht ausführlich behandelt wird).

162 Vgl. ebd. IV 97f (Schmied) und II 359f (Jabal, Jubal und Tubalkain).

-Kain, Vater der Schmiede, nicht selten mit seinem Bruder Jubal, dem Vater der Musiker, in eins gesetzt: der Schmied lauscht dem Klang seines Hammers. (Und soll dem Pythagoras nicht der Bezug von Tonhöhe und Saitenlänge in einer Schmiede aufgegangen sein?) 2. verkündet Jesaja den Endzeit-Frieden nicht nur (11, 6) im Bild der friedlichen Tiere (wie sie Orpheus zähmte), sondern bekanntlich auch als Umrüstung des Schwerts zur Pflugschar (2, 4 = Mich 4, 3). Darum gibt es Schmiede-Bilder im Zusammenhang mit Christi Geburt. Wie nun, wenn man dies Kind selbst als kommenden Friedens-Schmied denken dürfte? Wenn der göttliche Schmied also nicht nur Bild jenes Zorns sein müßte, der gemäß Ps 11, 6f Feuerkohlen und Glutwind über die Gottlosen regnet (so kennt ihn 3. die Ikonographie), sondern wenn er selbst der umschmiedende Friedensfürst wäre? Nicht nur seines, sondern des Glücks aller Schmied (und ungeduldig [siehe oben] nicht nur, daß das Feuer brenne [Lk 12, 49], sondern daß ihn sein bedrängendes Schicksal ereile [Lk 12, 50]).

Gedicht und Leser

Doch kehren wir von den Gedankenflügen solch überschwänglicher Exegese auf den Boden des Wortsinns zurück. (Immerhin muß es nicht Eis-egese heißen, da keinen Augenblick unterstellt worden ist, dies sei die Aussage des Textes – geschweige denn, was keineswegs damit identisch sein muß, die Aussageabsicht oder das nachträgliche Selbstverständnis des Dichters).

Indes, was ist in Wahrheit das Gedicht, wenn nicht die Augenblicks-Gestalt mehr-minder einverstandenen Verstehens: daraus geboren, daß ein Text den Leser, der ihn nahm und aufschlug, seinerseits packt (und seine Krallen in ihn schlägt)? Dann bilden beide (d. h., sie machen *und* sind) die Lebensfigur des Gedichts, die zuvor – im Text wie im Leser – nur als Möglichkeit ruhte, und so, daß selbst diese Möglichkeit nur im nachhinein, von ihrem Sich-Ereignen her, zugänglich wird.

Solche Zwischengedanken sind dem Wortsinn näher, als es vielleicht scheint; denn selbstverständlich denkt Rilke (ein Dichter des Dichters wie vor ihm nur Hölderlin), wenn er den

Goldschmied dichtet, zugleich an den Bildenden schlechthin, den Dichtenden und sein Gedicht.

Stein und Perle, *alle* Dinge drängen an mit dem Anruf, geschaut und in das dichterische Wort gefaßt zu werden (vgl. besonders die neunte Elegie). Und natürlich – das lernte Rilke im Fort-schritt vom »unerbittlich begreifenden« Arbeiten »vor der Natur« dazu hin, sich einbegriffen ihrem Vorrat zuzuzählen (I 759f, 2 XIII), – »natürlich« läßt der Andrang den Gerufenen nicht überlegen unbeteiligt, sondern greift ihn an. Doch eben so, indem er an ihm zehrt, löst er die Abgeschiedenheit des Gegenüber in die schwingende Lebens-Einheit von Ich und Welt, in den umfangenden »Weltinnenraum« auf (II 92f). Das letzte der Orpheussonette ruft zur Einwilligung in solch befreiende Verwandlung (I 770):[163]

> Im Gebälk der finstern Glockenstühle
> laß dich läuten. Das, was an dir zehrt,
>
> wird ein Starkes über dieser Nahrung.
> Geh in der Verwandlung aus und ein.
> Was ist deine leidendste Erfahrung?
> Ist dir Trinken bitter, werde Wein.

Doch nicht nur Ungeheures geht den Dichter derart an, sondern nicht minder – auch als die Pariser Jahre längst hinter ihm liegen – vom Künstler Geformtes. Was er etwa damals an der Klöppelspitze erfuhr, begegnet ihm jetzt an den Kaschmir-Schals im Berner Museum (z.B. II 488f). Denkt nun Rilke gewiß auch dabei an sein eigenes Dichten (vgl. II 174f), dann nehmen wir uns daraus das Recht, hierzu den Blick in eine Richtung zu wenden, die nicht eigentlich die seine war: Wir suchen, wie Rilke im fertigen Kunst-Ding, jetzt bereits in Stein

---

[163] Mörchen (413) zieht die Parallele zur »Gethsemane-Legende«. »Eine Schwierigkeit scheint darin zu liegen, daß durch die Vorstellung des bitteren Leidenskelches auch die eines ›bitteren‹ Weines geweckt wird; man erwartet aber, daß die Bitternis sich in Süße verkehren müßte. Doch besteht die Aufhebung der Bitternis offenbar nur darin, daß der Trinkende zum Trank wird; ob dieser bitter oder süß ist, steht nun nicht mehr in Frage, da er das Klargegorene und Heilsame schlechthin ist.«

und Perle sein Gedicht zu sehen – und folgerichtig im Goldschmied den Leser.

Allzu gewaltsam ist das, im Licht obiger Zwischengedanken, wohl kaum. Nicht nur ist ja der Dichter selbst zugleich
auch sein erster Leser, durchaus betroffen und angegangen
von dem, was ihm aus seinen Händen in die eigene Bahn trat
wie ein Meteor (II132; siehe oben: *Der Reliquienschrein);* es muß
auch nicht Anmaßung sein, wenn wir Leser uns als jene
verstehen, von deren »Herz-Werk« (II 83) die dichterischen
Gebilde ihr Blitzen und Bluten erwarten.

Th. W. Adorno markiert einmal sehr scharf den Unter-
schied zwischen Text und Musik: »Sprache interpretieren heißt:
Sprache verstehen, Musik interpretieren: Musik machen.«[164]
Aber vielleicht läßt sich in solcher Schärfe doch nicht trennen.
Nachvollziehend gewiß, und verstehend, aber trotzdem, ja
eben so *macht* in einem wahren Sinn auch der Leser den
Vers.[165] Dann aber gilt auch hier, und hier erst recht, daß dies
nur dem gelingt, den ein Gedicht *erfaßt.*

Derart erfaßt, mag man zuletzt auch die selbst-reflektierte
»Symbolik« des Dichters hinter sich lassen: Setzen wir an die
Stelle des bedeuteten Verses wieder das wörtliche Gold und
den Stein! Doch jetzt nicht ungeformt, zu der Begegnung mit
dem Schmiedemeister, sondern denken wir an das geformte
Werk, das dem damit Beschenkten begegnet. Auch und gerade
Kette, Ring oder Armreif wollen jemandem gehören. Und
genügt es ihnen, wenn man sie trägt, oder wollen nicht auch
sie den Träger/die Trägerin tragen, »heben«, verwandeln?

Wie sein eigenes Wort den Magier bindet (II 150), so bindet
alter Überlieferung zufolge auch ein Ring seinen Träger; aber
er bindet ihn nicht, indem er ihn abschnürt, sondern indem er
ihn einem umgreifenden Kraft-Zusammenhang einfügt.

Allerdings ist solche Einfassung selten schmerzhaft. Ihrer
Herrin tun Ring und Spange nicht weh. Dafür beraubt das

---

[164] Aus dem Msk. zitiert von H. Plessner, Anthropologie der Sinne, in.
H. G. Gadamer/ P. Vogler (Hrsg.), Neue Anthropologie, Stuttgart
München 1972ff, VII 3-63, 31.

[165] Tatsächlich vergleicht im Februar 1926 ein Widmungsentwurf für
die Sonette der Louize Labé (II 268) den Leser dem Goldschmied;
freilich gerade nicht im Blick auf die Gedicht-Kleinodien, sondern
bezüglich des in ihnen noch wachen Feuers.

Geschmeide – ein letztes Mal – seinen Meister. Nochmals
schlägt es die Krallen in ihn: zum Schmerz des Abschieds.

Wie hab ich das gefühlt was Abschied heißt.
Wie weiß ichs noch: ein dunkles unverwundnes
grausames Etwas, das ein Schönverbundnes
noch einmal zeigt und hinhält und zerreißt.

So hat Rilke im Frühling des Jahres 1906 geschrieben (I
517f); und noch die achte der Elegien beklagt unseren ständigen Abschied. Nun aber hat er gelernt, was er als Aufgabe
schon lange wußte, daß nur aus dem Verzicht Gestalt hervorgeht. Nur indem man etwas losläßt, läßt man es *sein*. Halten
würgt (II 448); »Losgelassenes kreist.«[166] Nur dem Abschied
zeigt sich die ganze Figur, und geht aus ungeschiedenem
Ineinander in eine Nähe auf, »die sich an Ferne erprobt« (II
504): nicht zu dem früheren Gegenüber, sondern zu einer um-
fassenden Ordnung. Deren Bild bei Rilke ist zumeist die
Nacht, besonders die Stern-Nacht, die einzelne »fixe« Konstellation und deren fest-bewegliches Gesamt, »die unendliche
Strömung der Sterne« (II 479).

Wer sich solchen Winken öffnet, wird sich vor einem zu
knappen Zuschnitt der Wirklichkeit hüten. Für unsere Frage:
es ist nicht so, daß *zunächst* der Meister und das Gestein eine
Ring-Figur bilden – und *sodann*, nach deren Zerfall, Schmuck-
stück und Trägerin eine neue. Was bedeutet denn hier Verlust
(was nicht besagen soll – wiederholt klang es an –, er sei
keiner)?[167] – Vielmehr bilden Goldschmied, Ring und Träger
auf je ihre Weise die eine große Schwung-Figur kreisenden
Austauschs. (Und dieser Kreis erweitert sich noch, wenn
zwischen Schmuck und Träger der schenkend Erwerbende
tritt.)

---

166 »daß dir das Dasein eines Baums gelinge / wirf Innenraum um ihn
aus jenem Raum, / der in dir west. Umgieb ihn mit Verhaltung. / Er
grenzt sich nicht. Erst in der Eingestaltung / in dein Verzichten wird
er wirklich Baum.« II 168 (1924); vgl. II 175f.

167 »Unser Besitz ist Verlust. Je kühner, je reiner wir verlieren, je
mehr« (II 502, Oktober 1924). Das zu fassen, hätte Cardillac gerettet –
wie Don Vincente (Kap. 7, Anm. 263).

Ruf und Drohung, Warten, Überfall, Berechnung und Ent-
rückung, Zugriff und Abschied – all das mündet abstrichlos in
die »Rühmung« (II 249): »... wir feiern den Kreis /... singend
und unversehrt.«[168] Solcher Erfahrung entspricht nicht einmal
mehr die Rede von Gegensatz-Einheit.

»Dieses endgültige freie Jasagen zur Welt rückt das Herz
auf eine andere Ebene des Erlebens. Seine Wahlkugeln heißen
nicht mehr Glück und Unglück, seine Pole sind nicht bezeichnet mit Leben und Tod. Sein Maß ist nicht die Spanne
zwischen den Gegensätzen.«[169]

---

[168] II 256 Widmung, Weihnachten 1923, in einem Exemplar der
Duineser Elegien für Frau Nanny Wunderly-Volkart.

[169] Testament [27] 95. Der Text fährt fort: »Wer denkt noch, daß die
Kunst das Schöne darstelle, das ein Gegentheil habe; (dieses kleine
›schön‹ stammt aus dem Begriffe des Geschmacks.) Sie ist die
Leidenschaft zum Ganzen. Ihr Ergebnis: Gleichmuth und Gleichgewicht des Vollzähligen.«

1. Exkurs: Provinz als Weltmodell.
Zu einer Dichterlesung

Vor dem Wort des Dichters soll ein Philosoph hier Worte ma-
chen. Und dazu noch über jenes Wort. Im Beisein des Dichters.
Ist diese Situation nicht ihrerseits ein Sargnagel, den Ludwig
Soumagne auf den Kopf zu treffen hätte?[170]

Dem Philosophen bleibt nur die Entschuldigung, sich nicht
dazu gedrängt zu haben, und die Pflicht, besagten Nagel wenigstens mit einem – seinem – Kopf zu versehen. – Im übrigen
wäre es kaum im Sinne des Dichters, wenn die ihm verliehene
Gabe des Worts dazu führt, daß wir anderen allesamt voll Be-
schämung verstummten.

Vom Schweigen freilich, das etwas anderes ist, wird noch
die Rede sein müssen. Zunächst jedoch heißt das mir aufgetra-
gene Thema: Provinz als Weltmodell.

Das läßt verschiedene Deutungen zu. Eine davon, glaube
ich, braucht in diesem Kreis nicht einmal eigens ausgeschlos-
sen zu werden, jene nämlich, die bei »Modell« an ein idylli-
sches Puppenstubenbild des »feindlichen« Lebens »draußen«
denken wollte. (Etwa so, wie angesichts des weihnachtlichen
Booms der Modell-Eisenbahnen eine Zeitungsglosse der
Bundesbahn vorschlug, sich auf Stubenformat »gesundzu-
schrumpfen«, um aus den roten Zahlen zu kommen).

Das menschliche Defizit würde durch solche Methoden
nicht kleiner, im Gegenteil vielmehr. Darum verwandelt sich ja
bei näherem Hinschaun der Mensch aus einer Behauptung zur
Frage: »... Minsche?«[171]

Mit solchem Hinschaun jedoch sind wir bereits bei der
zweiten Deutung des Themas, die auch der heutige Wortge-
brauch unterstützt: beim Modell als wissenschaftlicher Erfas-
sungsmethode.

Als Platons Sokrates mit seinen Unterrednern die Gerechtigkeit erörtern soll, schlägt er vor, sie zuerst am Großmodell
des Staates zu klären, um sie dann von dort her auch im klei-

---

[170] Sargnääl möt Köpp. Gedichte im rheinischen Dialekt, Rothen-
burg/Tauber ²1974.

[171] Minsche! Minsche? Neue Gedichte in landkölnischem Dialekt,
Krefeld-Köln 1970 (die Umkehrung siehe später, zum Schluß).

nen, als Ordnung der verschiedenen Antriebskräfte im Einzel-
menschen, in den Griff zu bekommen.[172] – Dies ist der eine
Weg: auf dem anderen greift man zum Mikroskop, um den
Gesundheitszustand eines Organismus zu prüfen, oder simu-
liert das Verhalten von Großgebilden zuerst im kleineren
Maßstab.

Es muß freilich gar nicht immer das Mikroskop sein; mitunter genügt es, ein Opernglas umzudrehen, um durch Ver-
fremdung den Aha-Effekt zu erreichen.

Der Dichter aber sieht mit »unbewaffnetem«, mit »bloßem«
Auge – das, was man eben nur auf solche ungeschützte Weise
erblickt. So daß unsereins wenigstens dann, wenn ihm dank
der Texte die Augen aufzugeben beginnen, erkennt: »wat mer
alles / net sennt / net ze jlöve.«[173]

Sie hören, ich bin der Landessprache nicht mächtig; ich
kann weder Kölsch sprechen noch den Landkölnischen Dialekt. Aber ich habe ja auch keinen sprachwissenschaftlichen
Beitrag zu liefern, sondern nur einige philosophische Reflexionen. (Biete ich zudem nicht gerade in meiner »Fremdsprach-
lichkeit« einen guten Beleg für die »Weltläufigkeit« von
Soumagnes Provinz?)

Eben als Philosoph nun bin ich der Meinung, daß auch der
Wissenschafts-Sinn von »Modell« nicht das trifft, worum es
hier geht.

Wissenschaft ist allererst »objektiv«; darum verwendet sie
ja auch optische Instrumente, und »möt jett an de Ooge« ist in
der Tat »alles / halv su schlemm / dat alles.«[174]

Wissenschaft fragt zwar, aber sie staunt nicht und ist –
unberührt von Verlangen wie Ekel – stets unbetroffen. Der
Grund jedoch, warum »der Philosoph sich dem Dichter vergleicht,« – und das habe nicht etwa ich gesagt, sondern, beim
Lesen des Aristoteles, Thomas von Aquin[175] – »ist dieser, daß
beide mit dem Wunderbaren, mit dem Staunenswerten
umgehn«. Mit betroffenem Staunen beginnt es bei beiden; und

---

[172] Politeia II 368f.

[173] Dat kalde Büffee. Gedichte im landkölnischen Dialekt, Rothen-
burg/ Tauber ³1977, 55 (was wir alles nicht sehen...).

[174] Sargnääl 25 (mit etwas am Auge...).

[175] In Met. I 3, Nr. 55.

statt der technisch-interessierten Fragestellung nach Funkions-
zusammenhängen drängt sich ihnen nach wie vor nur die
naive Kinderfrage auf: Was ist dies und das überhaupt?
Warum ist es dies und wozu?

Nun will ich keineswegs Herrn Soumagne als philosophischen Anthropologen vereinnahmen – und schon gar nicht
umgekehrt den Philosophen zum Dichter hinaufstilisieren.
Zwar geht es beiden »ums Ganze«, d. h. um Welt und Mensch
und deren Sinn, religiös ausgedrückt, um deren Heil. Aber das
Auge der Philosophie heißt Vernunft, das Vermögen des
Allgemeinen; sie sieht den Menschen als solchen. Das Auge
des Dichters jedoch – um einmal auch so ungeschützt zu
sprechen wie er – ist sein Herz; und das sieht mich und dich.

Wenn solche Rede ungeschützt ist, so ist sie doch
gleichzeitig ebenso streng und unsentimental wie das Wort
des Dichters. »Herz« hat nichts mit Gefühligkeit und ver-
schwimmender Weichheit zu tun. Es meint die Mitte des
Menschen, den Kern von Person, jenen Ort, wo der Gewis-
sensanruf uns wortlos mit uns selbst konfrontiert. Und die
Rede vom sehenden Herzen, die den meisten aus dem Ver-
mächtnis des Fuchses an Saint-Exupérys Kleinen Prinzen bekannt ist, steht in einer geistlichen Tradition, deren Kenntnis
wohl nicht in dem selben Maß vorausgesetzt werden kann. Ihr
Grundtext findet sich im ersten Kapitel des Epheser-Briefs (1,
18), wo Paulus den Briefempfängern erbittet, der Gott Jesu
Christi möge die Augen ihrer Herzen erleuchten.

Ist unter »Herz« aber so die Mitte der Selbst-Evidenz zu
verstehen, dann kann das erste Wort aus solch ursprünglicher
Erfahrung nur heißen: »Ech an mech.«[176]

Gerade dies Wort nach innen jedoch trifft nun den inneren
Menschen in uns. *Cor ad cor loquitur*, das Herz spricht zum
Herzen – sobald, was »onger ungs jesait« wird, das Gegenteil
wechselweise sich absolvierender Küngelei ist, sondern
unbestechlich und unerbittlich uns »Bröder« gemeinsam ins
Licht stellt.[177]

---

[176] Ech an mech... Gedichte in rheinischer Mundart, Krefeld-Köln
1966.

[177] Onger ungs jesait... Neue Gedichte in landkölnischer Mundart,
Krefeld 1967; Dat kalde Büffee 21; »Bröder« aus Ech an mech.

Wer aber mag das? Wer mag gern ans Licht, das ihn und seine Handlungsweise aufdeckt (Joh 3, 20)? - »Herrjott noch! / wä bön ech dann?«[178] Ja, allerdings, in Tat und Wahrheit: wer?

Von Sokrates war schon die Rede. Sören Kierkegaard führt wiederholt ein Wort an, das die Tradition auf ihn zurückführt: »Sprich, damit ich dich sehe.«[179] - Ich weiß für mich keine bessere Formel, um die Arbeiten Ludwig Soumagnes zu charakterisieren: »Sprich, damit ich dich sehe - und höre dich dann in meinem Gedicht, damit auch du selber dich siehst.«

Hier hört also jemand zu - in einer Zeit, da Menschen zunehmend sich das Angehörtwerden mit einem dreistelligen Honorar pro Sitzungs-Stunde erkaufen. Er hört inständig und genau, auf das gewöhnlich, das sich gänzlich alltäglich artikulierende Leben. Nicht aber, um sich dann vom Bilde des Nächsten zu nähren und die eigene Leere mit dem Errafften zu füllen (diesem allgemeinen Bedürfnis dient heute eine ganze Industrie, von der Skandal- und Regenbogen-Presse über die Publikation von Privatnöten in den Kummer-Briefkästen zu den Fallgeschichten in den Sachbüchern populärer Psychologie). Hier wird das Bild - uns - wiedergegeben.

Freilich gerade nicht in »objektiver Wiedergabe«; denn noch weniger als Wissenschaftler ist der Dichter bloß Spiegel und Tonband. Er gibt uns *Arbeiten* seiner. In einem harten Arbeitsprozeß hat unser Bild sich verändert. - Ebensowenig indes ist es nun »subjektiv«; er hat es »entwickelt«; denn auch ein Träumer ist ein Dichter nicht, und schon gar nicht ein Ideologe.

»Man nennt mich einen Psychologen«, notiert Dostojewski, »das ist nicht richtig. Ich bin nur ein Realist im höheren Sinne.«[180] So hat man gesagt, ein wahres Porträt sei - im Unterschied zu der gelungensten Photographie - seinem »Modell« ähnlicher als dieses selbst. Das Wort trifft genau; denn wer von uns sieht so aus, wie er ist? (Darum war auch eben das

---

[178] Möt angere Wöert jedaiht jedonn, Düsseldorf-Krefeld 1975, durchgehend.

[179] Vgl. S. Kierkegaard, Briefe (W. Boehlich), Köln-Olten 1955, 133.

[180] Notierte Gedanken in: Tagebuch eines Schriftstellers, München 1963, 619.

Wort »entwickeln« tiefer gemeint als im Sinn des Photo-Labors.)

Zugleich hat sich damit ein neuer Sinn des Worts »Modell« ergeben: Modell als Gegenstand, Vorwurf und Thema. Dem Leser geht in der Tat eine Welt auf, und darin die Welt über-haupt (nicht etwa bloß »die große...«): »Poppe / bellig / ze koofe«, »dat Spell / ohne / Jrenze...«[181]

Indem die Welt derart in der landkölnischen Provinz auf sich selbst trifft, findet der »Mensch von dieser Welt« sich durch das Wort des Dichters bis zur Kenntlichkeit (Ernst Bloch) verändert.

Dabei habe ich in den Texten Soumagnes nie so sehr Bilder gesehen (am ehesten noch in den kleinteiligen Montagen von »möt angere Wöert«) als vielmehr Körpergebilde: Skulpturen. Es leuchtet mir augenblicks ein, wenn der Schweizer Dichter Kurt Marti diesen Gebilden, die »vollkommene Härte von Kieselsteinen« zuspricht.[182] (Nur, daß man Kiesel sich rund denkt, während mich diese Früchte einer unnachgiebigen Askese immer wieder an die skelettierten Figuren Giacomettis erinnern.)

Die Rede von Kieseln legt jedoch noch eine andere Frage nahe – im Zusammenhang mit dem treffenden Wort und dem kenntlich getroffenen Bilde die Frage nämlich danach, auf was oder wen hier gezielt wird. – An dieser Stelle erlaubt sich der Außenseiter Kritik, weil er sie dem Dichter schuldig zu sein glaubt, und zwar zum Klappentext des schon in dritter Auf-lage mit diesem Text erschienenen Bandes »Dat kalde Buf-fee«.[183]

Nicht nur finde ich, daß Soumagne sich keineswegs »sozu-sagen augenzwinkernd« reflektiert. Wem sollte er denn zu-zwinkern wollen? Es geht doch nicht um Kumpanei mit dem Leser, sondern um ein Macht-Wort an ihn, das ihn trifft. Für gänzlich verfehlt aber halte ich die Behauptung, im Ineinsfall von Sprache und Sache würden »die Sachen sprachlich zur Strecke« gebracht.

---

[181] Sargnääl 51 u. 44.

[182] Klappentext zu: Sargnääl.

[183] 1. Auflage 1972; der Text stammt von Hans Peter Keller.

Für mich ist ein Dichter kein Jäger, kein Schlagwort-Hersteller, kein Krieger und kein Matador. Er bringt nicht den Tod, sondern er darf im Gegenteil den Adam Erdenkloß lebendig machen – und aus Steinen Brot (um jetzt von Christstollen zu schweigen).[184]

Bertolt Brecht im dänischen Exil hatte über der Tür seines Arbeitsraums den Satz angebracht: »Die Wahrheit ist konkret.« Das gilt nicht bloß in dem vorhin bedachten Verhältnis von Dichtung und Philosophie. Abstrakt ist für mich eine Rede, die zwar vielleicht den Fakten, nicht aber auch dem Gegenüber entspricht. In einem solchen Verständnis gelingt es zum Beispiel nicht mehr, dem anderen »eine Wahrheit an den Kopf zu werfen«; denn eben dadurch wäre sie im besten Fall zur bloßen Richtigkeit geworden.

Wie das Gute, vor allem Gesolltsein, einfachhin – gut ist (mag es uns in unserer Unmenschlichkeit auch nicht selten hart ankommen), so ist Wahrheit menschenfreundlich, gerade in ihrer Strenge. Eben um Wahrheit aber geht es, wie gesagt, im Gedicht.

Und wir haben es hier mit Gedichten zu tun. Hier wird nicht entlarvt, weder der Mensch noch seine Sachen und Verhältnisse noch die arme geschundene Sprache seines verkümmernden Dialekts. All das wird vielmehr bei seinem Namen gerufen.

Nun steht es im Licht, wie es ist, mit seinen Larven und mit seiner notvollen Angst, die es dazu nötigt, sich zu maskieren. Aber es steht; denn es wurde aufgehoben und vor uns hingestellt statt niedergeschmettert.

Darum brauchen diese Texte – und je kürzer sie sind, um so mehr – den weißen Raum einer ganzen Seite um sich (ich wünschte ihnen sogar noch die leere Gegen-Seite dazu): eine Leere von Stille, damit man gleichsam um sie herumgehen kann. Denn keines dieser Gebilde hat nur eine einzige Seite, und an so manchen »ist keine Stelle, die dich nicht sieht«.[185]

---

[184] Bezeichnenderweise ist übrigens Giacometti gegen ähnliche Mißverständnisse in Schutz zu nehmen. (Vgl. C. Huber, A. Giacometti, Paris-Genf 1970, 51-59.)

[185] R. M. Rilke SW (Kap. 4, Anm. 138) I 557.

Hier wäre nun auf einzelnes einzugehen, vor allem auf die neueren Texte Ludwig Soumagnes: den Zyklus »möt angere Wöert«, Arbeiten wie in Schwarz-Weiß, doch von ungemein feiner Chromatik der verschiedensten Grautöne dieser Collagen: und erst recht auf das noch nicht Gedruckte, solches, darin uns nicht mehr nur gesagt wird, wie wir uns anhören, sondern erscheint, was wir denken: sichtbar gewordene »Gedankenstriche«, die mich an die »Mene-Tekel«-Schrift auf der Wand von Belschazzars Königspalast denken lassen; nur daß hier nicht ein fremdes Wort uns richtet, sondern das – kaum gesprochene – eigne... oder schließlich solche, die »Kürzestgeschichten« erzählen (auch dies übrigens – wie die »Gedankenstriche« – nicht ein Fund des Interpreten, sondern authentische Selbstinterpretation), Schlaglichter gleichsam, die in der beleuchteten Banalität des Modells das unausgesprochene Nichtanzuschauende und Unaussprechliche vergegenwärtigen: das Angesicht der Medusa,[186] das das unsere ist. Mit der Chance, daß hier der Schock uns *erweckt*...

All dies aber, um es nochmals zu sagen, nicht einfach ethisch, moralpädagogisch, sondern zumindest gleichursprünglich aus unabgelenktem Kampf um die Sprache heraus, die unser aller Welt und Provinz ist: ihrer Mehrdeutigkeit abgerungen, die wir nicht selten als ihre Armut verstehen (hängt sie doch mit dem Mangel an verfügbarem Wortstoff zusammen), die aber in Wahrheit ihr und unser Reichtum ist, weil einzig sie Verbindung stiftet und damit Verbindlichkeit.

Indes, verehrte Gäste, wollte ich nicht auch vom Stillwerden sprechen? Es scheint, als hätte ich inzwischen doch vergessen, welche Figur jemand macht, der in der Gegenwart eines Dichters (über ihn) redet, statt auf (ihn) zu hören. – Ich habe es nicht; darum will ich gleich – mit Ihnen – still sein.

Erlauben Sie mir nur noch eine Schlußbemerkung: ein Zitat, so daß eigentlich schon nicht mehr ich es bin, der jetzt redet.

Der französische Kulturphilosoph Roger Caillois hat vor einigen Jahren eine kleine »Ars poetica« geschrieben, der er nach dem Muster ägyptischer Totenbücher die Gestalt einer

---

186 Vgl. K. Burke, Dichtung als symbolische Handlung, Frankfurt/M. 1966, 64.

Selbstrechtfertigung des Dichters vor dem jenseitigen Richter gegeben hat. Der 19. Artikel und der Kern dieses Bekenntnisses lautet:[187]

»Ich habe keinen Anspruch darauf erhoben, das Unerkennbare zugänglich zu machen. Was ich offenbarte, ist das weitestverbreitete Wissen, das nicht zu besitzen kaum möglich ist, das Einfachste, das jeder kennt, seit er atmet, und erst im Tod vergessen wird. Wer aber diesem Einfachen in meinen Versen begegnet, glaubt, ihm sei ein wichtiges Geheimnis anvertraut worden, das nicht zu kennen ihn seit je unglücklich gemacht hat.«

Schriftliche Nachbemerkung in zwei Schritten:

1. (Sommer 1978): Die angesprochenen Kürzestgeschichten liegen als Monologe in den 31 Variationen von »möt angere Wöert« vor, darin ein Ich mithilfe alltäglicher Redensarten sich zu unmenschlichem Verhalten durchringt. Auf Dialoge müssen wir noch warten. Der Spätherbst bringt einen Band Gedankenstriche: *Usjesproche nävebee bemerk* (Gedichte in niederrheinischem Dialekt, Rothenburg/Tauber 1979). Der rechtfertigt einerseits den wiederholt geäußerten Eindruck, der Dichter sei zunehmend strenger und härter, »dunkler« (nicht im Sinn von »schwierig«, sondern »ernst« und »schwermütig«) geworden; das Schmunzeln vergehe dem Leser fast ganz. Aber er zeigt auch die Einseitigkeit dieses Eindrucks. Ich denke dabei nicht bloß an das liebenswürdige Plädoyer für die »Rosinge em Kopp« jener »Kleene«, denen wir die Trauben zu hoch hängen lassen (13), oder an den hintersinnigen Vorschlag, statt über den eigenen Schatten jeweils über den des anderen zu springen (32). Ich denke vor allem an das unauslotbare Liebesgedicht, darin das schmerzende Wissen, des Andern Last zu sein (vgl. J. u. I. Splett, Meditation der Gemeinsamkeit [4. Kap., Anm. 141] 64ff), in das atemlose Staunen, in den sprachlosen Dank der unerklärlichen Erfahrung eingegangen ist: als solch ein Kreuz »op Häng« getragen zu werden (39):

---

[187] Ars poetica, München 1968, 11 (u. 74).

doch wenn dat kene Zufall es
wat es et dann
dat eene
ungs zeleef
si Läve lang
sech dröm bemöht
e Krüzz wie ungs
op Häng
ze drage

2. (Winter 1984/85): 1981 finden sich Dialoge auf der Aulos-Schallplatte *Minsche? Minsche!* Und kürzlich ist der neueste Band erschienen: Brut vom Bäcker. Märchen, kleine Geschichten und Psalmen im niederrheinischen Dialekt, Krefeld 1984. Nachwort von Jörg Splett. Besonders beeindruckend hier – in Anknüpfung an die weitbekannten beiden *Litaneien* – das neue Genus der Psalmen. In einer Zeit, da auf Symposien selbst Theologen Gottfried Benn beipflichten, daß Gott kein Stilprinzip sei, wagt Soumagne das Du zu Ihm: »Eene wie Dech – Haer...«

5. DICHTERISCHE EXISTENZ: NOVALIS

> »Der Akt des sich selbst
> Überspringens ist überall
> der höchste, der Urpunkt,
> die Genesis des Lebens. So ist
> die Flamme nichts als
> ein solcher Akt« (II 556).

Vorbemerkung

Dieses Kapitel verdankt sich intensiver Lektüre von Novalis'
Schriften selbst, weniger der Sekundärliteratur. Und es zeigt
diese seine Herkunft darin, daß es in erheblichem Maße zitiert.
Doch ginge die Vermutung gänzlich fehl, mit beidem nicht
bloß der Romantik, sondern insbesondere Novalis durchaus
zu entsprechen?

Herbert Rosendorfer hat bei einer Tagung des Zentral-
komitees der deutschen Katholiken mit Künstlern zum Thema
»Kirche, Wirklichkeit und Kunst« (1979) Novalis den am
meisten überschätzten Romantiker genannt. »Ofterdingen ist
ein in jeder Hinsicht unfertiges, stilistisch brüchiges Werk, und
man kann nur deswegen so viel hinein- oder herausgeheim-
nissen, weil es so wirr ist. Die geistlichen Hymnen sind ver-
stiegene Schwärmereien, und wenn Novalis schildert, wie er
zusammen mit Maria im Blute Christi herumschwimmt, wird
die Sache schlicht fragwürdig. Ich glaube, daß man berechtigt
ist – bei allem Respekt vor der traurigen Biographie dieses
ohne Zweifel erstaunlichen Mannes –, das einmal zu sagen.«[188]
Demgegenüber der evangelische Theologe Hermann Timm,
dessen Studien besonders der Spinoza-Renaissance und dem
Denken der Frühromantik gelten: »eine Gestalt von exotischer
Brillanz, irgendwo zwischen Traum und Wirklichkeit zuhause,
moralisch integer, aber von einer Reflektiertheit, die vor keiner
Ungeheuerlichkeit zurückschreckt... An Schnelligkeit, Weite
und Tiefe der Einsicht sucht er seinesgleichen: ein verwegener

---

[188] H. Maier (Hrsg.), Kirche, Wirklichkeit und Kunst, Mainz 1980, 55.

Spekulant, der Fichte sogleich hinter sich wähnte, in Berufs-
und Familienangelegenheiten von fast pedantischer Akkura-
tesse, in seinem poetischen Element aber so souveran, daß die
Hypertrophie in überwältigend schlichter Sprachgestalt ein-
hergeht.«[189]

»Soll man sagen, dieser 'herrliche Fremdling' habe es
darauf abgesehen, die Intransingenz eines Kierkegaardschen
Entweder-Oder zwischen ästhetischem Spiel und religiösem
Ernst a priori zu narren?... Seine Hochseilakrobatik ist schon
eine ziemliche Zumutung für die Flexibilität unseres 'liberalen'
Urteilsvermögens. Daß es der psychoanalytischen und ideo-
logiekritischen Entzauberung gelingen werde, alle Spuren
prätensionslosen Gelingens aus dem Erinnerungsbild zu
tilgen, ist, gleichwohl nicht zu befürchten... Er hat die früh-
romantische Überlegenheit am denkwürdigsten repräsentiert,
in einem kreativen Leben, dessen Auftriebskräfte aus der
Leidens- und Todeserfahrung geschöpft wurden, vermittelst
einer kalten experimentierenden Intelligenz, die der fieberhaft
überreizten Einbildungskraft leidlich temperierte Sinnkon-
figurationen einzustiften weiß« (ebd. 75f).

Zu Leben und Werk

Tatsächlich begegnet kaum ein Dichter derart widerstreiten-
den Vorurteilen wie Novalis. Gerhard Schulz geht zu Eingang
seiner Rowohlt-Monographie auf das einzige authentische
Bildnis ein (dessen Maler unbekannt sei) und vergleicht es mit
dem späteren Stich von Eduard Eichens (1845), der viel
häufiger reproduziert worden ist.[190] (Er steht auch Bd. I der
großen Ausgabe von Kluckhohn-Samuel voran, nach der ich
zitiere. – Sie nennt als Maler Franz Gareis.)[191]

Das Gemälde entspricht Timms Charakteristik. Auf dem
bekannten Stich aber ist »aus dem Gesicht des jungen Mannes... das mädchenhafte eines träumerischen Jünglings [ge-

---

[189] Die heilige Revolution. Das religiöse Totalitätskonzept der Frühromantik. Schleiermacher – Novalis – Friedrich Schlegel, Frankfurt/M.
1978, 75.

[190] Reinbek b. Hamburg ²1973, 7.

[191] Schriften, Stuttgart 1960ff: I ³1977, II ²1965, III ²1968, IV ²1975; im
Text zitiert mit Band- und Seitenzahl.

worden]. Der Mund ist kleiner, voller und weicher, und er hat den leichten Zug der Heiterkeit verloren... Das Geistreiche, Bedeutende des Gesichts ist einer kindlich frommen Ebenmäßigkeit gewichen, die nichts mehr von der Weite und Tiefe, Klarheit und Schärfe der Gedanken ahnen läßt, die diesem Kopf entsprungen sind«[192]. Der junge Friedrich von Hardenberg, geboren im Mai 1772 auf dem Gut Oberwiedenstedt im Mensfeldischen, wächst heran in herrnhutischer Atmosphäre, zugleich aber offen für die ganz anders gerichtete Modeströmung der Zeit, Rokokotändelei und Lebenslustlehre. Sein Lieblingsdichter ist Wieland. »Fritz den Flatterer« nennt ihn der Bruder. Früh denkt er auch an eine reiche Partie. »Doch die Bekanntschaft mit Sophie von Kühn lenkt ihn in eine andere Richtung. Nun war die Zeit der Torheiten und Frivolitäten vorüber, bekennt er selbst.«[193]

Sophie ist zwölf Jahre alt, als Novalis sie kennenlernt, vierzehn, als sie sich verloben. Das Studienblatt »Clarisse« (IV 24f) hält Züge ihres Wesens fest, mit fast nüchterner Klarheit gesehen. Sentimental ist von Hardenberg in der Tat nie gewesen. Es gibt auch Spannungen, Krisen; aber dann bricht Sophiens Krankheit aus. »Fängt nicht überall das Beste mit Krankheit an?« (III 389) »Das Wesen der Krankheit ist so dunkel wie das Wesen des Lebens« (III 595).

Vielleicht ist sie der notwendige Anfang der Liebe; ja »Liebe ist durchaus Krankheit – daher die wunderbare Bedeutung des Christentums« (III 667), was sich an anderer Stelle erläutert: »Das Herz ist der Schlüssel der Welt und des Lebens. Man lebt in diesem hilflosen Zustande, um zu lieben – und andern verpflichtet zu sein. Durch Unvollkommenheit wird man der Einwirkung anderer fähig – und diese fremde Einwirkung ist der Zweck. In Krankheiten sollen und können uns nur andere helfen. So ist Christus, von diesem Gesichtspunkt aus, allerdings der Schlüssel der Welt« (II 606). Darum »kann in der Religion [gegen Schleiermacher notiert] keine Virtuosität stattfinden... Liebe ist frei – Sie wählt das Ärmste und Bedürftigste am liebsten« (III 562).

---

192 Schulz (Anm. 190) 7f.

193 P. Kluckhohn, Die Auffassung der Liebe in der Literatur des 18.Jahrhunderts und in der deutschen Romantik, Halle ²1931, 464 f.

Nach schlimmen Leiden (vermutlich hat Tb einen Leber-
abszess ausgelöst), Operationen, mit ungewöhnlicher Tapferkeit ertragen, stirbt Sophie im März 1797. Novalis wünscht ihr
zu folgen, und das Gefühl, ihr engstens verbunden zu sein, hat
er bis zum Tod nicht verloren. »Meine Liebe ist zur Flamme
geworden, die alles Irdische nachgerade verzehrt« (IV 220).
»Ich habe zu Söfchen Religion – nicht Liebe. Absolute Liebe,
vom Herzen unabhängige, auf Glauben gegründete, ist Religion« (II 395).

Ein Novellenentwurf von 1799/80: »Ein Mann hat seine
Geliebte gefunden – unruhig wagt er eine neue Schiffahrt – er
sucht Religion, ohne es zu wissen – Seine Geliebte stirbt – sie
erscheint ihm im Geiste nun, als die Gesuchte (I 370). Dies ein
Leitmotiv seines Schaffens: im Märchen von Hyazinth und
Rosenblüt aus den »Lehrlingen von Sais« wie auch aus dem
»Heinrich von Ofterdingen« herauszuhören.

Die Lehrlinge reden über die Stellung des Menschen zur
Natur, wobei das beste Teil eben jene erwählt haben, die nur
dem »Dienst der Liebe« (I 103) leben wollen. Ist doch die
»Erzeugungsgeschichte der Natur« eine »Offenbarung des
Genius der Liebe«. So kann nur die Liebe zu ihrem
Verständnis befähigen.

Zwei verschiedene Vorstellungen vom Wesen der Liebe
kreuzen sich hier:[194] die Sicht der Liebe als auflösender Kraft,
die vor allem im Wasser als Element der Liebe erscheint,
diesem »erstgeborne[n] Kind luftiger Verschmelzungen« (I
104), und jene andere Sicht, nach der die Geliebte dem Manne
gerade sein Zentrum gibt. Auf das Jenseits übertragen, sind
beide Vorstellungen Grundgedanken der »Hymnen an die
Nacht«, die aus Überschwangserlebnissen des Dichters am
Grab der Geliebten hervorgegangen sind, wie das erhaltene
Tagebuch aus jener Zeit belegt (IV 35ff). Eine der letzten
Eintragungen dort (Juni 1797, IV 48): »Xstus [= Christus] und
Sophie.«

Erst durch den Tod der Braut ist Hardenberg zum Dichter
geworden. Das schildert der »Heinrich von Ofterdingen«, dessen erstes Buch in Klingsors Märchen von der Erlösung der
Welt (dem Anfang des goldenen Zeitalters) durch Liebe und

---

194 Kluckhohn 472.

Poesie mündet. – Wie geht es damit zusammen, daß sich Novalis im Dezember 1798 mit der jüngsten Tochter Julie (geb. 1776) des Freyberger Berghauptmanns von Charpentier verlobt? Statt an die Seelenwanderungslehre zu denken, wäre wohl eher zu sagen, hier gehe es um »eine liebende Gehilfin [für] das Leben« (IV 312), von Sophie gesandt wie im Roman Cyane von Mathilde. Es ist um die Jahreswende 1799/1800, daß Novalis die Hymnen an die Nacht schreibt.Im Sommer bricht seine Krankheit ins akute Stadium aus: Blutspucken, nach leichter Besserung auf den Suizid des Bruders hin ein Blutsturz; Julie begleitet ihn zur Pflege nach Weißenfels. Am 25. März 1801 stirbt Novalis.

Absolute Liebe: Sophia Maria

Im Juli 1796 hat er – in Erwartung von dessen Besuch – an Friedrich Schlegel geschrieben, seit 7/4 Jahren sei er einer und derselbe im Wesentlichen... »Mein Lieblingsstudium heißt im Grunde wie meine Braut. Sofie heißt sie – Filosofie ist die Seele meines Lebens und der Schlüssel zu meinem eigensten Selbst... Du wirst mich prüfen.« Er nennt Spinoza und Zinzendorf als Erforscher der »unendlichen Idee der Liebe« und bedauert, bei Fichte, so nahe er daran sei, »nichts von dieser Aussicht« zu sehen (IV 188). »Hat Fichte nicht zu willkürlich alles ins Ich hineingelegt« (II 107)? Das Ich ist ja »nichts als das Prinzip der Vereigentümlichung« (274). Es muß eine höhere umgreifende Sphäre geben, und die sieht von Hardenberg in der Liebe. Der Tod setzt nur dem Egoismus ein Ende, um der »personifizierten Gattung« willen (249).

»Des höchsten Wesens wird man nur durch den Tod wert. Der echte philosophische Akt ist Selbsttötung; dies ist der reale Anfang aller Philosophie, dahin geht alles Bedürfnis des philosophischen Jüngers, und nur dieser Akt entspricht allen Bedingungen und Merkmalen der transzendenten Handlung« (II 395).

Darum ist Krankheit ein Mittel höherer Synthese. »Je fürchterlicher der Schmerz, desto höher die darin verborgene Lust (Harmonie)« (womit ein Gedanke aufscheint, in dem Heraklit und Hegel sich begegnen – II 389). Darum zeigt das Grab sich als Oster-Beginn. »Der durchlittene Tod seiner Philo-Sophia schlug ihn mit dem Zauberstab der Verwandlung in die mariologisch erschlossene Pansophie einer endzeitlichen Geistleiblichkeit.«[195]

Im ästhetisch-religiösen Sturm und Drang wird die Abwertung der Sinnlichkeit, des Geschlechts und insbesondere des weiblichen Geschlechts, das man nun als das edlere, feinere sieht, widerrufen. So tritt auch die Fichte-Kritik im Namen der Liebe an. »Novalis schwimmt zwar mit dem erotisch passionierten Zeitgeist, hat aber den Ehrgeiz, ihm die Krone, die Dornenkrone aufzusetzen.«[196] So greift er zu Anspielungen, »die hart am Rand der metaphysisch-theologischen Obszönität siedeln« (ebd.), bis zur Verschränkung von sexueller Erfahrung und sakramentaler Einwohnung.

Das Universale Concretum, Realsymbol spekulativer Synthese. wird ihm die Jungfrau-Mutter Maria. Wieder einmal »löst die Gestalt das Problem« (Hofmannsthal), das Spinozas Subjekt-Objekt-Identität in der absoluten Substanz so wenig lösen konnte wie deren subjektivierende Dynamisierung durch Hegel. Hier reicht die Spannung von der Nacht Betlehems zur Pieta: »Unendliche Wehmut der Religion. Sollen wir Gott lieben, so muß er hilfsbedürftig sein« III 562 – wie Sophie und dann Julie, der er sich auch erst ernstlich zuwendet, als sie bei der Pflege ihres Vaters erkrankt).

»Die eine Nacht der Wonne« (I 152f) ist die von Weihnachten, Karfreitagsfinsternis und Ostern in einem. Christus ist »der kleine Gott auf deinen Armen« (I 176) *und* der Sterbende: »Noch einmal sah er freundlich nach der Mutter – da kam der ewigen Liebe lösende Hand – und er entschlief« (147). Kein Verlassenheitsschrei, kein letztes Wort; ähnlich sanft auch die »Entriegelung des Geheimnisses«: die Lieben sehen ihn »weinen mit süßer Inbrunst an der Mutter seligem Busen, ernst mit den Freunden wandeln, Worte sagen, wie vom Baum des Lebens gebrochen...« (I 149).

Heinrich und Mathilde

Zuerst Gesten statt Worte (I 270ff). »Alle echte Mitteilung ist also sinnbildsam – und sind also nicht Liebkosungen echte

---

[195] Timm (Anm. 189) 96.

[196] Timm 97.

Mitteilungen? (II 564). Aus dem ersten Kuß wird ja Astralis empfangen (I 317f).

Es gibt kein Geheimnis mehr zwischen den Liebenden, wobei ihr Einungsverlangen über diese Welt und Zeit hinauszielt: »Wer weiß, ob unsere Liebe nicht dereinst noch zu Flammenfittichen wird, die uns aufheben und uns in unsere himmlische Heimat tragen« (I 289). Dazu hin erfahren beide sich an einander besser werden: »Jede unrechte Handlung ist eine Untreue gegen die Geliebte« (III *565*). »Mir ist, als finge ich erst jetzt zu leben an.« »Ja, meine Ewigkeit ist... dein Werk« (II 287, 284). »Mathilde, wir sind ewig, weil wir uns lieben« (288). Heinrich wird durch sie zum Dichter und erhält die Gabe der Weissagung durch sie. »Sie wird meine innerste Seele, die Hüterin meines heiligen Feuers sein« (289). Auch hier also (die Folge unserer Abschnitte stellt ja weniger einen gradlinigen Fortschritt dar als einen Auf- oder Rückstieg in Spiralform) wird die Liebe zur Religion:

»Ich ward nur geboren, um sie zu verehren, um ihr ewig zu dienen, um sie zu denken und empfinden. Gehört nicht ein eigenes ungeteiltes Dasein zu ihrer Anschauung und Anbetung? Und bin ich der Glückliche, dessen Wesen das Echo, der Spiegel des ihrigen sein darf?« (277). Später: »Ich bete dich an. Du bist die Heilige, die meine Wünsche zu Gott bringt, durch die er sich mir offenbart, durch die er mir die Fülle seiner Liebe kund tut« (288). – Eine Novalis-Notiz, auf die wir zurückkommen werden: »Nichts ist zur wahren Religiösität unentbehrlicher als ein Mittelglied, das uns mit der Gottheit verbindet« (II 440/41ff).

»Was ist Religion als ein unendliches Einverständnis, eine Vereinigung liebender Herzen? Wo zwei versammelt sind, ist er ja unter ihnen« (I 288). Das ist weder blasphemisch rebellierend (»Feuerbachisch«) gemeint noch sentimental, sondern einfach ernst. Darum wird die Liebesumarmung zur heiligen Handlung wie das Abendmahl. Und die gestorbene Mathilde verschmilzt mit der Mutter Gottes: »Gottesmutter und Geliebte /... O, ich weiß, du bist Mathilde« (I 324).

»Eins in allem und alles im Einen /... ./ Der Liebe Reich ist aufgetan / Die Fabel fängt zu spinnen an« (I 318). »Von einer doppelten Mittlerschaft könnte man hier sprechen. Die Geliebte ist Mittlerin zwischen dem Dichter und Gott, und zwischen die Geliebte und Gott schiebt sich die Mittler-Gestalt der Mutter Gottes oder die des Heilands.«[197]

So will Novalis durch seine Liebeswissenschaft Monotheismus (»Entheismus« = Hentheismus) und Pantheismus vermitteln, wobei er Pantheismus als die Idee versteht, alles könne Mittler der Gottheit sein. Er macht nämlich den monotheistischen Mittler zum Mittler der Mittelwelt des Pantheismus und zentriert diese gleichsam durch ihn, so daß beide einander auf je verschiedene Weise notwendig machen (II 442-444 s.u.). Ein Programm, das Schillers wie auch Hölderlins Entgegensetzung der griechischen Götter zu Christus überwände.

Eben in dieser Weise denkt er nun auch die Rolle der Geliebten, die als sie selbst geliebt und zugleich zur »Abbreviatur des Universums«, wie dieses zu ihrer »Elongatur«, (II 651) wird. »Die Liebe ist der Endzweck der Weltgeschichte, das Unum des Universums. Gott ist die Liebe. Die Liebe ist das höchste Reale, der Urgrund. – Theorie der Liebe ist die höchste Wissenschaft... Philielogia (oder auch Philologie)« (III 248, 254).

Liebe ist der Grund der Möglichkeit der Magie. Alles Sein soll in ein Haben verwandelt werden. (Eine bedenkenswerte Replik im voraus auf die in der Tat zu schlichte Kontraposition Erich Fromms:) »Sein ist einseitig – Haben synthetisch« (III 255). Wenn alle Menschen ein Paar Liebende wären, so fiele der Unterschied zwischen Mysticism und Nichtmysticism hinweg (III 420). Was ist das ewige Geheimnis? fragt die Sphinx und Fabel antwortet: Die Liebe (1 208).

Die aber findet erst durch den Tod die letzte Reife; denn erst er gibt der Verbindung Ewigkeit. Ewigkeit aber gehört zum Wesen der Liebe. Darum schätzt Novalis die Ehe so hoch. »Alle Vereinigungen außer der Ehe sind bestimmt gerichtete, durch ein Objekt bestimmte und gegenseitig dasselbe bestimmende Handlungen. Die Ehe hingegen ist eine unabhängige, Totalvereinigung« (II 620). Sie ist »eine neue, höhere Epoche der Liebe«; mit ihr entsteht die Philosophie (III 573). Er nennt sie die »Bildung eines gemeinsamen harmonischen Wesens« (III 255), »das höchste Geheimnis«, wozu nur wenige fähig

---

[197] Kluckhohn (Anm. 193) 483.

seien (schlimm darum, daß es »bei uns nur die Wahl zwischen Ehe und Einsamkeit« gebe – III 692.)

Ehe will fruchtbar sein, weil die Liebe offenbar werden will. Und wie wir alle Sichtbarkeit der Liebe zwischen Natur und Geist sind, so ist das Kind »eine sichtbar gewordene Liebe« (II 253). – Damit hängt die schon genannte neue Hochschätzung der Frau zusammen. (»Mit Recht können manche Weiber sagen, daß sie ihren Gatten in die Arme *sinken*. Wohl denen, die ihren Geliebten in die Arme *steigen*« – III 590.)

Männliche Liebe ordnet Novalis dem fressenden Tier zu (ob nicht überhaupt in der Geschlechtslust ein versteckter Appetit nach Menschenfleisch im Spiel sei? – III 575); die Frau dagegen ist ihm das »höchste sichtbare Nahrungsmittel«, und im Akt der Vereinigung selbst verzehrt die Seele den Körper, während dieser sie empfängt und gebiert (III 264). Darum sind zwar Mann und Weib aus einem Stoff, doch »wir sind Tonerde – und die Frauen sind Weltaugen und Saphiere, die ebenfalls aus Tonerde bestehen« (II 621).

»Ist die Frau der Zweck des Mannes und ist die Frau ohne Zweck?« (III 692) Jedenfalls gehören Frau und Liebe zusammen. »Darum versteht man keins ohne das Andre«, ein »liebliches Geheimnis« (II 617), dessen Spitze das Eins von Jungfräulichkeit und Mütterlichkeit ist, in der Natur und im religiösen Symbol (618).

Summa aphoristica

»Ideenparadies« nennt Novalis den Aphorismus (III 446). Und »jeder geliebte Gegenstand ist der Mittelpunkt eines Paradieses« (II 432, Nr. 50). Darum spricht er sich nicht zufällig, sondern mit wesentlich-inneren Gründen vornehmlich in Aphorismen aus. Der berühmten Sammlung »Blütenstaub«, die ihre Anordnung durch August Wilhelm Schlegel erhalten hat, voraus liegen die 125 Stücke der »Vermischten Bemerkungen«, in der Hauptsache wohl aus dem Jahre 1797. Die Werkausgabe gibt sie in Seitenkonkordanz zu den »Blütenstaub«-Texten (II 412-470 – im weiteren bedeuten Ziffern ohne vorgestellte römische Bd.-Angabe die Stück-Nr. dieser »Bemerkungen«).

Zur Erkenntnis aus Liebe, die hier Wort wird, bedarf es des Todes. Der »ist eine Selbstbesiegung, die – wie alle Selbst-

überwindung – eine neue, leichtere Existenz verschafft« (11).
Solche Leichtigkeit erlaubt Kommunikation. »Das Leben eines
wahrhaft kanonischen Menschen muß durchgehends symbolisch sein. – [Wobei wir ›symbolisch‹ von Goethe her zu lesen
haben (Maximen... H 314): ›als lebendig-augenblickliche
Offenbarung des Unerforschlichen‹.] Wäre unter dieser Voraussetzung nicht jeder Tod ein Versöhnungstod? – Mehr oder
weniger, versteht sich« (21).

Derartige Selbsttranszendenz ist freilich alles andere als
Selbstverlust. »Das willkürlichste Vorurteil ist, daß dem Menschen das Vermögen, außer sich zu sein, mit Bewußtsein jenseits der Sinne zu sein, versagt sei... Ohne dies wäre er nicht
Weltbürger – er wäre ein Tier« (23).

Solche Offenheit eignet besonders dem Kinde. Darum
fängt jede Stufe der Bildung mit Kindheit an; und »daher ist
der am meisten gebildete irdische Mensch dem Kinde so
ähnlich« (48). Um es als sichtbar gewordene Liebe schlägt sich
das Paradies. Dies erklärt, daß für Novalis Philosophieren »im
eigentlichsten Sinn« ein »Liebkosen« ist (II 524), das heißt,
besondere Zukehr. Also das Gegenteil eines haltlosen Zer-
fließens (wie man sich nicht selten »Romantik« vorstellt),
sondern durchaus als, sogar gesteigertes, »Wachsein« (III 572).
(Die Theorie der Liebe ist die höchste Wissenschaft, hat es oben
geheißen. – Man denkt an einen verwandten Aphorismus von
Simone Weil: »Auf ihrer höchsten Stufe ist die Aufmerksamkeit das gleiche wie das Gebet. Sie setzt den Glauben und
die Liebe voraus.«[198])

Von hier aus ist nun auch das berühmte erste Fragment zu
deuten, das auch die »Blütenstaub«-Sammlung eröffnet: »Wir
suchen überall das Unbedingte und finden immer nur Dinge.«
– »Das Unbedingte müssen wir aus dem Bedingten, das
Bedingte aus dem Unbedingten erklären« (II 144). Oder anders
gesagt: im rechten, nämlich liebenden Umgang mit den
Dingen erscheint an ihnen das sie bedingende Unbedingte. In
diesem Sinn führt der »Geist« einen »ewigen Selbstbeweis« (5),
im Verzicht des Todes (11), der die Entfremdung des trieb-
getriebenen Lebens beendet; eine »Unbekanntschaft mit uns
selbst«, die jene »Unbegreiflichkeit« von Welt und Dingen

---

[198] Schwerkraft und Gnade, München 1952, 209.

hervorbringt, »die selbst unbegreiflich ist« (12) – bis der Mensch sich hebend daraus zurücknimmt. In diesem Sinn nennt Novalis den Tod die Vollendung der Reduktion (15). Reduktion besagt Verringerung, Ent-werden als zugleich, im Wortsinn, Rück-führung: Heimkehr.

Doch ist solcher Tod nicht monologisch zu denken, gerade nicht, sondern dialogisch. Der Mensch stellt ein plurale tantum dar, jeder in sich »eine kleine Gesellschaft« (42), ein »kleines Volk« (47); andererseits *wird* er das nur in Selbsteinigung mit und unter Menschen. Denken ist »Zwiesprache« (II 1); Philosophie vollzieht sich im Gespräch beziehungsweise als »epistolarische Symphilosophie« [199] : in der Gesprächslockerheit eben der Aphorismengruppe. Dies philosophische Ingredienz belebt auch die Wissenschaften, die ohne es tote Materien blieben (61).

Darum ist Vermittlung ein Grundbegriff. Der längste Text der Sammlung, auf den wiederholt vorausverwiesen wurde, glt ihr (73): »Nichts ist zur wahren Religiosität unentbehrlicher als ein Mittelglied, das uns mit der Gottheit verbindet.« »Je selbständiger der Mensch wird, desto mehr vermindert sich die Quantität des Mittelglieds.« Die Spitze ist dann »*Ein* Gottmensch«. Hier entwickelt Novalis nun – gegenüber der »Irreligion«, die keinen Mittler annimmt, – seine religiöse Vermittlung von Pantheismus und [H]entheismus, von der schon die Rede war: »Das Gebet oder der religiöse Gedanke besteht also aus einer dreifach aufsteigenden unteilbaren Abstraktion oder Setzung. Jeder Gegenstand kann dem Religiösen ein Tempel... sein [1. Stufe]. Der Geist dieses Tempels ist der allgegenwärtige Hohe Priester, der [h]entheistische Mittler [2. Stufe], welcher allein im unmittelbaren Verhältnisse [3.] mit dem Allvater steht.«

Hier geht es also um »Repräsentation«, gar »Wechselrepräsentantion«, Symbolisierung (III 246). Insofern sind, bzw. waren früher, auch Priester und Dichter identisch (und werden es wieder sein). »Jener Repräsentant des Genius der Menschheit dürfte leicht der Dichter kat' exochén sein« (75).

---

[199] G. Neumann, Ideenparadiese. Untersuchungen zur Aphoristik von Lichberg, Novalis, Friedrich Schlegel und Goethe, München 1976, 332 (nach M. Preitz).

Denn Sein ist Verbundensein. »In den meisten Religionssystemen werden wir als Glieder der Gottheit betrachtet«, die, wenn sie nicht dem Ganzen folgen, schmerzlich geheilt oder gar abgeschnitten werden (75)

Für die Wissenschaft heißt das entsprechende Programm: »Innigste Gemeinschaft aller Kenntnisse« als der »hohe Zweck der Gelehrten« (84). – In diesen Zusammenhang stellt nun der Dichter eins seiner wenigen Epigramme in Distichon-Form (90):

Welten bauen genügt nicht dem tiefer langenden Sinne,
Aber ein liebendes Herz sättigt den strebenden Geist.

Wie beiläufig sind hier die großen Worte versammelt: Welt und Geist als die extremen Pole, die Liebe als vermittelnde Mitte, die sowohl das Weltorgan des Sinns wie im Herzen den Geist stillt. Der Eingangs-Aphorismus erhält hier seine verwandelnde Erfüllung. Hegelsch gesprochen: der »schlechten Unendlichkeit« gegenüber ist »Vernunft als Wille dies, sich zur Endlichkeit zu entschließen«.[200] Und tatsächlich ist die unbedingte Bejahung eines Bedingten nicht qualitativ theoretisch zu rechtfertigen, sondern allein im Willens-Ja der Liebe setzbar: Du sollst sein; es ist gut, wenn und daß es dich gibt.[201]

Demnach: »Vor der Abstraktion ist alles Eins, aber eins wie das Chaos. Nach der Abstraktion ist wieder alles vereinigt; aber diese Vereinigung ist eine freie Verbündung selbständiger, selbstbestimmter Wesen. Aus einem Haufen [im Ich wie von Ichen] ist eine Gesellschaft geworden. Das Chaos ist in eine mannigfaltige Welt verwandelt« (94). – Und damit ist der Kreis zurück zum Kind geschlagen. Man sieht, den Aphorismen eignet ihrerseits die freie Ordnung der Liebe: »Wo Kinder sind, da ist ein goldnes Zeitalter« (96).Und nun nicht mehr allein das Kind: »Jedes Individuum ist der Mittelpunkt eines Emanationssystems« (109). – Entsprechend an anderer Stelle (II 541): »Was sind wir? personifizierte allmächtige Punkte.« Die Ausführung des Weltentwurfs, der jeder Punkt ist, hat in Freiheit zu geschehen. (»Nur insofern der Mensch also mit sich

---

[200] SW (Glockner) 7, 65 (Rechtsphilosophie § 13).
[201] J. Pieper, Über die Liebe, München 1972, 38ff.

selbst eine glückliche Ehe führt und eine schöne Familie ausmacht, ist er überhaupt ehe- und familienfähig« – ebd.) Die »Bemerkungen« wenden das nun auf den Literaturbetrieb wie die Politik an, schließlich auf Autor und Leser bzw. den Autor als Leser und Leser als Autor in Bezug auf eben diese Bemerkungen selbst (125).

Dies Ineinanderspielen der Bezüge, wie sie das Wort »Selbstbegegnung« deutlich machen könnte (das Selbst, einem Selbst begegnend, begegnet eben so sich selbst – und sich selbst nur in Begegnung mit einem Selbst, wie es selbst eines ist), – diese »Symphonik« der Wahrheit der Liebe blitzt im Bilde der Isis von Sais auf:

Einem gelang es – er hob den Schleier der Göttin zu Sais,
Aber was sah er? Er sah – Wunder des Wunders – sich selbst.

So hat Novalis im Mai 1798 notiert (II 584). In der Tat geht es – nach dem Worte aus Delphi – darum, sich zu erkennen (I 404). Aber wie kann einem das gelingen? Indem man eben nicht mehr die »Welt durchgrübelt« (ebd.), sondern einem Antwort geschenkt wird. Im Märchen von Hyazinth und Rosenblüt aus den »Lehrlingen« (frühestens Spätsommer 1798 – I 71f) heißt es darum: »Er stand vor der himmlischen Jungfrau [Isis], da hob er den leichten, glänzenden Schleier, und Rosenblütchen sank in seine Arme« (I 95).

So sei das Ganze zusammengefaßt in die berühmten Gedichtzeilen, die gewiß dem Mädchen Astralis zugedacht waren und vielleicht den Schluß des Ofterdingen-Romans bilden sollten (I 344f, III 675; vgl. die Tieck-Fassung I 360):

Wenn nicht mehr Zahlen und Figuren
Sind Schlüssel aller Kreaturen,
Wenn die, so singen oder küssen,
Mehr als die Tiefgelehrten wissen,
...
Wenn dann sich wieder Licht und Schatten
Zu echter Klarheit [werden] gatten
Und man in Märchen und Gedichten
Erkennt die wahren Weltgeschichten:
Dann fliegt vor einem geheimen Wort
Das ganze verkehrte Wesen fort.

Nachsatz

»Mensch: Metapher« (II 561) hat Novalis notiert. Etwas von
der Erhellungskraft solchen Wirklichkeitszugangs mag diese
Skizze haben ahnen lassen. Aus der Fülle der Fragen, die
Novalis weckt, sei hier nur eine aufgenommen, die vielleicht
recht paradox klingt: Wird die poetische Religion der Liebe,
die er vertritt, der Geliebten gerecht?

Das ist nicht psychologisch, als Warnung vor unrealis-
tischer Übertreibung gemeint (dann wäre es nicht paradox).
Zu viel kann man nie lieben; aber – mag sein – auch auf seine
Weise zu wenig? Sophie als Mittlerin, mit Christus ver-
schmelzend, wo bleibt sie selbst (um jetzt nicht zu fragen, wo
er, Jesus von Nazareth, bleibt)? – Hölderlin hat in den Anmer-
kungen zu seiner Sophokles-Übersetzung davon gesprochen,
»daß das grenzenlose Eineswerden durch grenzenloses
Scheiden sich reinige[n]« müsse.[202] Daß bei Novalis nicht ein
schlecht-romantisches Zerfließen aus Mangel an Wachheit
vorliegt, haben wir gesehen. Dennoch lösen die Konturen sich
auf, und zwar – so scheint mir – weil ihm eine Dimension im
Symbol-geschehen entgeht: die »unzerdenkbar« konkrete
Faktizität im Gegenüberstand von Person.

Der Mensch ist nicht einfach Metapher, sondern jeder Einzelne *bildet* sie – in dialogischem Gegenüber zu seinem
Schöpfer und dem ihm begegnenden Menschen. – Man kann
nicht durch den anderen *hindurch* zum zentralen Mittler
gelangen, sondern nur mit ihm, und nicht durch den Mittler
hindurch zu Gott, sondern nur mit ihm. So aber auch nicht
durch Gott zur Schöpfung, sondern wieder nur: mit ihm.

Wie erst ein solcher »trinitarischer« Bezug konkrete Geschichte und reales Traditionsverhältnis ermöglicht, wie nur er
das personale Spiel zwischen dem »Unbedingten« und den
»Dingen« sich »fortspinnen« läßt, kann hier und jetzt nicht
ausgeführt werden.[203] Doch angemerkt sollte es sein; denn nur
die Wahrung des *Unterschieds* im Eins von »Hen kai pan«
garantiert die Wahrheit im Dienst der Liebe, also die Gültigkeit
dichterischer Existenz.

---

[202] SW (Kl. Stuttg. Ausg.) V 220.

[203] J. u. I. Splett, Meditation der Gemeinsamkeit. Aspekte einer
ehelichen Anthropologie, Heiligenkreuz ⁴2018, 34-48.

2. Exkurs: Romantik.
Vor einem Konzert

Und ich mag mich nicht bewahren
J. v. Eichendorff[204]

Kein Wort zur Musik; denn sie spricht wirklich für sich selbst Und ehe er dumm wird, sollte auch philosophischer Hochmut sich begrenzen. – Obwohl justament die Romantik es mit dem Aufbruch zu Grenzen und mit deren Aufbruch zu tun hat und andererseits nicht nur Hegel ihren Grundzug im Musikalischen sieht.

Doch bei Hegel darf ich ein paar Sätze bleiben. Für ihn ist Romantik »das Hinausgehen der Kunst über sich selbst, doch innerhalb ihres eigenen Gebiets und in Form der Kunst selber«[205] Das hängt mit dem eben Bemerkten zusammen: Kunst sagt Gestalt, Gestalt sagt Kontur und Kontur besagt Grenze. Darum ist die Mitte der Kunst die klassische Plastik, das Bild des gestalteten Menschen.

Dem Bild aber fehlt eben das, was die Mitte des Menschen ausmacht: Leben, Bewußtsein, Innerlichkeit. So tritt mit seiner Sehnsucht Pygmalion auf[206] – und das ist Romantik.

Dann aber bleibt es nicht bei dieser einen »Metamorphose«; liegt es doch im Wesen einer Normverletzung, die Verletzbarkeit von Normen überhaupt gezeigt und vorgemacht zu haben. Hegelsch nüchtern gesagt (bei ihm ist von Pygmalion natürlich nicht die Rede): Romantik »löst jene klassische Vereinigung der Innerlichkeit und äußeren Erscheinung auf«, damit »die absolute Subjektivität zur Darstellung kommt«.[207]

Das Elfenbein von Pygmalions Bild schmilzt ja nicht bloß zum Fleisch; es tut dies, weil das Fleisch in Liebe schmelzen will und soll. Das tote Elfenbein hätte ewig gelebt, lebendig

---

[204] Motto: Frische Fahrt: Werke u. Schriften (Baumann-Grone), Stuttgart ²1957, I 9.

[205] SW (Glockner) 12, 120.

[206] Ovid, Metamorphosen X 213ff.

[207] SW 12, 406; 13, 119.

nun, stirbt es im Augenblick; der Geist entflieht im Seufzer: das romantische Thema bilden Liebe und Tod.

Indes: beide sind thematisch, also bewußt, reflektiert. Wird das Kunstwerk lebendig, so das Leben zur Kunst – beziehungsweise, da man ja nie simpel tauscht: zum Kunststück. Oder sollte Pygmalion etwa nicht zum Zyniker werden – genauer: entdecken, daß er es immer schon war (und ich denke jetzt gar nicht an G. B. Shaw und die Folgen, sondern bleibe schlicht bei Ovid, dessen Pygmalion keine der lebenden Frauen gut genug war)?

Bloße Gestalt ist doch nicht erst, wenn sie – durch Leben abgenutzt – vergeht, keine Basis; vielmehr zeigt sich nur spätestens jetzt, daß sie als solche niemals eine Lebensbasis abgibt. Schönheit allein von Leib wie Seele rechtfertigt das Leben nicht; sie ist – je nach Perspektive – zu wenig oder zu schade dafür. Form ist Schein und Leben Wirklichkeit. Und der Zynismus entspringt der Vermischung bzw. Entgegensetzung der Dimensionen, der Beurteilung des einen vom anderen her. So versteht man Hegels unnachsichtigen Kampf gegen das gleichsam existierende Böse der »romantischen Ironie«.

Doch um die Verbindung und Übereinkunft von beidem geht es in Leben wie Kunst. War es romantischer Volkskunde, Sprachsammlung, Staatslehre, Politik nicht hierum zu tun? So läßt sich zwar nicht ihre Lösung, doch ihr Problem (auch z. B. im Verhältnis Geist und Sinnlichkeit), also die ersehnte Erlösung, mit dem Wort *Inkarnation* bezeichnen, und nicht bloß in der katholischen Romantik von München und Wien.

Stets geht es um die lebendige Versöhnung von heillos Entgegengesetztem. Darum, daß nicht so sehr den Pygmalion seine Statue küßt, sondern »der Himmel die Erde«.[208]

Damit bin ich – Sie werden verzeihen – bei »meinem« Romantiker angekommen, einem späten, des Ausklangs; doch wird nicht erst dort die Romantik sie selbst?

Adorno berichtet, wie ein Lehrer ihn als Gymnasiasten auf die Trivialität des Bildes aufmerksam gemacht habe. »Ich war unfähig, der Kritik zu begegnen, ohne daß sie mich doch recht überzeugt hätte, wie denn Eichendorff allen Einwänden

---

[208] J. v. Eichendorff, Mondnacht: Werke u. Schriften I 306.

preisgegeben ist. Aber dennoch gefeit gegen jeden.«[209] Sagen wir das von der Romantik überhaupt, für die er hier stehe! Gefeit vielleicht darum, weil sie in ihrem Besten gar nicht bei sich, also nicht (an)treffbar ist, sondern Hinübergang?

»Es war, als hätt' der Himmel...« Das klingt, meint Adorno, »als wäre es mit dem Bogenstrich gespielt«. Und sogar für ihn »trägt« in diesen Zeilen »das Gefühl der absoluten Heimat«: gerade »darum, weil es nicht unmittelbar die beseligte Natur meint, sondern mit einem Akzent unfehlbaren metaphysischen Takts bloß gleichnishaft ausgesprochen wird« (112).

Mit dem Bogenstrich sind wir nun doch wieder bei der Musik (es wird ja auch Zeit). Warum macht das Schöne und vor allem sie uns traurig? – Eine erste Antwort mag lauten: weil hier sich geglückte Endlichkeit und »vollzählige Zeit« (Rilke) ereignen, was dem Leben sonst versagt bleibt. Man könnte dann insonderheit von der Musik vermuten, daß sie über die geglückte Endlichkeit eines Bilds und einer erfüllten Stunde hinaus das Vergehen eben jener Zeit vorführt: ebenso schön wie in der Unerbittlichkeit dieser Schönheit. Fritz Kaufmann spricht gar vom »Judaskuß einer Vollendung, einer perfekten Form, die als Zeitform Vergangenheit bedeutet«[210] – Verklärung als Tod. Eben daran litt Romantik.

Doch sollten philosophisch-theologische Bemerkungen, obzwar sie letzteres nur »taktvoll gleichnishaft« sein wollen, nicht auch andeuten dürfen, daß hier die Traurigkeit einer Sehnsucht nach der Vollendung von Zeit überhaupt beschworen wird?

Also statt Vergangenheit Zukunft. Ist es durch alle romantischen Irrungen hindurch nicht dies? Und wäre nicht dies es, was die Trauer so süß macht?

»Eichendorff war kein Dichter der Heimat«, schreibt verteidigend Adorno, »sondern der des Heimwehs« (ebd.). Wer aber Heimweh hat, der sehnt sich nicht ins Leere.

Und meine Seele spannte
weit ihre Flügel aus

...

---

[209] Zum Gedächtnis Eichendorffs, in: Noten zur Literatur 1, Frankfurt/M., 14.-17. Tsd. 1965, 105-143, 108.

[210] Das Reich des Schönen, Stuttgart 1960, 389.

6. LEBENSELEMENT WASSER

> Ariston men hydor
> Der Dinge Edelstes ist Wasser
> Pindar, Olymp. I (Goethe)

In seinem Buch »Wind, Sand und Sterne« (weniger griffig, doch treffender heißt es eigentlich »Erde der Menschen – Terre des Hommes«) beschreibt Antoine de Saint-Exupéry, wie drei Mauretanier-Häuptlingen in Savoyen ein Wasserfall gezeigt wird.

Der Führer sagte: ›Gehen wir weiter!‹ Sie aber rührten sich nicht von der Stelle und baten nur: ›Noch einen Augenblick!‹ – Weiter sprach keiner ein Wort. Stumm und ernst schauten sie dem Ablauf dieses erhebenden Schauspiels zu. Hier lief aus dem Bauch des Berges das Leben selbst, der heilige Lebensstoff. Der Ertrag einer Sekunde hätte ganze verschmachtende Karawanen zum Leben erweckt, die ohne ihn auf Nimmerwiedersehen in der unendlichen Weite der Salzseen und Luftspiegelungen dahingegangen waren. Hier zeigte sich Gott sichtbar.

›Kommt!‹ drängte der Führer. – ›Wir müssen warten!‹ ›Worauf denn?‹ – ›Bis es aufhört.‹ – Sie wollten die Stunde erwarten, in der Gott seine Verschwendung leid tat! Denn Gott ist geizig, er bereut schnell. – ›Aber dieses Wasser läuft seit tausend Jahren!‹«[211]

Thales

In den Kapiteln dieses Buches geht es nicht um die Natur als solche, sondern um den Menschen. Doch die Frage nach dem Menschen läßt sich nicht ablösen von einer Deutung der Welt im ganzen – so wie umgekehrt der Mensch, der die Natur befragt, damit auch schon nach sich selbst fragt. Um beides

---

[211] Kap. VII Die Wüste, 4, in: Ges. Schriften in drei Bänden, München 1978, I 257 f.

geht es also, wenn zu Beginn der abendländischen Philosophie Thales das Wasser zum Prinzip der Welt erklärt.

So überliefert es uns jedenfalls Aristoteles und vermutet den Grund darin, daß alle Nahrung Feuchtigkeit enthält und selbst die Wärme aus dem Feuchten entsteht, daß auch der Same von allem feucht ist (Met A 3 983 b).

Indes dürfte Thales kaum so »induktiv« vorgegangen sein. »Zuerst kam ein Bild, freilich kein mythisches mehr: Auf dem Wasser schwamm die Erde wie ein Stück Holz. Also war das Wasser das, was alles trug. Am ehesten wohl wird das Wasser des Thales unserer Erfahrung zugänglich, wenn wir uns das Element vergegenwärtigen, das manchen metaphorischen Wendungen noch heute zugrunde liegt. ›O schmölze doch dies allzufeste Fleisch, verging' und löst' in einen Tau sich auf!‹ wünscht sich Hamlet, und auch wir glauben manchmal in Schmerz oder Wonne zu zerfließen.«[212]

Man sieht, hier geht es um anderes als darum, daß der menschliche Körper zu etwa 60% aus Wasser besteht. Gewiß ist es das Vorgehen der ionischen Naturphilosophen, daß sie Erstaunliches durch Rückführung auf Bekanntes seiner Bedrohlichkeit zu entkleiden versuchen. Das Getragensein der Erde wie ihre Beben werden in einem verständlich, wenn man sie als Holz auf dem Wasser denkt; und ebenso ihre Entstehung überhaupt durch Zusammenschwemmung von Stoffen, an verlandenden Teichen zu sehen und für den seefahrenden Inselbewohner unschwer ins Größere übersetzbar.

Aber wenn durch solche Erklärung auch die Götter ihre Macht verlieren, die Göttlichkeit der Welt bleibt den frühen Denkern bewahrt. Gerhard Nebel erinnert an die Gleichnisse Homers (bei denen sich bereits ähnliches vollzieht): »Der zum Töten gereizte und entschlossene Kriegerhaufen wird als Brandung, als Gießbach aber wird der Held gedeutet, wenn er durch die feindlichen Völker stürzt... Der Mensch ist in seiner wildesten Tat Wasser... Das Wasser wird von Thales als die Wirklichkeit geahnt, die hinter aller Realität lebt – wer wollte ihm nicht beistimmen vor den Springbrunnen des Generalife, vor den Quelltöpfen der Lutter, unter den Seerosen der Wör-

---

[212] A. v. Schirnding, Am Anfang war das Staunen. Über den Ursprung der Philosophie bei den Griechen, München 1978, 29 f.

litzer Elbarme? Alte Sagen von der Urflut, spritzendes Blut, quellender Samen, Feuchte des jungen Lebens, Tierreichtum des Meeres, Meeresherkunft des Tieres, Trank und fruchtbarer Regen, und dann die Wandelbarkeit, Dampf und Dunst, Wolke und Nebel, Hagel und Schnee, Eis und Fluß, Quelle und Teich, Tau und Sumpf, und vor allem das Meer, in dessen Hauch die Ioner atmen.«[213]

Volksbrauch und alter Glaube

Schlagen wir von Thales nun den Bogen zu den Bräuchen, die das Handwörterbuch des Deutschen Aberglaubens verzeichnet,[214] dann begegnet uns hier dieselbe Erfahrungsbreite, die Gerhard Nebel angesprochen hat. Dabei möchte ich mich jetzt auf das Wasser selbst beschränken, also weder von Speichel, Schweiß und Urin noch von Tränen noch von Milch, Blut oder (was das Werk ganz ausspart) Sperma handeln.

Wasser kommt von oben, als Segen. So hilft eine Schüssel Regenwasser unterm Bett gegen Wundliegen, und selig wird, wem es ins offene Grab geregnet hat (VII 607). Besonders heilsam ist vor Sonnenaufgang gesammelter Tau (VIII 78). – Wasser kommt lebengebend aus der Tiefe, in Brunnen und Seen – und diese Tiefe ist nicht minder unzugänglich als die Höhe (»Ergründest du mich, so freß ich dich!« – VIII 1405). Hungerbrunnen beginnen zu fließen, wenn ein unfruchtbares Jahr bevorsteht (I 1675); [215] durch Baden können Frauen empfangen (II 810). – Fließendes Wasser nimmt Krankheiten fort: wenn man Krankes hineinwirft, auch, stellvertretend, vom Arzte markierte Ästchen oder Papiere (II 1682 f). Es entreißt aber auch Gesundes; darum darf man Säuglinge nicht darübertragen, auch Milch nicht, weil die Kuh sonst trocken wird (II 1685).

Hausgemeinschaft heißt Wassergemeinschaft. Die Braut trinkt zur Begrüßung ein Glas, und die neue Magd muß es im

---

213 G. Nebel, Die Geburt der Philosophie, Stuttgart 1967, 29 f.

214 H. Bächthold-Stäubli, Berlin-Leipzig 1927-1942 (10 Bde.).

215 Auch sonst läßt Wasser die Zukunft erkennen (ebd.), so wenn man zu bestimmten Zeiten einfach in eine Wasserschüssel blickt oder – komplizierter – das Wasser durch Holzstückchen, Körner, Wachs zum Sprechen bringt (IX 119ff).

Eimer hereintragen (IX 108). Der Segen flieht, wenn man einen vollen Eimer aus der Stube fortgibt (IX 117). Wassergüsse oder -spritzer machen Tier und Mensch fruchtbar (IX 192 f). Aber über ausgegossenes Wasser schreiten heißt bald sterben (IX 117).

Dem Toten wird es hinterher gegossen, damit nicht noch andere (oder weitere Tiere) sterben (IX 11of), und damit der Tote selbst nicht wiederkehrt (VIII 1090). (In Mecklenburg hat man einen gefüllten Eimer neben das Sterbebett gestellt, damit die scheidende Seele darin baden könne – IX 111 f.)

Wenn einerseits im Wasser Geister und Dämonen hausen (so daß man beispielsweise keine Steine in einen See werfen darf, will man nicht ihre Rache heraufbeschwören – IX 171), so schützt andererseits Wasser vor fremdem Zauber. Man stellt Bettfüße in Wasserschüsseln, tut Wasser in die Milch (IX 109), und auch ein Hund, der »Wasser« oder »Strom« heißt, ist vor Verhexung gefeit (VIII 1582). Anderswo freilich verdirbt in einem Totenhaus das Wasser (IX 112), anstatt daß es vor Verderben schützte. – Überhaupt kündigt von Wasser träumen einen Todesfall an (VIII 1005); Totenstrom und Toteninseln sind die Gegenwelt zu Jungbrunnen und Bubenteichen. Und all das kommt von sehr weit und aus alten Zeiten her.

Religiöses Bewußtsein

»Wasser, du bist die Quelle jeden Dings und jeder Existenz!« lautet ein Ausruf vedischer Tradition. [216] Wasser trägt die Lebenskeime; darum gehören schon prähistorisch Wasser, Frau und Mond zu einem Fruchtbarkeitskreis, und der Welt überhaupt geht in verschiedenen Kosmologien das Wasser-Chaos, der Wirbel der Urwasser voraus (so wie die Kinder aus dem Wasser kommen). – Darum kann es auch dem alten und kranken Menschen neues Leben geben: Lebenswasser. Eine besondere Rolle spielt hier auch das »ungebrauchte Wasser«, das heißt, frisches Wasser in einem noch nicht alltäglich verwendeten Gefäß, das darum die Kräfte des »Urwassers« bewahrt hat. Aber wie das Lebenswasser in Mythe und Märchen nur unter Todesgefahr zu gewinnen ist, entspringt es

---

[216] Bhaviçyottarapurâna 31,14, nach: M. Eliade, Die Religionen und das Heilige. Elemente der Religionsgeschichte, Salzburg 1954, 217.

häufig in der Unterwelt. Man hat darum auch vom Wasser des Todes zu reden, das etwa Gilgamesch nur mit Hilfe von 120 langen Stangen überwindet (10. Tafel).

Im Wasser »löst« sich alles. Waschung tilgt. Vollends Eintauchen bringt Ende und Tod des Alten, im Einzelleben wie in Sintflut und Sieg des Ozeans. Menschen waschen und baden sich vor kultischen Verrichtungen oder gegen Sünde, Krankheit und Wahnsinn. Statuen von Göttern und Göttinnen werden ins Meer getaucht, um ihre Kraft zu erneuern (und um die Befeuchtung des trockenen Landes zu beschwören).

In gewissen Totenbräuchen löscht das Wasser derart den Durst des Toten« (ebd. 228-230), daß es ihn erst wirklich tötet, das heißt, sein menschliches Sein, an dem oder kraft dessen er noch leidet, endgültig auflöst. – Daß es den Seelen Tod ist, Wasser zu werden, findet sich ja auch bei Heraklit (fr 36 [38]). Man spendet den Toten Wasser für ihren Durst, aber sie sollen auch aufgelöst oder – als gleichsam pflanzlicher Samen – zu neuem Keimen gebracht werden: als Neophytoi = Neugewachsene (Heraklit ebd.: aus Wasser wird Seele).

Das macht Quell-, See- und Flußkulte verständlich, die mitunter durch alle Umbrüche hindurch vom Neolithikum bis in die Gegenwart reichen; entsprechende Funde und Bräuche gibt es in Frankreich wie Italien. Oft sind solche Wasser-Heiligtümer zugleich Orakelorte. Die Pythia, Propheten, Priester trinken vor dem Spruch aus der heiligen Quelle.

Die Babylonier nannten den Ozean, Eas Wohnung, das Haus der Weisheit (233). Aus dem Meer soll dort nach griechischen Berichten allmorgens der fischmenschliche Gott Oannes gekommen sein, der »die Menschen Baukunst, Handwerk und alle Arten von Kultur gelehrt habe«[217] (ein Urahn also des Grass'schen »Butt«?).

Flüsse und Quellen selber sind Götter. Darum opfern die Trojaner dem Skamander Pferde, Peleus den Quellen des Spercheios Schafe; mit dem Flußgott Archelaos hatte Herkules zu kämpfen. Fremde und launische Gottheiten sind das, »wohl weniger göttlich« als andere, aber dem Element näher (Eliade 235).

---

[217] H. Ringgren, Die Religionen des Alten Orients, Göttingen 1979, 119.

122

Nymphen und Najaden sind weibliche Wesen, Seen heißen oft metéres (Mütter), und auch das ruhige Meer zeigt sich eher weiblich, in seiner »wiegenden Verlockung und der einschläfernden Seligkeit« (Eliade 238); doch im Aufruhr bekommt es einen betont männlichen Zug«. Dem Griechengott Poseidon entspricht in Skandinavien Ägir; in dessen Meerpalast gibt es das Götterfest um den Wunderkessel Hymir. Und überhaupt findet sich die Mehrzahl der mythisch-magischen Kessel keltischer Überlieferung, in denen der Göttertrank braut, auf dem Grunde des Ozeans oder eines Sees.

Drachen, Schlangen, Delphine leben dort, Hüter des Lebens, geheimen Wissens und reicher Schätze. Und nicht zuletzt die Muscheln mit ihrer reichen Symbolik.[218] – Im Wasser lebt vor seiner Geburt auch der Mensch.

Ob das Wasser oder das Feuer nützlicher sei, hat Plutarch in einer Schrift gefragt, die er mit demselben Pindar-Wort beginnt, das dieser Besinnung voransteht. Doch es geht um mehr als Nützlichkeit; es geht um die Spannung zwischen anthropologischer und theologischer Dimension. Das bewies, so Gerhard von der Leeuw, »ein Neger aus Surinam, der behauptete: ›Ein Mensch kann nicht ohne Wasser leben‹, und auf den Einwurf: auch nicht ohne Feuer? erwiderte: ›Aber nein, Herr, man kann doch nicht Feuer mit Wasser vergleichen; denn der Mensch kann Feuer machen, aber Wasser – das kann nur Gott allein.‹« Er fuhr fort: »Das Wasser ist allem, was lebt, dem Menschen, dem Tier, der Pflanze unentbehrlich, aber ohne Feuer kann nur der Mensch nicht leben.«[219]

Christliche Aufnahme

Es versteht sich, daß solches Wissen und Denken auch in der christlichen Tradition aufbewahrt wird. Hier wie auch sonst »setzt die Gnade die Natur [sich] voraus und erfüllt sie«.[220] – In drei Stufen hat die Benediktinerin Photina Rech, Schülerin Odo Casels, im zweiten Band ihrer großen Symbolik der

---

[218] Vgl. M. Eliade, Ewige Bilder und Sinnbilder. Vom unvergänglichen menschlichen Seelenraum, Olten-Freiburg 1958, 161 ff. (Die Symbolik der Muscheln).

[219] Phänomenologie der Religion, Tübingen ²1956, 48.

[220] Thomas v. Aquin, S.th. I 1,8 ad 2; 2,2 ad 1.

Schöpfung das Wassersymbol entfaltet«:[221] Wasser der Wiedergeburt – Lebenswasser – Wasser der Weisheit.

1. Thema-Wort des ersten Schritts ist das nächtliche Wort an Nikodemus: »Wahrlich, ich sage dir, wer nicht aus Wasser und Pneuma geboren wird, kann nicht in das Reich Gottes hineinkommen« (Joh 3,5). – Wasser ist hier die jungfräulich befruchtete Mutter, nach dem Bilde Mariens die Kirche. Daraufhin spricht Tertullians Wort »Numquam sine aqua Christus« (de bapt. 9). – Lebens- und Todesaspekt des Wassers verbinden sich im rituellen »Gestus der Wassertauche. Denn er ist seinem Symbolsinn nach Auslieferung an die zwiefältige Macht des Wassers, ist Untergang und Aufgang, Auslöschung und Neuformung, Sterben und Wiedergeburt, Tod und Auferstehung« (311).

Hier ist Wasser nicht mehr bloß vom Pneuma befruchtete Mutter, sondern weist, wovon noch zu sprechen sein wird, auf dieses selbst. »Reines Wasser will ich über euch gießen, und ihr werdet rein sein«, verkündet als Jahwes Wort Ezechiel, »Ich schenke euch ein neues Herz und gebe euch einen neuen Geist« (36,25 f). »In das Wasser steigen sie hinein als tote, und als Lebende tauchen sie empor« (Hirt des Hermas, Sim. IX 16,4). – Indem zum Element das Wort tritt, wird nach Augustins berühmter Prägung das Sakrament (In Joh 80,3), und dieses Wort ist – wie im Anfang – »die Stimme des Herrn über den Wassern« (Ps 29,3 – Gen 1,2f).

Allerdings nicht in morgendlicher Ersterschaffung, sondern in größerer und zugleich schmerzerkaufter Neuschöpfung: durch Tod und Auferstehung dessen, der seine Passion eine Taufe genannt hat (Mk 10,38; Lk 12,50). Darum verbindet sich dem Wasser das Blut. – Blut in fließendem Wasser reinigt auf Mittel-Celebes ein Dorf vor Blutschande, und in Israel wurde ein unaufgeklärter Mord so gesühnt, daß man eine junge Kuh im Bach tötete und sich die Ältesten im Blutwasser die Hände wuschen (Dtn 21,1-9). Auch dies wird für den Blick des Glaubens hier »erfüllt«, wenn Wasser und Blut aus der Seite des Gekreuzigten rinnen, wie der »bezeugt hat, der es gesehen« (Joh 19,34f), gemäß dem Zeugnis der drei: Pneuma,

---

[221] Inbild des Kosmos. Eine Symbolik der Schöpfung. 2 Bde., Salzburg-Freilassing 1966, II 303-394.

Wasser und Blut (1 Joh 5,7f). Darum erblicken die Väter ein Vorbild der Taufe im Roten Meer.

Doch im Blut des Lammes wäscht man seine Kleider weiß (Offb 7, 14); ein weißes Lichtgewand erhalten so die Neophyten: Taufe ist Erleuchtung – photismós.

2. Aber das Leben nimmt nicht bloß den Anfang im Wasser; es bleibt ständig darauf bezogen, lebt weiter aus ihm, dürstet danach. – Die Programmworte der zweiten Stufe lauten: »Selig, die dürsten...« (Mt 5,6); »Wer durstig ist, den werde ich umsonst aus der Quelle trinken lassen, aus der das Wasser des Lebens strömt« (Offb 21, 6). Wasser des Lebens – lebendiges Wasser, das heißt, sprudelnd, springend; es erquickt, weil selbst beweglich und bewegt (wie »Queck«silber): »Quickborn«.

Im Paradies entspringen die großen Ströme der Erde. Ezechiel schaut dessen Wiederkehr in der Vision, da aus der Seite des Tempels eine Quelle aufspringt und zum Strom wird, der das Meer des schmutzigen Wassers gesund macht und an dessen Ufern Obstbäume wachsen, die allmonatlich Frucht tragen (Ez 47,1-12). – Eigentlich ist es die Gottheit selbst, aus der das Wasser fließt – so gibt es Bilder sumerischer Götter, die ein sprudelndes Wassergefäß vor der Brust halten. Jesus verheißt Ströme lebendigen Wassers aus der »Höhle seines Leibes« (Joh 7,38), in Ankündigung jenes Kreuzesgeschehens seines ausrinnenden Herzens, an das schon erinnert wurde".[222]

Dieser Ruf ergeht am letzten Tag des Laubhüttenfests, zu dessen Wasser- und Weinprozession man im Talmud lesen kann: »Wenn am Laubhüttenfest das Wasser ausgegossen wird, spricht Tiefe zu Tiefe« (Rech 362, Taan. 25 b). »Flut ruft der Flut zu beim Tosen deiner Wasser« (Ps 42,8) – in der Vulgata (41): »abyssus abyssum invocat in voce cataractarum tuarum – Ein Abgrund ruft den anderen an im Zuruf deiner Wasserstürze« (ein Vers, den die Tradition immer wieder, über den Wortsinn hinaus, auf des Gottesverhältnis des Menschen bezogen hat).

---

[222] »Haurietis aquas« heißt die Herz-Jesu-Enzyklika Pius' XII. vom Mai 1956. Vgl. dazu: A. Bea, H. Rahner, H. Rondet, F. Schwendimann (Hrsg.), Cor Jesu, 2 Bde., Rom 1959.

Wasser aus dem Felsen, das zuletzt das Pneuma ist: der Geist. Er wirkt die Metánoia, die Umkehr, aus der die Flüsse zu ihrem Ursprung heimkehren – und wir mit ihnen. Wiederum in Ausdeutung des Wortsinns (in seiner »Umkehrung« geradezu) hat man derart das Wort des Predigers gelesen: Von wo die Flüsse geflossen, dahin kehren sie zurück, um wieder zu fließen« (Koh 1,7).

So springt im Glaubenden selbst der Quell lebendigen Wassers auf zu ewigem Leben (nach Jesu Angebot am Jakobsbrunnen – Joh 4,14). Und es raunt in ihm, wie Ignatius auf dem Weg zum Martyrium nach Rom schreibt: »Fort, hin zum Vater« (Ad Rom 7).

3. Damit sind wir zur dritten Stufe gelangt, dem Wasser der Weisheit. Von ihm spricht der Introitus der römischen Osterdienstags-Liturgie: »Mit Wasser der Weisheit hat er sie getränkt, alleluja« (heute: »Gott hat euch getränkt aus den Quellen der Weisheit...«), nach Jesus Sirach 15,3. – Die Getauften wissen sich darin von dem einen Pneuma getauft und getränkt (1 Kor 12,13).

Vom Orakelwesen des Wassers war schon die Rede. Auch in Formen des Gottesurteils gehen Wasser und Wahrheit zusammen. Odin opfert ein Auge für einen Trunk aus der Quelle des allwissenden Mimir. »Redendes Wasser (lalôn hydor)« war das den Seher begabende. Welche Tiefe hat dieser Name nun im Brief des Märtyrerbischofs erhalten! »Lebendiges, redendes Wasser in mir, das innerlich zu mir sagt: Auf zum Vater.«

Es gibt das Wasser der Lethe, des Eingangs in das Verstummen; doch ihm gegenüber, auf der rechten Seite, strömt im Hades das kalte Wasser der Quelle Mnemosyne. Grabtäfelchen aus Petelia wie aus Kreta wünschen dem Toten, daß ihm der Trank des Vergessens erspart bleibe und er das Wasser des Gedächtnisses und Bewußtseins empfange.[223]

In der Tat ist Leben Erkennen und Erkennen Leben. Volles Leben aber ist, wie es im Abschiedsgebet des Johannes-Evangeliums heißt, »daß sie Dich erkennen, den allein wahren Gott.« (Joh 17,3). – Erkennen jedoch heißt Einssein in strömender Liebe. Darin scheint nun ein Äußerstes auf: Wasser fließt

---

[223] E. Rohde, Psyche. Seelenkult und Unsterblichkeitsglaube der Griechen, Tübingen [9-10]1925, II 389-391.

nicht bloß vierfach aus dem Schöpfer in die Welt; es erneut und erleuchtet auch nicht nur als erlösende Gnade die Seinen; dem zuvor strömt es, als »Licht vom Lichte« und von Licht zu Licht, dreieinig in Gott selbst.

Symbol der Wandlung

Blicken wir von diesen weitesten Perspektiven, auf die Thales' Rede vom Wasser als Weltprinzip sich auftut, abschließend nochmals auf den Menschen zurück. Aus der Fülle der Anstöße sei angesichts des hier Gesammelten nur einer aufgegriffen: Wasser hat in sich wie in seinen Deutungen offenbar in besonderer Weise mit dem Wandel zu tun.

Es durchläuft im »Wasserkreislauf« verschiedene Phasen und tritt in unterschiedlichen Aggregatzuständen auf (Gerhard Nebel hat sie eingangs beschworen); es nimmt Färbung und Geschmack aller möglichen Stoffe an, wie es auch seinerseits alle möglichen Stoffe verwandelt, wegschwemmt, löst. Es wandelt sich im Menschen, der nicht ohne es zu leben vermag, zu verschiedensten Flüssigkeiten und Säften, und es wird durch ihn auch in der außermenschlichen Natur verändert.

Wie stellt sich der Mensch zu solchem Wandel? Sieht er ihn und die Zeit überhaupt bloß als reißenden Strom, der ihn sich und dem Leben entführt und in den Abgrund hinabschwemmt? – »Man kann nicht zweimal in denselben Fluß steigen« nach Heraklit (fr 91 [41,40]). ja, kann man es auch nur einmal? »In dieselben Flüsse steigen wir und steigen wir nicht; wir sind und wir sind nicht« (49 a [81]). Also Zerfall jeder Identität?

Die einen sehnen sich eben hiernach, oder plädieren zumindest dafür, man hätte es eigentlich zu tun und die Angst vor der Entwerdung aufzugeben. Die anderen fliehen zu Fels und Stein als dem Bleibenden. Aber solches bleibt nur, weil es tot ist; es stirbt nicht, weil es nicht lebt.

Das gilt auch für die Flucht im weiteren Sinn in die bei allem Wandel bleibende Natur, wodurch der Mensch seiner Geschichte und ihrer schmerzlichen Abschiedlichkeit zu entkommen versucht. Hier wird das Wasser des Vergessens begehrt: in der Südsee, in Nepal oder in hiesigen Gegenkulturen; in der Ekstase des Fleischs, der Droge, entselbstender Meditation.

Waches Wasser aber fließt – und lehrt die Menschen den Aufbruch; beim »Müller« angefangen, der von ihm »das Wandern« gelernt hat, bis zu jenem Pilger, den das Wasser innerlich zum Vater ruft.

Wohin geht der Weg? – Die Frage ist deshalb nicht müßig, weil mit ihr zugleich nach Sinn und Wesen des Wegs selbst gefragt wird. Versteht man das Ziel der Flüsse als Meer, dann steht man vor der notvollen Alternative, vor die Hölderlin die Ströme gestellt sah: entweder fließen – um den Preis schmerzlicher Ferne vom Abgrund – oder sich in ihn hineingestürzt zu haben: um den Preis, »aufgehoben« zu sein.[224]

Dabei stehen, genauer gesagt, für ihn nicht der Strom und »was sterblich ist« selbst vor dieser Alternative; für sie gibt es nur die Sehnsucht »ins All zurück die kürzeste Bahn«. »Ein Gott will aber sparen den Söhnen das eilende Leben«; die Götter »hemmen öfters, daß er lang im Lichte sich freue, die Bahn des Menschen«.

Erst nach dem Verlust dieses mythischen Horizonts tritt die Alternative rein heraus. Arno Plack hat die meines Erachtens in Wahrheit verzweifelte Situation zwischen Ziel-Ungeduld und ennuierendem Alltags-Gleichgang im Bild des Gleitflugs vorgestellt, das nicht von ungefähr an Edgar Allan Poes »Malstrom« denken läßt: »Denn alles ungeduldige Fragen nach dem, was kommt, erfährt als letzte Wahrheit nur das Ende, auf das wir unausweichlich zutreiben. Aber wir treiben nur, wir fallen ihm nicht zu, solange wir in Wiederholungen kreisend dem Sog der Vernichtung widerstehen... Wohl wissend, daß wir uns nicht immer oben, im Dasein halten können, ziehn wir unsere Kreise im Gleitflug.«[225]

Wie aber, wenn das Ziel selbst als lebendiges Spiel der Wasser gedacht werden dürfte? – Den heimverlangenden

---

224 Vgl.: Der Rhein, und: Stimme des Volks, in: Kleine Stuttgarter Ausgabe 2, 149 ff. u. 53 ff.

225 Philosophie des Alltags, Stuttgart 1979, 87; vgl. 65 ff. (Unsere Wohnung in der Zeit, Vom Warten) und auch: E. M. Cioran, Lehre vom Zerfall, Stuttgart ²1979, 31 ff. (über die Sonntage des Lebens und den Menschen als Tier des Umwegs). Beiden voraus hat Blaise Pascal die condition humaine zwischen ennui und divertissement beschrieben, in der Jagd auf den Abgrund zu, den der Mensch sich tunlichst verstellt.

Wassern im Menschen, den – wie es Paul Claudel in der zweiten seiner Großen Oden sagt[226] – »lechzenden Wassern« in ihm würden dann jene Katarakte der Wonne (Ps 36) erwidern, deren »Angeld« in Savoyen die Mauretanier stumm werden ließ.

Dante erblickt im Paradies[227] zunächst einen »Strom von Glast« als

> goldne Welle,
> von Lichtern blitzend; bunte Lenzessprossen
> umsäumten sonder Zahl der Ufer Schwelle.
>
> Und in der Blumen Kelch, der Flut entschossen,
> tauchten im Flug lebendige Glutatome,
> Rubinen gleich, von goldner Haft umschlossen.
>
> Und wie berauscht vom köstlichen Arome,
> entsanken sie dem Flor, und neue Sterne
> entstiegen roterglüht dem Wunderstrome.

Als er dann die Augen im Wasser des Glorienlichts gebadet hat, enthüllt sich ihm die Blumen- und Edelsteinpracht als die tausendstufige Rose der Seligen, die um die Mitte des Lichtsees aufblüht: Nähe und Ferne sind in ihr aus Gnaden göttlich eins geworden, in der flutenden Hingerissenheit des Lobs.

Schließlich offenbart sich ihm im Grund der dreifach eine Lichtkranz selbst, nicht als Grab all dieses Strömens, sondern als dessen ewig lebendiger Quell, in Farben spielend wie der Regenbogen. Hier versagt zuletzt die Schau (33, 142 ff),

> jedoch im Allgetriebe
> riß mich mein Aufwärtsdrang – wie folgt' ich gerne! –
> ins gleichgeschwungne Rad der großen Liebe,
> die da die Sonne rollt und Stern bei Sterne.

---

[226] Œuvre poétique (Pléiade) 244; Gedichte, Heidelberg 1963, 51. Vgl. Splett, Wagnis der Freude, Frankfurt/M. ³1984, 136 ff. (Hoffnung der Tränen).

[227] Paradiso 30, 61 ff, in der Übersetzung von A. Vezin, Freiburg-Rom 1956.

7. MENSCHEN – BÜCHER – MENSCHEN

Zur Einweihung der Sankt-Georgener Bibliothek

Dank der Güte der Theologen darf hier vor dem tätigen »bildenden« Künstler, dem Architekten, ein Vertreter der Artistenfakultät[228] reden. Vielleicht muß man das im Bewußtsein behalten, da möglicherweise der Philosoph ein anderes Verhältnis zum Buch hat als der Theologe. Freilich waren, oft wiederholt, Pythagoras oder Sokrates ebensowenig Autoren wie Jesus, wenngleich alle die Ursache vieler Bücher.[229] Zuerst ist deshalb vom Mißtrauen gegenüber den Büchern aus Sorge um die Menschen zu sprechen.

Menschen

Zwar entsinne ich mich eines Vortrags aus meiner Studienzeit – über die Liebe ausgerechnet –, den der Dozent ungefähr mit den Worten begann: »Was tut ein Philosoph angesichts un-

---

[228] Damit ist nicht etwa an »Transzendentalbelletristik« im Sinne O. Marquards gedacht, der damit das positivistische Aburteil über die Philosophie als »Begriffs-Dichtung« (so auch Paul Valéry: Kap 8, Anm. 309-311) positiv aufnimmt, sondern an den Aufbau des mittelalterlichen Bildungssystems, das den drei hohen Fakultäten Theologie, Medizin, Jurisprudenz das Studium der »artes liberales« vorausgehen ließ: der sieben »freien Künste«, bestehend aus dem (»trivialen«) *Trivium* Grammatik, Rhetorik, Dialektik und dem »Vierweg« (*Quadrivium*) Arithmetik, Geometrie, Musik, Astronomie. Vgl. LthK 1, 909f (H. Wolter); J. Pieper, Was heißt akademisch? Zwei Versuche über die Chance der Universität heute, München ²1964.

[229] Tiefsinnig hat man meditiert, daß Jesus nur auf Sand geschrieben habe (Joh 8, 6). Doch immerhin erinnert Sigismund von Radecki: »›Habet ihr nicht gelesen?‹ fragt der Heiland immer wieder in seinen Predigten.« Gesichtspunkte, Köln 1964, 258 (z. B. Mt 12, 3. 5; 19, 4; 21, 16. 42; 22, 31 [24, 15]). Siehe auch seine schöne Meditation »Gott schreibt« (Wie ich glaube, Köln-Olten 1953, 254-276), deren Schluß lautet: »Gott schreibt dreimal. Zuerst auf Stein das Gebot, dann auf die Wand das Urteil, und endlich auf die Erde etwas, das sein ganzes Schreiben, das den Sinn der Welt, das die Heilige Schrift bedeutet. Die Tafeln schwebten in Mosis Händen. Die Wand stützte sich auf die Erde. Christi Schrift berührte die Erde selbst. Es ist die Aufschrift des Planeten.«

seres Themas? Er geht in die Bibliothek...« – um dann mit
Platon, Aristoteles usf. aufzuwarten. Aber an sich gilt doch,
was man (in einem dicken Buch) von P. Walter Brugger lesen
kann:»Wer heutzutage philosophieren will, kauft sich Bücher,
und wenn er einen großen Haufen davon sammengelesen hat,
glaubt er ein Philosoph zu sein und seine Umgebung glaubt es
mit...« Als ob es beim Philosophieren auf's Lesen ankäme und
nicht darauf, zu denken.[230]

1. *Denken statt Lesen?* In der Tat, man konnte die Zitate
reihen: das viele Lesen sei dem Denken schädlich, notiert
Lichtenberg (mit der anschließenden Frage, ob denn das Vergnügen der Sinne nichts sei), und Schopenhauer schreibt:
»Während des Lesens ist unser Kopf doch eigentlich nur der
Tummelplatz fremder Gedanken. Wenn nun diese endlich
abziehen, was bleibt?«[231]

Andererseits: soll das vom Lesen gelten, dann erst recht
von unseren Vorlesungen. Hier würden, hat jemand bemerkt,
die Notizen des Lehrers durch zwei Köpfe hindurch (also:
hinein – hinaus) zu Notizen des Schülers. Vermutlich eine
Fortbildungsvariante zu Lichtenbergs Satz über das Exzerpieren Dies ist immerhin mehr als Lesen. So Ezra Pound: »Das
Vorurteil gegen Bücherwissen entstand aus der Beobachtung
der Dummheit von Leuten, die Bücher bloß *gelesen* hatten.«[232]
Indes, wie ist – oder richtiger: *war* es nun nach Lichtenberg mit
dem Exzerpieren? »Er exzerpierte beständig; und alles, was er
las, ging aus einem Buche neben dem Kopfe vorbei in ein

---

[230] Kleine Schriften zur Philosophie und Theologie, München 1984, 15.

[231] G. Lichtenberg, Schriften und Briefe (Promies), München 1968, I
520 (vgl. II 168: »Die Deutschen lesen zu viel.« »Der deutsche Gelehrte
hält die Bücher zu lange offen, und der Englander macht sie zu früh
zu. Beides hat indessen in der Welt seinen Nutzen.«) – A. Schopenhauer, Sämtl. Werke (W v. Löhneysen), Darmstadt 1976, I 651.

[232] H. Kunze/R. Gollmitz, Besinnliches und Heiteres vom Buch, Berlin
(Ost) ²1982, 79. E. Benoît, Im Buche kommt die Welt zu dir, München
1972, 29. – Vgl. E. Canetti, Die Provinz des Menschen. Aufzeichnungen
1942-1972, Frankfurt/M. 1976 (Fischer-Tb), 104: »Wenn er lange nicht
gelesen bat, erweitern sich die Löcher im Sieb seines Geistes, und alles
fällt durch und alles bis auf das Gröbste ist, als wäre es nicht da. Es ist
das Gelesene bei ihm, das zum Auffangen des Erlebten dient, und
ohne Gelesenes bat er nichts erlebt.«

anderes.«[233] Was erst würde er zum heutigen Fotokopieren sagen? Etwa dies, daß sich dabei im Kopfe wenigstens keine fremden Gedanken tummeln?

2. *Lese-Arbeit.* Damit sind wir schon bei der Verteidigung des Lesens. Den berühmten Seufzer Kohelets (12, 12) über das endlose Bücherschreiben fand ich kürzlich so übersetzt (vielleicht nicht ganz vertretbar, doch bedenkenswert): »Bücherschreiben ist nicht reif: so ist das Lesen eine körperliche Anstrengung.«[234] – Dazu paßt Aby Warburgs Antwort auf den Vorhalt, weniger zu lesen, um selber zu schreiben: »Wenn mehr Bücher gelesen würden, so würden weniger geschrieben werden.«[235]

In der Tat ist Lesen Arbeit. Rational als »Dekodierung«, ganzmenschlich im Miteinsatz von Phantasie und engagiertem Dabeisein. Darauf hat ja Frau Noelle-Neumann hingewiesen, als sie 1974 die Buchmesse mit dem Vortrag »Man muß lesen, Céleste« eröffnete.[236] Während die Funkmedien mit Bild und Ton unser Auge und Ohr (und die rechte Hirnhälfte) unmittelbar treffen – weshalb die Leute noch fernsehen können, wenn sie todmüde sind –, wird hier Übersetzungsleistung gefordert. Darum muß das Lesen gegen Widerstand verteidigt werden, weil es mühsam ist. Und zwar besonders bei Büchern.

Man hat ermittelt, daß das Zeitunglesen mit dem steigenden Lebensalter nicht abnimmt. »Aber offenbar verlernt man das Bücherlesen, wenn man es nicht regelmäßig tut, immerzu übt. Es gibt auffallend wenig Menschen, die gelegentlich ein Buch lesen; entweder lesen sie ein Buch mindestens einmal in der Woche, oder es ist mehr als ein Jahr her, daß sie ein Buch zur Hand genommen haben. Das heißt: Wenn man

---

[233] Anm. 230: II 166.

[234] G.-K. Kaltenbrunner, Warum noch lesen? Vom notwendigen Überfluß der Bücher (Initiative 53), Freiburg 1983, 173.

[235] H. Ritter, Die Imaginäre Bibliothek wächst, in: Akzente 26 (1979) 597-615, 605. – Über Warburg und seine »Kulturwissenschaftliche Bibliothek« siehe: F. H. Gombrich, Aby Warburg. Eine intellektuelle Biographie, Frankfurt/M. 1982.

[236] Elisabeth Noelle-Neumann, Über die Bemerkung von Proust: »Aber Céleste, man muß lesen«, in: Börsenblatt für den Deutschen Buchhandel – Frankfurter Ausgabe – Nr. 85, vom 25. Okt. 1974, 1645--1651.

erst einmal unregelmäßig Bücher liest, hört man bald ganz auf und findet nicht wieder zurück« (1649).

Das hat zu der Frage geführt, ob wirklich alle Menschen hierzulande in der Schule lesen lernen. »Auf der Unterstufe wird die Fähigkeit zur Erfassung einfacher Texte erreicht, Lesegeschwindigkeit 20-30 Wörter pro Minute. Der Kurztext-Leser in der Mittelstufe liest etwa 80 Wörter pro Minute oder 10 Seiten Normaltext pro Stunde. Da ihm zusammenhängende Texte größeren Umfangs Schwierigkeiten machen, kommt er in der Regel über das Studium von Zeitungen und Illustrierten nicht hinaus. Der Buch-Leser, der mindestens 30 Seiten Normaltext pro Stunde (etwa 250 Wörter pro Minute) schafft, wird durch anpassungsfähige Lesegeschwindigkeit und selektive Merkfähigkeit gekennzeichnet. Er ist geübt, komplexe Sachverhalte und Vorgänge zu erfassen... Alle Kinder lernen in der Schule lesen heißt präziser: Alle Kinder erreichen die Stufe des Alphabetismus, die allermeisten werden auch zu Kurztext-Lesern ausgebildet.«[237]

Das ist nicht speziell auf Fachliteratur hin ermittelt. Aber für sie gölte es wohl verschärft. Angemerkt sei nur, daß 1973 Gerhard Schmidtchen festgestellt hat, Katholiken läsen meßbar weniger als Protestanten, und daß dies auch 1981 noch so war.[238] Sollte es sich jüngst gebessert haben – oder sind wir ganz im Gegenteil damit (wie Nachzügler auch sonst nicht selten) schon der Zeit voraus gewesen? Immerhin hat gleichfalls 1974 Harvey Cox die Vision verkündet, die neuen Medien könnten erreichen, »daß wir über eine Kultur

---

[237] L. Muth, Lebenslanges Lesen, in: Archiv für Soziologie und Wirtschaftsfragen des Buchhandels XLI (aus dem Börsenblatt Nr. 102 vom 22. Dez. 1977) W623-W635, W629, mit Bezug auf E. Gebmacher, Buch und Lesen in Österreich, Hamburg 1974, 8f.

[238] Protestanten und Katholiken. Soziologische Analyse konfessioneller Kultur, Berlin-München 1973, 82-94. Nur religiose Literatur lesen mehr Katholiken (86). L. Muth, Der Christ und die Bücher, in: StdZt 292 (1984) 253-261, teilt 259f nach einer Allensbacher Umfrage von 1981 mit: 47 % der Protestanten, 40 % der Katholiken greifen ein- oder mehrmals in der Woche zum Buch; er schließt die oft bemühte soziale Erklärung aus und gibt den Hinweis, daß im Mediendekret des Konzils das Buch überhaupt nicht erwähnt wird.

hinauskommen, die vom Druck mit seinen ihm innewohnenden elitären Charakteristika beherrscht wird«.[239]

Nun, solche Visionen vom globalen Welt-«Dorf«[240] in der Nestwärme emotionaler Gemeinsamkeit an den Kabel-Mamillen der Großen Elektronischen Mutter sieht man mittlerweile wohl doch eher wieder mit Orwellschen Augen.[241] Umso bedenklicher die antirationale Emotionalisierung in großen Teilen nicht bloß der Jugend und ihrer Bewegungen heute.

Denn offenbar lassen sich, wie eine jüngst für den Spiegel erstellte Untersuchung aus Allensbach belegt, Buch-Lesen und Persönlichkeits-Stärke überzeugend korrelieren. Vor allem glaubt Frau Noelle-Neumann nachweisen zu können, daß Buchleser signifikant heiterer seien als Nichtleser.[242]

Lesen macht nicht bloß freier, unabhängiger, es isoliert nicht bloß, es regt umgekehrt – oder muß man sagen, eben darum – mehr zum Gespräch an, nach dem zwar allenthalben gerufen, das aber offenbar immer seltener wirklich gesucht wird.[243]

Bücher

1. *Gesprächs-Angebot.* Vor allem ist Lesen selbst schon ein Art Gespräch: mit dem Autor. Mag es bei Lebenden eher als Not-

---

[239] Verführung des Geistes, Stuttgart 1974, 276.

[240] M. McLuhan, Die Gutenberg-Galaxis. Das Ende des Buchzeitalters, Düsseldorf-Wien 1968; ders./Qu. Fiore, Das Medium ist Massage, Frankfurt/M.-Berlin 1969.

[241] Erinnert sei nur an R. Bradbury, Fahrenheit 451 (= 232 Celsius, Hitzegrad, bei dem Bücherpapier Feuer fängt). Wobei »aktueller« als Orwell freilich A. Huxley sein dürfte. Vgl. N. Postman, Das Verschwinden der Kindheit, Frankfurt/M. ²1983 und später Anm. 282.

[242] Lese-Verhalten und Persönlichkeitsstärke. Neue Erkenntnisse zur Sozialpsychologie des Lesens: Archiv für Soziologie... LVII (aus dem Börsenblatt Nr. 46 vom 8. Juni 1984) W1763 - W1812.

[243] Céleste 1650f: »Beim Fernsehen umgekehrt fiel Kommunikationswissenschaftlern das Schweigen des Wohnzimmerpublikums auf, auch nach Ende des Programms... Also müßte man das Bücherlesen verteidigen, wenn man das Gespräch zwischen Menschen verteidigen will?«

behelf erscheinen,[244], bei schon Dahingegangenen ist es die einzige Weise, von ihnen zu lernen.

Selbst bei Lebenden kann übrigens ein Buch seine Vorteile vor persönlicher Bekanntschaft haben. Ich denke dabei einmal an die wiederholt bekundete Erfahrung, daß Autoren selten an ihre Werke heranreichen. Dort geben sie ihr Bestes, gleichsam den Extrakt oder das Konzentrat ihrer selbst. Ansonsten existieren sie verdünnter und zerstreuter. Insofern mag also ein Autor seinem Werk im Wege stehen, zumal in Zeiten, die undifferenziert die »Praxis« zum Wahrheitskriterium erheben.[245] Doch auch im besseren und besten Fall hat es der »Prophet im eigenen Lande« nicht leicht (Mt 13,57). Es handelt sich hier um eine Variante zum Thema, daß bei der Nächstenliebe gerade die Nähe die Sache schwer macht.

Gleichwohl – jedenfalls für Philosophen weilen die bedeutendsten Autoren nicht mehr auf Erden. Schopenhauer, dessen Warnung vor dem Lesen wir zitiert haben (»die Lesewut der meisten Gelehrten [sei] eine Art fuga vacui«, Anm. 231, II 105), und der auf den »Bretter[n] der Bibliotheken reihenweise die vergangenen Irrtümer« stehen sieht (V 653), erklärt doch die Schrift für »die wichtigste Erfindung des Menschengeschlechts« (IV 57), da vom menschlichen Wissen überhaupt »der allergrößte Teil stets nur auf dem Papier [existiert], in den Büchern, diesem papiernen Gedächtnis der Menschheit» (V 570). »Daher sind die Bibliotheken allein das sichere und bleibende Gedächtnis des menschlichen Geschlechts« (ebd.). Und er ruft darum geradezu zum Lesen auf, freilich der Alten (V 656). »Weil die Leute statt des Besten aller Zeiten immer nur das Neueste lesen, bleiben die Schriftsteller im engen Kreise der zirkulierenden Ideen, und das Zeitalter verschlammt immer tiefer in seinem eigenen Dreck« (V 655).

---

[244] H. U. v. Balthasar, Das Weizenkorn, Einsiedeln ³1953, 32: »Ein Buch ist immer ein verhindertes Gespräch.«

[245] Goethe meint, man erkenne »den Autor aus der Schrift vielleicht deutlicher als aus dem Leben«. An K. F. v. Reinhard, 22. 7. 1810.

»Das Gute [kann man] nie zu oft lesen« (ebd.). Darum stand zu Recht über der Bibliothek von Alexandrien: PSYCHES IATREION – Heilstätte für die Seele.[246]

»Bücher sind Erfahrungen, die man kaufen kann«, hieß es auf Tragetüten. Das gilt zwar nicht einfachhin, da erst die aufgewandte Zeit und Mühe angebotene Erfahrung aneignen lassen. Aber es trifft in einem ernsten und wichtigen Sinn gleichwohl zu. Ich widerspreche darum Lessing, wenn er schlicht definiert: »Der aus Büchern erworbene Reichtum fremder Erfahrung heißt Gelehrsamkeit. Eigene Erfahrung ist Weisheit.«[247] – Wer etwa Dostojewski, Proust, wer Augustinus, Nietzsche, Kierkegaard begegnet ist, steht anders im Leben, sieht sich und seinesgleichen und »Gott und die Welt« anders als vorher. Und das gilt nicht bloß von den Genannten – leider auch nicht nur im guten Sinne. Darum die »Giftschränke« oder gar »l'enfer«. Doch jetzt nicht davon.[248]

Die Unterstützung mag man so sehen wie Aldous Huxley: »Ohne Hilfsmittel kann ein kleiner, schwacher Fleck in der Konstellation Orion wahrgenommen werden. Zweifellos könnte eine imposante kosmologische Theorie die Beobachtung dieses Flecks zur Grundlage nehmen.« Aber was böte statt dessen ein gutes Fernrohr? »Ist man selbst kein Weiser oder Heiliger, so ist es auf dem Gebiet der Metaphysik am besten, wenn man die Werke jener studiert, die es waren.«[249] Die großen Autoren also gewissermaßen als Tele- und Spektroskopen – wobei es freilich mit bloß »theoretischem Durchblick« nich getan ist, weil hier zur *Einstellung* des Geräts

---

[246] Heilkraft des Lesens. Beobachtungen und Erfahrungen, Freiburg (zum 25-jährigen Bestehen der Herderbücherei) 1982, 7. Ebd. der Hinweis auf die lange Tradition dieser Inschrift: »Der erste Nachweis findet sich in einem Bericht von Diodor, demzufolge die ›heilige Bibliothek‹ des Pharaonen Osymandias (wahrscheinlich mit Ramses II. identisch, 1301-1234 v. Chr.) in Theben als erste von vielen berühmten Bibliotheken des Altertums diese Inschrift trug.«

[247] »... Das kleinste Kapitel von dieser ist mehr wert als Millionen von jener.« Ges. Werke (P. Rilla), Berlin-Weimar ²1968, VIII 411.

[248] Ganz zu schweigen von Maßnahmen wie der stofflichen Präparierung eines »seelenvergiftenden« Werkes in Umberto Ecos Abtei »zwischen Lerici und La Turbie«.

[249] Die ewige Philosophie, Zürich 1949, 15f.

die des Blickenden treten muß. Ich möchte darum, statt so instrumentell, lieber dialogisch von Belehrung oder Hilfe sprechen. Zumal es in der Tat nicht so sehr darauf ankommt, »annähernd« das Gleiche zu sehen wie der Verfasser, als vielmehr, auf andere, die je eigene Weise, dasselbe. So wie räumliches Sehen zwei Augen verlangt, so öffnet sich Realität als solche erst der »stereoskopischen« Offenheit wenigstens zweier, die sie erblicken.[250]

Erfahrungen also stehen zum Erwerb. Radecki schreibt vom (Lieblings-)Buch: »Es ist ein Mensch, der durch die vertrackteste aller Verzauberungen Druckerschwärze auf Papier geworden ist, aber sich unter der Hand jederzeit rückverwandeln kann in eine Stimme und eine Welt. Daß man so wenig Freunde hat, ist traurig, doch daß man sich Längstverblichene, Weitestabwesende zu Freunden gewinnen kann, – das ist eine jener Selbstverständlichkeiten, bei denen unsereins mystische Schauer ankommen.«[251] Nicht bloß Gelehrsamkeit also, haben wir gesagt, sondern wirklich Weisheit wird uns hier geboten, und dies nun nicht zum Kaufe, sondern wie im Sirach-Buch geschrieben: umsonst (Sir 51, 25).

2. *Angebot der Bibliothek.* Dabei darf ich mit dem Recht des Außenstehenden einen Moment verweilen. – Zur Grundsteinlegung des Baus vor zwei Jahren hat Bischof Kamphaus in der Predigt eine Episode aus dem Leben seines Namenspatrons angeführt: Thomas von Celano berichtet, wie Franziskus einer armen Frau mangels anderer Mittel das einzige Buch der kleinen Gemeinschaft, ein neues Testament, zum Verkauf gibt.

---

[250] Vgl. J. Splett, Konturen der Freiheit, Frankfurt/M. ²1981, 80f; Zur Antwort berufen, Frankfurt/M. 1984, Kap. 1. – In diesem Sinne nochmals Aldons Huxley (zugleich als Nachbemerkung zum sich im Wege stehenden Autor – Anm. 245): »Das Trügerische in den meisten Philosophien ist der Philosoph. Da wir, wie es sich trifft, das Vorrecht genießen, mit Professor X bekannt zu sein, wissen wir, daß, was immer er persönlich sich über das Wesen und den Wert des Daseins ausdenken mag, unmöglich wahr sein kann. Und was ist's (Gott helfe uns!) mit unseren großen Gedanken? Aber glücklicherweise hat es Heilige gegeben, die schreiben konnten. Uns und dem Professor steht es frei, von den uns Überlegenen abzuschreiben.« Zeit muß enden. München (dtv) 1964, 260.

[251] Nebenbei bemerkt, München 1954, 397.

»Das erste neue Testament, das im Orden war, ward verschenkt in heiliger Freigebigkeit.«[252] Mit der Spannung zwischen solch evangelischer Existenz und einer Bibliothek von mehr als 300 000 Bänden müßten wir leben, sagte uns der Bischof.

Ich möchte diesen Anstoß aufnehmen, d. h. ihn im wörtlichen Sinne er-innern: Franz gab weg zum Verkauf – die Jesuitenpatres verleihen. Denn es handelt sich hier – was sicher nicht immer jedem bewußt ist – um die Privatbibliothek der Patres, ob durch Kauf, durch Rezensionsarbeit oder Schenkung erworben. Hätte man nun zu bereden, welche Armut »christlicher« sei? Das mag, wer will, sich selber fragen, etwa im Blick auf sein Auto, wenn er eines besitzt. – Man kann ein Grundstück herschenken, wie in der Apostelgeschichte berichtet (Apg 4,34-47), oder es etwa der kirchlichen Jugendarbeit zur Verfügung stellen – um dann immer wieder die hinterlassenen Spuren zu beseitigen.[253] Man sieht, hier stehen weder Vergleich und Wertung an noch ein (un-)heiliger Wettstreit, sondern nur dies, daß jeder seinem Ruf entspricht: Franziskus und die Seinen wie die Söhne des Ignatius.

Und ist der Philosoph nun schon einmal ins Genus Predigt geraten, dann schließt er auf diesem Exkurs noch eines an – daß nämlich der Großherzigkeit dieses Angebots entsprechende Antwort gebührt. Ein wichtiger Grund für den Neubau – neben dem überschaubarer Präsentation – war ja der zunehmende Schwund unter den auf Einzelräume des Hauses verteilten Büchern. Hier hoffen alle wenigstens auf Besserung. Mehr ist unter fehlbaren Menschen wohl nicht erwartbar – zumal, wie offenbar feststeht, die Theologen mit den Juristen in diesem Punkt die schlimmsten Sünder sind – bedenkenswerterweise.

Natürlich werden hier die Bücher nicht mehr, wie im Mittelalter, angekettet. Und auch auf eine Bibliotheksordnung, wie sie S. H. Steinberg von 1774 aus Gotha berichtet, will man

---

252 Leben und Wundertaten des hl. Franz von Assisi, München 1925, 208.

253 Eine Stimme für viele: »In der Tat: Ich bin noch heute ein außerordentlich ungefälliger Bücherverleiher und verschenke lieber ein Buch, als daß ich's verborge. Wolfdietrich Schnurre, Gelernt ist gelernt. Gesellenstücke, Frankfurt-Berlin 1984, 185 (Der verliehene Autor).

nicht zurückgreifen: »Um den früheren übertriebenen Zu-
strom auf die beste Weise zu verhindern«, wurde dort verfügt,
»daß jedermann, der ein Buch einzusehen wünscht, sich
dieserhalb an den Bibliothekar zu wenden hat, der es ihm
alsbald zeigen und falls nötig auch zu lesen erlauben wird.«[254]
Doch in einer Feststunde sollten wir das nicht weiter
vertiefen. (Darum keine Zitate aus dem Anekdotenschatz zur
Bücherleihe sans retour![255])

Aber auch die Rückgabe kann Kummer bringen. Einem
frommen Bücherfreund verdanke ich den Trost, im Himmel
werde man nicht bloß allein die Bücher wiederfinden, die man
hier auch ausgeliehen habe, sondern obendrein sei dort dann
jeder Kaffee- oder Nikotinfleck, jeder Fettdaumen und jede
Kugelschreiber-Anstreichung zu einer goldstrahlenden Minia-
tur verklärt. Wir werden ja sehen. Doch fürs nächste müssen
wir im Haus mit unverklärten Büchern leben. – Wenn Rilke
einmal von einer »gewisse[n] formelle[n] Höflichkeit« geborg-
ten Büchern gegenüber schreibt – »man bleibt stets ›per Sie‹
mit ihnen«,[256] dann ist das heute wohl nicht mehr leicht zu
vermitteln, wo die Leute gleich auf Duz-Fuß miteinander stehen.

»Demokritos« (= Karl Julius Weber) rief nach einem Knig-
ge über den Umgang mit Büchern (Anm. 261: 74). Romano
Guardini mag nicht einmal Randnotizen. »Denn das Buch
kann sich nicht wehren... Macht es nicht schon äußerlich den

[254] Die schwarze Kunst. 500 Jahre Buchwesen, München ²1961, 309.

[255] Nur eins sei erlaubt (hat Verf. doch vor seinem Umzug nach
Offenbach/Sankt Georgen in der Münchener Pütrichstraße gewohnt):
In seinem »Ehrenbrief« an die Pfalzgräfin Mechtbild schreibt Jakob
Püt(e)rich von Reichartshausen (1400-1469) über seine Büchersamm-
lung: »... zuesamb seind sie geraffelt / mit stellen, rauben, auch darzue
mit lehen / gescbenkht, geschribn, khauft und darzue funden« (Facs.
u. Umschrift, ed. F. Behrend/R. Wolkan, Weimar 1920, Strophe 122).
(»Bücherstehlen ist kein Diebstahl, sofern man sie nur nachher nicht
weiterverkauft« – G. Tallemant des Réaux. G. A. E. Bogeng, Umriß
einer Fachkunde für Büchersammter, VII. Geschichte der Bibliomanie..., in: Jahrbuch f. Bücher-Kunde und -Liebhaberei 3 [1911], 17-
88,1 8.)

[256] Tagebücher aus der Frühzeit, Leipzig 1942, 64.

Eindruck, als ob in eine wohlgeordnete Rede etwas hinein-
geschrien würde?«[257]

Bücher-Menschen

1. *Bibliophile*. Gewiß gibt es auch eine übertriebene Sorge um
Bücher und ungeläuterte Anhänglichkeiten. »Lebt wohl, meine
Freunde«, soll der sterbende Puschkin mit einem Blick auf
seine Regale gerufen haben.[258] Und oft hat man ihre schweig-
same Freundschaft, ihr unaufdringliches Immer-bereit-Sein
gepriesen.[259] Doch »Menschen ersetzen können Bücher von
Menschen wohl kaum. Sie kommen von Menschen und gehen
zu Menschen, sie ersetzen nicht den Umgang mit ihnen.«[260]

Immerhin haben sie manchen diesen Umgang gerettet. So,
als »König Alphons von Neapel, der ein Buch im Wappen

---

[257] Lob des Buches, Basel 1952, 21. – Demgegenüber Karl Wolfskehl
(Anm. 264: 512): »Ein gelehrtes Werk ohne Randnotizen muß sich fast
schämen. Erst die Marginalien, die Verweise, Zustimmungen,
Ablehnungen, Erweiterungen, geben einem solchen Exemplar seine
Existenzberechtigung, reihen es ein in die Welt, für die es bestimmt
war, obwohl das fetischistisch sakrosankte Verhältnis von Satzspiegel
und Rand dadurch arg verschoben wird.«

[258] S. v. Radecki, Wie kommt das zu dem?, Berlin 1942, 41; ders.,
Gesichtspunkte (Anm. 229) 261 (nicht unter seinen Puschkin-
Anekdoten in: Der Glockenturm, München ²1953). H. Nette, Adieu les
belles choses. Eine Sammlung letzter Worte, Düsseldorf-Köln 1971,
notiert (136 – zu einem Freund gesagt): »Ich habe geträumt, daß ich
mit dir an den Büchern und Regalen hochkletterte...« Das läßt fast an
die Bibliothek als Paradies denken. Davon – »wie es chinesischer nicht
gedacht werden kann« – berichtet Wolfgang Bauer in einer Legende
um den Gelehrten Chang Hua (232-300): China und die Hoffnung auf
Glück, München 1971, 271-272.

[259] Daß sie uns den Rücken zeigen (übrigens erst seit dem 17. Jh.;
vorher war es der Schnitt, der darum auch die Kurztitel trug), besagt
nicht Abkehr, eher Diskretion. Denn während die Vorderseiten – der
Schutzumschläge zumindest – wie laute Anrufe tönen (vgl. I. Calvino,
Wenn ein Reisender in einer Winternacht, München ²1983, 9-11), sind
die Rückenschildchen nicht einmal ein Zuzwinkern; sie zeigen höflich
Ansprechbarkeit an – wie Namenskärtchen von Kongreßteilnehmern.
(Wenn man sich nur für die laufende Rückenbeschriftung auf eine
Richtung einigen könnte! Um nicht vor lauter Hin und Her im eigenen
Kopfe wirr zu werden, mute ich einigen Büchern – den englischen,
früher Fischer, heute noch Reclam – zu, auf dem ihren zu stehen.)

[260] F. H. Ryssell, Umgang mit Büchern, in: N. Kutschki (Hrsg.), Stich-
worte zur Lebenskunst, Würzburg 1967, 82-88, 88.

führte... mit Cos[i]mo Medici Friede gegen Abtretung eines Livius [schloß]«.[261] – Doch die »echten Bibliomanen (was feiner klingt als Büchernarr)« (ebd.) sind leider nicht immer harmlos. Ich denke dabei weniger an »Bücherreisen, wie sie der Kardinal Domenico Passionei 1721 als päpstlicher Internuntius in die Schweiz unternahm, um bei Besichtigung der Klosterbibliotheken alles, was ihm gefiel, in die Taschen eines eigens für solche ›Gelegenheiten‹ eingerichteten Mantels zu stecken«.[262]

Gustave Flauberts (erst 1910 publizierte) Jugendarbeit »Bibliomanie« – Kubin und Hegenbarth haben sie illustriert – geht auf einen historischen Vorfall zurück: Ein aus Poblet bei Tarragona geflohener Mönch Don Vincente, in Barcelona Antiquar geworden, brachte (ähnlich wie der Goldschmied Cardillac in E. T. A. Hoffmanns Novelle »Das Fräulein von Scuderi«) seine Kunden um, weil er ihnen die kostbaren alten Bücher nicht gönnte. Die Menschen müßten alle früher oder später sterben; die guten Bücher aber habe man zu behüten. 1836 endete er als »Ungeheuer von Barcelona«» durch die Garotte.[263]

Wo liegt der Übergang von der Bibliophilie zur Bibliomanie? Markieren ihn beispielsweise die »Elemente der Bücherliebeskunst« von Karl Wolfskehl unter dem selbstironischen Titel »Bücher, Bücher, Bücher, Bücher«?[264] Ihr Grundgedanke ist, daß es »einen echten Bücherkult« gebe, »wie es Frauendienst gibt und – seltener vielleicht – Bücherhände gleich wie Weinzungen« (498). Der wahre Büchersammler: »nicht der gewöhnliche Scharrer und Hamster natürlich, der Aufspeicherer,

[261] Demokritos oder hinterlassene Papiere eines lachenden Philosophen, Stuttgart ⁸1868, VI 65. Nicht zu zählen die Einzelrettungen: »Schillers dreißigjähriger Krieg, den Dombrowski in seiner Seitentasche hatte, rettete ihm das Leben an der Trebia: die Kugel, die sein Herz durchbohren sollte, durchbohrte bloß den toten Schiller« (74).

[262] Bogeng (Anm. 255) 18. Über Passionei (1755 Bibliothekar der Vaticana) siehe LThK 8,151.

[263] Flaubert: Nodier-Flaubert-Asselineau, Bücherwahn (H. Marquardt), Frankfurt/M. 1976. Zum Fall Don Vincente (hier 135f): Bogeng (Anm. 255) 22f; I. Ráth-Vegh, Die Komödie des Buches, Leipzig-Weimar-Budapest ²1984, 100-104.

[264] Ges. Werke (Ruben/ Bock), Hamburg 1960, II 492-556.

der Kostbarkeitler, der Vollständigkeitsnarr. Pedanten oder Protzen bleiben außerhalb des Bereichs, dessen Fluidum Liebe ist, arge oder süße, schenkende oder saugende, immer aber der schwingende Bezug von Ich und Welt« (504).

2. *Bibliothekare.* So viel zu den Liebhabern. Oft spricht man solche Liebe den Bibliothekaren ab. »Demokritos« beklagt sich über »alte Drachen«, welche »Büchergräber« hüten (Anm. 261: 28). Aber führt – gewissen Bücherfreunden gegenüber nicht gerade Bücher-Sinn in die Versuchung, zum reservierten »Bibliotaphen« zu werden?[265]

In eine andere Richtung geht die Erfahrung, die General Stumm in der Wiener Hofbibliothek macht. Er sucht nach dem schönsten Gedanken der Welt, traut sich aber nicht, den Bibliothekar geradeheraus danach zu fragen. Also erkundigt er sich, wie man hier jeweils das richtige Buch finden könne. In den Katalograum geführt, hat er die Empfindung, »in das Innere eines Schädels eingetreten zu sein«, »ordentlich« den »Gehirnphosphor« riechend, und als er gar eine Bibliographie der Bibliographien in die Hand gedrückt bekommt, weht ihn fast Panik an. So fragt er den Mann doch direkt nach seinem Geheimnis, und erhält die entschiedene Antwort: »Sie wollen wissen, wieso ich jedes Buch kenne? Das kann ich ihnen nun allerdings sagen: Weil ich keines lese.«[266] – »›Wer sich auf den Inhalt einläßt, ist als Bibliothekar verloren!‹ hat er mich belehrt. ›Er wird niemals einen Überblick gewinnen.‹«

Hier gerät man natürlich – wie General Stumm – in weit- und weiterführende Gedanken. Ist es nicht – so fragen Zeitgenossen – naive Beschränktheit, eine bestimmte Antwort auf irgendeine Frage haben oder gar geben zu wollen? Ist nicht längst ausgemacht: Es gibt keine Wahrheit, nur Perspektiven? Also auch keinen Sinn, nur eine – nützliche – Ordnung? So daß man nicht mehr fragen dürfte, was wahr ist, sondern nur, was

---

[265] Nicht bloß beim Auto, auch bei Büchern ist es eben keine Selbstverständlichkeit, jenen Wahlspruch zu leben, den Willibald Pirkheimer sich von Dürer in sein bekanntes Ex libris schneiden lassen: *Sibi et amicis* (Abb. etwa: Albrecht Dürer 1471 bis 1528. Das gesamte graphische Werk. Einl. v. W. Hütt, München 1970, II 1758). Mag auch nicht jeder so offenherzig sein wie W. Schnurre (Anm. 253).

[266] Der Mann ohne Eigenschaften 100, Ges. Werke (A. Frisé), Reinbek bei Hamburg 1978, I, 459-462.

andere gedacht haben?[267] Dann hätte Lichtenberg recht: »Er handelte mit anderer Leute Meinungen. Er war Professor der Philosophie« (Anm. 231: II 442).

Nietzsche hat das verkündet; mancher sieht es wissenschaftstheoretisch so. Jorge Luis Borges hat es ins Bild der unendlichen Bibliothek von Babel gefaßt, und der zunehmend verdüsterte Günter Eich schreibt in dem »Maulwurf«-Text »Hilpert«: »Hilperts Glaube an das Alphabet verhalf ihm zu der Entdeckung, daß auf die Erbsünde die Erbswurst folgt... Wir haben uns alle, Hilpert, meine Familie und ich, für das Alphabet entschieden. Da sind die Zusammenhänge eindeutig und nachweisbar, ohne alles Irrationale.«[268]

Ich meine, man dürfe das nicht akzeptieren. (Dazu noch später: zum Thema des menschlichen Buches). So wie auch ein Bibliothekar mitnichten bloß – wie auf dem Bild Giuseppe Arcimboldis – aus Büchern bestünde, geschweige denn, à la Musil, bloß aus Katalogen.[269]

3. *Der Markt.* Nach der zweiten Gruppe der Bücher-Menschen wäre von den Buchhändlern zu sprechen und von den Verlegern. Ich tue das jetzt nicht, weder als Leser und Käufer noch als Autor (und schon gar nicht mit Goethe-Zitaten). Nur das eine darf vielleicht angemerkt sein – und ich sage dies (nochmals) als Schreiber wie Käufer –, daß ausgerechnet bei Büchern die Leute ein erstaunliches Preisbewußtsein, eine fast schon allergische Sensibilität offenbaren. Bücher sind teuer. Wer wüßte das nicht! Und eben jetzt möchte ich nicht gern an

---

[267] So die Option des Siger von Brabant gegenüber jener des Aquinaten. Vgl. M. Grabmann, Methoden und Hilfsmittel des Aristotelesstudiums im Mittelalter, München 1939, 37

[268] Borges, Sämtliche Erzählungen, München 1970, 190-198; Eich, Ges. Werke, Frankfurt/M. 1973 I 294-298 (hierzu ausführlicher im folgenden Kapitel, Anm. 332 ff.).

[269] Albert Raffelt, Bibliotheken, Bibliothekare, Leser – Relikte der Vorzeit? in: Warum noch lesen? (Anm. 234) 132-146. 145: »Fragt man Bewerber für die Bibliotheksausbildung, weshalb sie gerade diesen Beruf anstreben, so erhält man in der Regel die Antwort: ›Ich les' so gern.‹ Die berufsspezifischen Aufgaben und Probleme verlangen natürlich mehr als Freude am Lesen. Trotzdem ist die Antwort nicht so schlecht... Hinter dem Buch steckt gewöhnlich ein interessierter Kopf...« (Zu Arcimboldi eine reizvolle literarische Umsetzung von G. Kranz, Niederwald und andere Gedichte, Lüdenscheid 1984, 84f).

meinen privaten Buch-Etat denken – noch, aus gegenteiligem Grund, an den des Philosophischen Seminars. Aber was kostet beispielsweise ein gutes Abendessen zu zweit – vielleicht nach einem Woody-Allen-Film –, mit einer passenden Flasche Wein? Dazu ist mancher klaglos bereit (wen nicht gar mächtig darum bemüht), der sich sträubt, für die Hälfte dieses Betrags »Herzblut und errungene Einsicht« des Schreibers in lebenslang haltbarem Kondensat zu erwerben.

Das Kondensat ist gewiß, wie gesagt, nicht das Leben. Eher könnte man sagen, eine Art Suppen-Würfel oder -Pulver, erst durch Zugabe aus der eigenen Leitung genießbar zu machen. Derart aber ein wirkliches Tischlein-deck-dich, eine Eselshaut voller (im Kopf des Lesers) fallender Groschen und ein verlebendigender Knüppel-aus-dem-Sack (gehobener: die oft zitierte »Axt... für das gefrorene Meer in uns«[270]).

Jedenfalls wissen inzwischen doch wohl auch die, die nicht danach handeln, daß die Umgehung des Marktes durch das Kopieren im Endeffekt den Markt zerstört und damit die Brücke zwischen Autoren und Lesern einstürzen läßt. Markt heißt ja auch: Agorá. Vermittlungsfeindlicher Wille zur Unmittelbarkeit ist nicht bloß in Philosophie und Politik ein Verhängnis. Aus dem weiten und offenen Gespräch der Geister über Zeit und Raum hinweg würde dann das isolierte Nebeneinander von um Privat-Papers gescharten Konventikeln und eingeschworenen Jüngergemeinden. – Dies unter Umständen als «Sub-Kultur« zu einer allgemeinen übergreifenden »Sprachregelung« (was zugleich stets auch »Denkregelung« besagte).[271]

---

[270] F. Kafka, Briefe 1902-1924 (M. Brod), Frankfurt/M., 7.-9. Tsd. 1966, 28 (an D. Pollack, 27. Jan. 1904).

[271] Ich verweise auf die Broschüre der Arbeitsgemeinschaft wissenschaftlicher Literatur (AwL): Das optimale Medium. Bücher und Zeitschriften in der Wissenschaft, Stuttgart 1984. Zentral dort die Frage der Qualität. Wenn schon jetzt zu viel gedruckt werde, was solle dann ein ungezügeltes Medienangebot? Es scheine, daß man die Leistung der wissenschaftlichen Verlage und ihrer verantwortungsvollen Berater sehr unterschätzt oder überhaupt nicht wahrnimmt. Anders sei die Untätigkeit gegenüber mißbräuchlichem Kopieren unerklärlich (7f, K. Lubasch).

Solche Leistungen bedingen unsichtbare Kosten oder Kosten für Unsichtbares (33ff, H. Peters), die man nicht vergessen darf. Und nicht

»Diktatur« wie »Zirkel«, beides führt zu einem weiteren
Regel-Moment des Buch-Marktes, den Rezensenten. Wiederum nur eine Randbemerkung dazu, ist der Redner doch doppelt Partei. Immerhin leugnet wohl niemand, daß auch dieser
Teil der Welt im argen liegt, zumal wenn man »Rezension« in
einem weiteren Sinne versteht. Der Begriff »Zitationskartell«
etwa gehört hierher. Und solcher wechselweisen Selbstbestätigung der Schulen entspricht dann das gute Gewissen, mit dem
man ganze Kontinente auf der Geistes-Karte ignoriert, ja sie
sogar souverän »situiert« – ganz nach dem Rezept von Musils
Hofbibliothekar.

Vorhin war vom katholischen Weniger-Lesen die Rede. Es
sei einmal deutlich gesagt, daß der Durchschnitt katholischer
Literatur (wissenschaftlich wie im Genre der »haute vulga-
risation«) über Nietzsche, Marx oder Freud – um nur diese
»drei Meister des Argwohns« (P. Ricœur) zu nennen – wesentlich stärker auf Primär- und Sekundärliteratur fußt als vielbe-
achtete kirchen- und christentumskritische Werke aus jenen
Schulen. Ich mache mich anheischig, den Beweis im einzelnen
anzutreten, von etwa Erich Fromm bis zu namhaften Kollegen
hierzulande.[272] – Umso wichtiger der Dienst verantwortlicher

---

vergessen darf man eben diese «prepublication-costs« auch für elek-
tronische Texte, so daß bei entsprechender Kostenbelastung der einzelne Abruf auch entsprechend teuer würde.

Abgesehen davon, daß das Übel der Informationsgesellschaft weniger
im Unwissen besteht als im scheinbaren Wissen (K. Steinbuch spricht –
47 – von »Verstehensillusion« und »Ein-Minuten-Experten«) und dem
das Buch weniger Vorschub leistet als die neuen Medien, beeindruckt
mich bei ihnen besonders der Zug, wenn nicht Zwang, zu einheit-
lichen Definitionen und Klassifikationen (52). Gewiß haben etwa Lul-
lus und Leibniz sich von solcher Vereindeutigung viel versprochen.
(Erinnert sei noch an das neuscholastische Latein.) Ginge es jedoch in
Philosophie und Theologie statt um Begriffs-Kombinatorik darum,
erstlich zu begreifen, was uns betrifft (sei es in seiner Unbegreiflichkeit), so stünde hier gerade der »*Konflikt* der Interpretationen« (P.
Ricœur) an, also der Streit um den rechten Begriff. Dann aber wäre mit
solchen Regelungen das Entscheidende schon vor-entschieden, und
zwar – wie gesagt – entweder »von oben« für alle (à la Orwells «New
speak«) oder »von unten« für die jeweils Eingeweihten.

[272] Wobei ich fairerweise auf »Subtilitäten« verzichte, nachdem auch
katholische Studenten oft nicht mehr den Unterschied zwischen der
unbefleckten Empfängnis Mariens (8. XII.) und Mariä Verkündigung
(25. III.) wissen. Es reicht, nach der Lektüre von Werken Karl Rahners

Rezensionen. Gerade auch ihm dankt unsere Zeitschrift *Theologie und Philosophie* ihren Ruf.

4. *Autoren.* Doch kommen wir schließlich zu den Bücher-Menschen im ersten Sinn, den Büchermachern. Hier wären die Buchbinder anzusprechen, Typographen, Drucker... Ich wohne in Offenbach, der Stadt Karl Klingspors, Rudolf Kochs... – Man kennt die Klagen über den Niedergang der Buchkultur, hin »zu einer Art Text-Verödung« (H. M. Enzensberger), an welcher es oft eher liegen dürfte als am Text-Inhalt, wenn der Leser rasch ermüdet (Ph. Bertheau). Und vielleicht steht es hier bei wissenschaftlichen Büchern noch betrüblicher als überhaupt.[273]

Zum 25-jährigen Jubiläum des Klingspormuseums – 1978 – hat übrigens Siegfried Unseld den Festvortrag gehalten und dabei gesagt (auch dies sei jetzt nicht unterschlagen): Der Wissende »zögert, Aussagen über die Haltbarkeit heutiger Bücher zu machen, zögert, sie aufwendig, haltbar für alle Zeiten zu binden. Doch für ein Menschenalter, also für die Dauer der Lebenszeit eines Bücherkäufers können wir, in aller Regel, die Haltbarkeit noch garantieren.«[274]

---

und Hans Urs v. Balthasars zu fragen. – Ja, manchem katholischen Autor möchte man wünschen, er fände neben der Lektüre des jeweils neuesten antirömischen Schreis obendrein Zeit für die Väter und die großen geistlichen Lehrer. Auch und gerade den Studenten erlaube ich mir – mit Schopenhauer – zu sagen: »Um das Gute zu lesen, ist eine Bedingung, daß man das Schlechte nicht lese: denn das Leben ist kurz« (Anm. 231: V 655).

[273] Enzensberger: Das Brot und die Schrift, jetzt in: Spectaculum 39, 247-250, 249; hier nach: Stiftung Buchkunst, Die schönsten Bücher der Bundesrepublik Deutschland 1980, 14; Bertheau: Die schönsten Bücher... 1981, 35. – Unter den »Fünfzig schönsten Büchern des Jahres«, von der Stiftung Buchkunst ausgewählt (übrigens »nach einer entscheidenden Anregung von Karl Klingspor« – Die fünfzig Bücher 1979, IX), gibt es als zweite von neun Gruppen die des wissenschaftlichen Buchs. Bei Durchsicht der schönen Kataloge der letzten fünf Jahre fand ich darunter kein philosophisches Werk; immerhin 1981 G. Ebeling, Die Wahrheit des Evangeliums, 1982 das Photii Patriarchae Lexicon.

[274] »... Von welch anderem Lebens-Mittel kann man dies sagen!« Das Buch in unserer Zeit. Festrede... am 7. Nov.1978. Freunde-Druck, Offenbach o. J., 7.

Indes mag »auch ein Klaglied... herrlich« sein (Schiller);
festlich ware es kaum. Reden wir darum lieber vom Autor?

Es gibt zu viele von ihnen, hat es geheißen. Was Wunder,
da auch ansonsten die Menschen lieber als zuhören reden. Das
hat schon die Vision vom Buch als Selbstgespräch herauf-
beschworen: »Was waren das für Zeiten, als einer ein Buch
schrieb und Tausende es lasen. Was werden das fur Zeiten
sein, wo Tausende ein Buch schreiben, und immer nur einer
(der Verfasser nämlich) es liest?«[275]

Aber die Sache liegt komplizierter. Von den Büchern gilt
nämlich dasselbe wie vom Wissen überhaupt: zu viel weiß
mancher, doch niemand genug. – Freilich sollte man sich wenigstens gefragt haben, ob man sich anderen derart zumuten
dürfe und man deren Zeit – in gewissem Betracht das Kost-
barste, was wir haben, weil unvermehrbar – so beanspruchen
dürfe. Was besonders Verfassern mehrbändiger Systeme gesagt sei.[276]

Es gibt die Schuld verweigerter Antwort, wobei diese
durchaus auch – Parzival – in einer gebotenen Frage bestehen
kann. Aber es gibt auch die Warnung vor unnützen Worten
(Mt 12, 36). Und es gibt darüber hinaus die Warnung vor dem
Ärgernis, das jemand bietet (Mt 18, 7). Davon ist im Zeitalter
allgemeiner Kritik und Aufklärung kaum die Rede, zumal wir
uns andererseits mit Recht gegen Zensurmaßnahmen verwah-
ren. Doch – zum Exempel an das tödliche »Werther-Fieber«
gedacht: könnte tatsächlich nur ein Banause das Buch *nicht*
geschrieben haben wollen – so gut, ja hinreißend es dies ist?
(Was gäbe ich auf der anderen Seite darum, den »Brief an

---

[275] Grn. = U. Greiner in der FAZ vom 17. Sept. 1974 (Nr. 125) 23 (Das
Geheimnis). Man kann die Sache freilich auch anders sehen (in Replik
zu Anm. 255): »Von allen Arten, sich Bücher zu verschaffen, wird als
die rühmlichste betrachtet, sie selbst zu schreiben...« W. Benjamin,
Ges. Schriften IV.1 (wa 10), Frankfurt/M. 1980, 390 (Ich packe meine
Bibliothek aus). Vgl. auch C. S. Lewis: »Die Leute wollen nicht die
Bücher schreiben, die ich mag, so muß ich es selbst tun...« R. L.
Green/W. Hooper (Kap. 9, Anm. 386) 253f.

[276] R. Walser tröstet sich damit, daß ein Buch zwar sozusagen eine
Fessel sei, doch «wen ein Buch für einige Zeit fesselt, der benutzt diese
Zeit nicht dazu, um über seinen lieben Nebenmenschen einen Klatsch
zu veranstalten. Das Gesamtwerk (J. Greven), Frankfurt-Zürich 1978, II
278.

meinen Sohn Johannes« verfaßt zu haben – oder auch C. S. Lewis' Narnia Chronicles!)

Menschen-Bücher

1. *Menschliche Bücher*. Bücher sollen menschlich sein, d. h., wie zitiert, von Menschen für Menschen verfaßt. »Humanitas« meinte bei Cicero Gesittung, Freundlichkeit, Kultur (vor allem auch Vornehmheit gegenüber dem Gegner und Feind); »Humanität« war dann ein Grundwort Johann Gottfried Herders, aus griechisch-römischem Erbe, zumal stoisch bestimmt. Hier erscheint der Mensch in die Natur eingefügt und doch als ihre Spitze in Gottebenbildlichkeit. Heute droht unter dieser Devise ein vager Humanitarismus.[277] Daran meine ich jetzt vor allem den vorher angesprochenen Wahrheits-Verzicht, doch nicht aus »bibliothekarischen« Gründen, sondern im Namen von Verträglichkeit und Kommunikation. Danach dürfte man weder Auschwitz noch den Archipel Gulag einfachhin verurteilen, sondern höchstens mit der Formel »Ich würde sagen (wienerisch gar: »Ich würde fast sagen), daß...« sich dazu stellen. Gegen eine »mögliche oder wirkliche certitudo metaphysica« hat Heinz Robert Schlette erklärt, wer immer dergleichen als möglich voraussetze oder gar behaupte, sei »eo ipso (ob er das subjektiv will oder nicht) der Scharfrichter der Freiheit und der Protagonist des Terrors«.[278]

Erst recht unterliegt der christliche Wahrheits-Anspruch dem Verdacht, also vor allem die Werke (wenn sie nicht als »kritisch« firmieren) der katholischen Dogmatik. Möglich seien subjektive Formulierungen: »Wir können zum Beispiel sagen: Ich glaube, daß Jesus der Sohn Gottes ist. Wenn ich das tatsächlich glaube, dann ist das eine wahre Aussage. Allerdings bekommt diese wahre Aussage durch das ›ich glaube‹

---

277 Vgl. meinen Beitrag »Humanität« in der 7. Aufl. des Staatslexikons der Görresgesellsehaft.

278 H. R. Schlette, Zum Verhältnis von Philosophie und Theologie, in: E. Neuhäusler/E. Gössmann (Hrsg.), Was ist Theologie? München 1966, 9-24, 24. Behutsamer formuliert er in: ders., (Hrsg.), Der moderne Agnostizismus, Düsseldorf 1979, 223, wo er die »Abwehr bestimmter Fehlhaltungen wie Fanatismus, Intoleranz... « für den Nicht-Agnostiker zwar als schwerer, doch nicht ausdrücklich für unmöglich erklärt.

eine zusätzliche Qualität, die sie nicht in den Anspruch absoluter objektiver Wahrheit entläßt.«[279] Aber meldet sich hier nicht die Aporie, daß ich eben, *ob* ich glaube, niemals schlicht als wahr behaupten kann (Mk 9, 24), während ich im Credo tatsächlich beanspruche, »zu sagen, was ist« (ebd.), »absolut, objektiv«?

Mit Werner Kraft erwidert, dem nach Jerusalem emigrierten Bibliothekar und meisterlichen Leser: »Wenn Menschen behaupten, sie wüßten nicht, was die Wahrheit sei, darf man sie höflich darauf hinweisen daß sie wissen was die Lüge ist. Die Lüge setzt die Wahrheit voraus.«[280] In der Tat Gibt es keine Wahrheit, dann ist auch die Rede von Wahrhaftigkeit sinnlos. Denn dann ist auch der Satz nicht wahr, es sei geboten, wahrhaftig zu sein. Wenn aber Nutzen und Schaden, sei es bibliothekarisch als Ordnung und Aufgeräumtsein, sei's therapeutisch als »gesund zu überleben« (Lay ebd.), wenn solche Zwecke zum *Prinzip* gemacht würden, dann wäre nicht bloß der Geist, sondern auch die Menschlichkeit ausgetrieben. Und kein Appell an Gefühle oder good-will brächte sie zurück.

Menschlichkeit hängt, bei allem Wissen um die Begrenztheit jeder Sicht, an der Akzeptanz einer unbedingten Verpflichtung auf das Wahre und das Gute. Und so diskutabel deren konkrete Füllung dann sein mag, diese »option fondamentale« ist ihrerseits mitnichten bloß »formal« und »leer«. Verpflichtung auf Menschenwürde ist zwar kein hinreichendes, aber ein notwendiges Prinzip menschlichen Miteinanders, [281] auch jener Kommunikation, die sich in Büchern ausspricht.

---

[279] R. Lay im Interview: Um christlich bleiben zu können...: Börsenblatt... Nr. 73 vom 1. 9. 1982, 1950-1954, 1953.

[280] Zeit aus den Fugen, Frankfurt/M. 1968, 223. – Von seinen Publikationen nenne ich nur die Anthologie *Wiederfinden. Deutsche Poesie und Prosa*, Heidelberg 1962.

[281] Vgl. B. Schüller, Die Personwürde des Menschen als Beweisgrund in der normativen Ethik, in: ThPh 53 (1978) 538-555 (auch in: Die Begründung sittlicher Urteile, Düsseldorf ²1980). Mögen Theorien wie die ptolemäische oder die kopernikanische »nicht wahr, sondern austauschbar» und »prinzipiell überholbar sein« (Lay, Anm. 279 ebd.), so nicht die Sicht des Menschen als zu respektierende Person. Vgl. Schüller, Der menschliche Mensch, Düsseldorf 1982, 54-88: Dezisionismus, Moralität, Glaube an Gott.

Und diese Würde wahrt nur ein Gespräch, in dem es den Teilnehmern darum geht, »der Wahrheit die Ehre zu geben«,[282] geschehe dies auf die Weise der Dichter,[283] in der auf Richtigkeit eingeschränkten Perspektive der science oder im Wahrheitsdienst von Philosophie und Theologie.

2. *Der Mensch als Buch.* Kommunikation sagt wechselseitiges Erkennen: intelligere = »intus legere«: drinnen lesen und vom anderen sich lesen lassen.[284] Die Rede von der Welt als Buch und ihrer Lesbarkeit[285] hat ihre Spitze im »Mikrokosmos«, dem Menschen als Buch.

Da ist der eine ein »aufgeschlagenes Buch«, der andere ein »versiegeltes«, vielleicht »ein Buch mit sieben Siegeln«. »Sie hatten ein 8vo Bändchen nach Göttingen geschickt und an Leib

---

[282] J. Splett, Der Mensch ist Person. Zur christlichen Rechtfertigung des Menschseins, Frankfurt/M. 1978, Kap. 1-3; Zur Antwort berufen (Anm. 250), Kap. 1. – Statt vor der Gefahr einer Wahrheits-Diktatur wäre darum in unserer Gesellschaft wohl noch eher vor der eines Wahrheits-Verbotes zu warnen; um so mehr, als dieses sich gerade nicht »elitär«-obrigkeitlich, sondern egalitär-»demokratisch« darstellt. Darauf hat – vgl. Anm. 241 – Neil Postman zur Eröffnung der Frankfurter Buchmesse 1984 hingewiesen: »Orwell fürchtete diejenigen, die Bücher verbieten. Huxley befürchtete, daß es eines Tages gar keinen Grund mehr geben könnte, Bücher zu verbieten, weil kein Mensch mehr da ist, der Bücher lesen will. Orwell füchtete jene, die uns Informationen vorenthalten. Huxley fürchtete jene, die uns mit Informationen so sehr überhäufen, daß wir uns vor ihnen nur in Passivität und Selbstbespiegelung retten können. Orwell befürchtete, daß die Wahrheit vor uns verheimlicht werden könnte. Huxley befürchtete, daß die Wahrheit in einem Meer von Belanglosigkeiten untergehen werde...« Wir amüsieren uns zu Tode, Frankfurt/M. 1985, 7f.

[283] Siehe oben Kap. 3.

[284] Thomas von A., STh. II-II q 8 a 1: »dicitur enim intelligere quasi intus legere.«

[285] Nach Galilei gar in der Sprache der Mathematik geschrieben, »deren Buchstaben Dreiecke Kreise und andere geometrische Figuren« sind. Saggiatore (1623), Opere (Favaro), Florenz (Neudr.) 1926, VI 232 (hier nach G. Galilei, Siderus Nuncius [H. Blumenberg], Frankfurt/M. 1956, 51). Das scheint mir – folgenschwer – gerade den Unterschied zwischen Buch und Natur (bzw *Zeichen* und *Symbol*) zu verstellen. Von ihm – d. h. von der Erstaunlichkeit der Buch-Metapher – geht Hans Blumenberg, Die Lesbarkeit der Welt, Frankfurt/M. 1981, aus (17 – freilich ohne metaphysische Vertiefung dieser Frage). Er bietet auf 409 Seiten eine Fülle von Belegen unter vielfachem Aspekt, von Himmelsbuch und Weltchronik bis zur Weltformel und dem genetischen Code.

und Seele einen Quartanten wieder bekommen«, notiert Lichtenberg einmal.[286] Und bekannt ist Benjamin Franklins Entwurf seiner Grabinschrift:»Benjamin Franklin / Drucker / dessen Körper / wie der Einband eines abgenutzten Buches / losgelöst von Inhalt / Titel und Vergoldungen / hier ruht / als Beute der Würmer / Das Werk selbst aber ist nicht verloren / Denn es wird – so glaubte er fest – / in einer neuen / und prächtigeren Ausgabe erscheinen / durchgesehen und verbessert vom Autor.«[287]

Bedeutsam an dieser Art Buch ist sozusagen das team-work seiner Verfasser. Denn der Große Autor schreibt es so, daß es sich selbst schreibt; und sich selber schreibt es so, daß andere es mitverfassen: nach den Eltern die Lehrer, Freunde und Kollegen, überhaupt Zeit und »Gesellschaft«, der Partner, gegebenenfalls die eigenen Kinder und Schüler... Selten kennt man ja den Kontext des geflügelten Worts »Habent sua fata...« Terentianus Maurus schreibt im Nachwort zu seinem »De syllabis« (1286):» *Pro captu lectoris* habent sua fata libelli – Je nachdem, wie der Leser sie aufnimmt...«[288]

»Wunderlichstes Buch der Bücher!«[289] – Insbesondere fällt von Franklins Entwurf neues Licht auf die chinesische Mär von der Paradies-Bücherei (Anm. 258). Ich meine den Scherz nicht unernst. Wie nämlich denkt man den Tod recht als *Endgültigkeit*? Will sagen, einerseits als *Ende*, Einbruch der Nacht, in der niemand mehr wirkt (Joh 9, 4), ohne Nachhol- oder Wiederholungsmöglichkeiten, andererseits als End*gültig*-*keit*: ewige Erfüllung? Dazu der Vorschlag: Das Buch, das wir

---

[286] Anm. 231: I 501. Allerdings: »Offt liset ein Stultus Quadratus etlich Jahr in Büchern und bleibt doch ein Stupor in Folio.« Abraham a Sancta Clara, Hundert Ausbündige Narren (1709), Dortmund 1978, 58.

[287] Auch Bücherwahn (Anm. 263) 129. Hier nach I. Ráth-Vegh (ebd.) 205. Dort 206 der Hinweis auf Vorgänger. Auch John Foster in Boston erwartet seit 1661 eine neue Ausgabe seiner: »schöner und ohne jeden Druckfehler / Gott, der große Autor schafft das alles, / indem er nur das eine sagt: Imprimatur.«

[288] K. Bartels/L. Huber, Veni Vidi Vici. Geflügelte Worte aus dem Griechischen und Lateinischen, Zürich ²1967, 43; Büchmann (dtv) 574.

[289] Man ist versucht, das ganze Divan-Gedicht *Lesebuch* (Artemis-Ausgabe dtv, Zürich-München 1977, III 309) von der Liebe nicht bloß auf das Leben, das die Liebe ist (356), sondern auf uns selbst zu übertragen.

sind, ist voll und fertig – einschließlich jener Durchsicht und Verbesserung, welche früher Fegfeuer hieß und heute als Moment am Gesamtgeschehen von Sterben und Tod gedacht wird.[290] Doch nun wird das Werk angenommen, aufgeschlagen, gelesen und ist – so dürfen wir hoffen – die Freude des göttlichen Lesers. (Denn Gültigkeit gibt es nur als Gültigkeit für...; das ist der anthropologische Ernst in dem nicht ganz glücklichen Bildwort vom himmlischen Lohn.[291])

Menschen

Doch kehren wir von solch eschatologischen Perspektiven in die Gegenwart zurück; aus der Ewigkeit in die Zeit, die begrenzt ist und so auch mich zum Schluß mahnt. (Wer »redet wie ein Buch«, tut's ja gerade nicht; denn dieses schweigt geöffnet und läßt sich jederzeit umstandslos schließen).

Unter den Buch-Objekten von Jochen Gerz gibt es ein weiches schwarzes in Plastikhülle, welches als Beschriftung seine eigene Beschreibung trägt. Der Text des Etiketts (in narrativem Imperfekt): »Das Buch war weich und flexibel. Die Seiten traten durch die lichtundurchlässige schwarze Hülle beim Berühren hervor, auf der stand: diese Seiten wurden im Dunkeln auf unbelichtetes Fotopapier geschrieben. Ans Licht gebracht würden sie vergilben und ihre Beschriftung unleserlich. Im Dunkeln können sie die Schrift auch in Zukunft bewahren.«[292]

Das macht in konzentrierter Paradoxie einen anthropologischen Grund-Verhalt sichtbar: daß Leben, auch und gerade Mit- und Füreinanderleben, Sterben bedeutet und man dem Tod nur um den Preis des Lebensverzichtes entkäme. Das

---

[290] Konturen der Freiheit (Anm. 250) 139-153, bes. 152; G. Greshake/G. Lohfink, Naherwartung Auferstehung Unsterblichkeit, Freiburg ⁴1982.

[291] Siehe dazu den Schlußabschnitt des letzten Kapitels. (Zur theologiegeschichtlichen Information: D.H. Pesch, Frei sein aus Gnade. Theologische Anthropologie, Freiburg i. Br. 1983, 389-403 [Die Lehre vom ›Verdienst‹].) Zum Leser-Gott vgl. Cusanus, De vis. Dei VIII. Mehr auditiv als visuell (und zudem bibliophil) ausgerichtete Zeitgenossen sehen sich vielleicht lieber als Schallplatte, den Tod als Aufnahme-Schluß und den Himmel als Festkonzert (so J. Kuhlmann, Gott Du unser Ich. Ein Gespräch über Christentum und Atheismus, Düsseldorf 1977, 23f). Zu *denken* ist so oder so End-Gültigkeit.

[292] Abgebildet in: Akzente 26 (1979) 668.

überlieferte Bild dafür ist die brennende Kerze oder das zum
Mahl gebrochene Brot. – Isoliert man das Objekt, dann ließe
sich darin nur ein Denkmal der Absurdität erblicken. Doch wir
haben gehört, daß Bücher von Menschen für Menschen geschrieben sind, so wie das Bücherhaus unserer Bibliothek ein
Haus für Menschen sein will.

Nehme ich so zu dem schwarzen Objekt den *Leser* hinzu,
dann ist mit Vergilben und Unleserlichkeit nicht alles gesagt.
Denn die Worte finden jetzt aus dem Buch in ihr Ziel: daß *er* sie
aufnimmt. Und geschieht dies ernstlich: läßt der Leser sich im
Vollsinn »in-formieren«, dann weiß er die Botschaft nunmehr
»inwendig«, »par coeur«. Ist aber nicht dies die wahre End-
gültigkeit eines Werks? Ist nicht der rechte Leser stets der
einzige eines Buchs, so viele es aufschlagen mögen?[293]

Die großen Bücher sind jene, deren Text viele solcher Einzelnen zu betreffen vermag. Als Christen glauben wir das in
unvergleichlichem Maße vom »Buch der Bücher«, der Bibel.
Aber selbst hier nicht vom Buch als solchem, sondern von dem
Gott-Menschen, den wir »hier suchen«.[294] – Dessen Anruf jedoch isoliert die Einzelnen nicht, sondern bindet sie in der
Kraft des Geistes zur Einheit. Und die nochmals ist so wenig
ihr eigener Zweck, wie dies ein Buch oder auch eine Bibliothek
ist. Um den Menschen geht es – gemäß der Devise des Ordens
– »zur Ehre Gottes des Vaters« (Phil 2, 11).

---

[293] Für jedes Buch wären darum – im Geiste Kierkegaards – zwei berühmte Widmungen in eins zu fügen: Für Alle und Keinen (Zarathus-
tra) – Wem sonst als Dir (Hyperion).

[294] Augustinus, In Ps. 98, 1.

III. BILANZ

8. DAS SCHÖNE DENKEN?
DIE BETROFFENHEIT DER PHILOSOPHIE

Pulchra enim dicuntur, quae visa placent« – Schön heißt, was im Anschauen gefällt, schreibt Thomas von Aquin.[295] Das Schöne will offenkundig erschaut werden, nicht bedacht. Walther Ch. Zimmerli hat auf einem Kolloquium über Kunst und Philosophie[296] erklärt: »Zwar ist natürlich eine philosophische Beschäftigung mit Kunst in verschiedener Weise möglich, etwa als Reflexion der gesellschaftlichen Funktion, der psychischen Auswirkungen oder des politischen Wertes von Kunst.[297] In diesen Fällen jedoch ist sie eigentlich nie Philosophie der Kunst, sondern Sozialphilosophie, rationale Psychologie, politische Theorie o. ä. im Hinblick auf Kunst. Reflektiert sie aber substantialistisch Kunst selbst, sei diese nun noch oder nicht mehr ›schön‹, hat sie die paradoxe Aufgabe, solches, was in nicht-kontingenter Weise unbegreiflich ist, begrifflich auszudrücken, anders: Unsagbares zu sagen, und zwar Unsagbares, das durch Metaphern, Symbole und sonstige mehrstufige Zeichen bereits ›gesagt‹, d. h. durch Vermittlung sinnlicher Reize evoziert worden ist.«

Nun scheint Zimmerli zwar eine wichtige Unterscheidung zu vernachlässigen. Eines ist nämlich, »das als Kunst ›Gesagte‹ anders zu sagen« (128), ein anderes, die Kunst zu sagen. Und wenn Kunstphilosophie darin »immer scheitern muß«, weil sie »etwas begrifflich zu erfassen« sucht, das »begrifflich nicht erschöpfend erfaßt werden kann« (129), dann ist diese »absurde« Situation die der Philosophie, ja des begrifflichen Denkens und

---

[295] S.th. I 5,4 ad 1. Um es im übrigen sogleich vertiefend zu ergänzen (im Sinn von Rilkes Erfahrung vor dem archaischen Torso Apollos: »Kunst vorerst / ist nicht zum Ansehen / denn Kunst sieht uns an!« J. Albers, zitiert bei G. Boehm, Überlegungen zur gegenwärtigen Ästhetik im Anschluß an Josef Albers, in: NHP 5 (1973) 118-138, 126.

[296] W. Oelmuller (Hrsg.), Kolloquium Kunst und Philosophie. 1 Ästhetische Erfahrung, Paderborn u .a. 1981 (UTB 1105), 127f.

[297] So beispielsweise die marxistische Kunsttheorie, dort vertreten durch Ch. u. P. Bürger.

Sprechens überhaupt, ob es um das Schöne, den Menschen, das Leben, das Heilige oder um die Wirklichkeit als solche, das »Sein« geht. Im Denken sind Sein und Denken stets nur so »dasselbe«, daß eben darin ihr Unterschied gedacht wird.[298]

Das war ja ein Grundthema der Lebensphilosophie. In religionsphilosophischem Kontext hat Klaus Hemmerle es auf die Formel gebracht: »Das Insichsein des Denkens ist das Insichsein seines Übersichhinausseins« – »Denken ist seine sich selbst helle Unangemessenheit ans Heilige.«[299]

Gleichwohl scheint die Situation bezüglich des Schönen und der Kunst besonders auffällig zu sein. Ihr sei in einem ersten Gang (in Anlehnung an einen Aufsatz Dieter Jähnigs[300]) nachgedacht: das Schöne stellt das Denken in Frage. Ebenso aber hat auch das Denken sich gegen das Schöne gewandt, und zwar durchaus nicht nur aus Selbstbewahrung, vielmehr eben um der Wahrheit und des Guten willen, mit denen das Schöne ansonsten in einem Atem genannt wird. Dies geschah innerhalb der christlichen Tradition im Namen Gottes, in der Moderne umgekehrt aus Sorge um den Menschen. Damit sind die nächsten beiden Teilstücke unseres Denkwegs bestimmt.

Gegenüber solch anti-ästhetischer Ethik, ob kämpferisch oder resignierend, hat insbesondere Theodor W. Adorno auf dem Zusammengehören von Schönheit und Denken bestanden: bleibende Denkaufgabe war ihm das Rätsel des Heilsversprechens im Kunstwerk. – Moderner Kritik ist das zu traditionsverhaftet (man darf wohl sagen: noch zu theologisch). Sie plädiert mit Nietzsche dafür, im Schönen eine Sphinx ohne Rätsel zu sehen: Tiefe nur aus Oberfläche, autonomen Schein.

---

[298] Vgl. M. Heidegger, Vorträge und Aufsätze, Pfullingen 1954, 231-256 (Moira); ders., Identität und Differenz, Pfullingen 1957.

[299] B. Casper/K. Hemmerle/P. Hünermann, Besinnung auf das Heilige, Freiburg 1966, 16, 19. Für eine Verbindung lebens- und religionsphilosophischen Interesses siehe P.-O. Ullrich, Immanente Transzendenz. Georg Simmels Entwurf einer nach-christlichen Religionsphilosophie, Frankfurt/M.-Bern 1981. Bezeichnenderweise artikuliert sich diese Verschmelzung ästhetisch: in Simmels familiären »Farbenorgien« (213) wie etwa im »Paradigma ›Rembrandt‹« (174-180).

[300] Philosophie und Kunst, in: H. Lützeler (Hrsg.), Kulturwissenschaften (FS W. Perpeet), Bonn 1980, 229-244.

Doch der Anruf des Schönen fordert, ernst genommen zu werden. Er verbietet das Ausweichen vor der Frage, ob seine Verheißung wahr sei. So die Zielthese unserer Reflexion, die hiermit vom Bericht zur Begründung, zur eigenen Stellungnahme gelangt. Beantwortbar freilich ist diese unumgängliche Frage nicht mehr allein aus der ästhetischen Erfahrung, sondern erst aus deren religiösem Verständnis. – Ihm aber öffnet sich schließlich im »Versprechen des Schönen« der Genetivus subiectivus auf den obiectivus hin. Glaubendes Denken erfaßt in den Splittern hiesiger Schönheit das Licht einer *Herrlichkeit*, deren »Friede« (Phil 4, 7) »über alle Vernunft« ist.

Das Schöne gegen das Denken

1. Ästhetik ist ein Spezialgebiet der Philosophie und offensichtlich das entbehrlichste. »Von Sokrates bis zu Hegel und Husserl gibt es keines der großen, der unabdingbaren philosophischen Hauptwerke, das man nicht in seinen Fundamenten verstehen und vermitteln könnte, auch wenn man von jedem Gedanken an ästhetische Momente absieht. Bei den meisten der ›klassischen‹ Philosophen spielen ästhetische Momente überhaupt keine Rolle; bei den anderen spielen sie keine fundamentale Rolle« (Jähnig 229).

Ausnahmen: Schelling, Kant und Nietzsche. Schelling indes hat später an die Stelle der Kunst als »allgemeinen Organs der Philosophie«[301] die Religion gesetzt; Kant hat entscheidend durch seine ersten beiden Kritiken gewirkt, und die dritte (in der es eigentlich um Erkenntnistheorie geht) ist zur Hälfte Naturphilosophie; bei Nietzsche fragt man, ob er ein »echter« Philosoph sei. Als vierter Name ist freilich der Martin Heideggers zu nennen.

Wie aber, fragt Jähnig, wenn im Gegenzug die Philosophie sich vom Schönen her beurteilen lassen sollte? Das heißt also: von den Künstlern. Die indes haben entweder kein Verhältnis zu ihr – oder werden durch ein solches eo ipso selbst Philoso-

---

[301] Siehe die Überschrift des abschließenden 6. Hauptabschnitts im System des transzendentalen Idealismus von 1800: Deduktion eines allgemeinen Organs der Philosophie, oder: Hauptsätze der Philosophie der Kunst nach Grundsätzen des transzendentalen Idealismus.

phen. Ja, werden sie es nicht unweigerlich, wenn sie sich darauf einlassen, über sich und ihr Tun zu reflektieren?

Auf diesen Fort-schritt bezieht sich Hegels berühmtes Wort vom Ende der Kunst (»nach der Seite ihrer höchsten Bestimmung«): »Die Kunst lädt uns zur denkenden Betrachtung ein, und zwar nicht zu dem Zwecke, Kunst wieder hervorzurufen, sondern, was Kunst sei, wissenschaftlich zu erkennen.«[302]

In diesem Satz zeigt sich indes, daß Hegel die Kunst und das Schöne nicht bloß als Gegenstand seines Denkens, sondern als dessen – zum Vorläufer herabgesetzten – Konkurrenten ansieht. »›Die Kunst‹ – das ist ja für Hegel primär nicht ein Thema, sondern eine Alternative zur Philosophie« (Jähnig 235). – Jähnig sieht darin sogar *die* Alternative, da Religion als das andere Angebot bei den Griechen noch Kunstreligion ist, im (reformatorischen) Christentum aber schon (theologische) Wissenschaft.

Der Hegelschen Periodisierung indes läßt sich mit Kant die Sicht einer bleibenden Konkurrenz-Situation entgegenstellen. »Erkenntnis«, »Objektivität«, »Natur(gesetzlichkeit)« sind die Leitworte seiner ersten, »Wollen«, »Subjektivität«, »Freiheit« die der zweiten Kritik. In der organischen Natur nun wie im Kunstschaffen wird diese Unterscheidung fraglich. In der lebendigen Natur begegnen Selbstproduktion und zweckhaftes Handeln, in der Kunst unbewußtes Produzieren.

Das heißt: Leben wie Schönheit setzen dem begrifflichen Begreifen Grenzen und werden so zum Anstoß für das neuzeitliche Denken überhaupt. Neuzeitliche Rationalisierung bedeutet ja – gemäß Max Weber – nicht, daß die Menschen mehr von ihren Lebensbedingungen wüßten als früher; sie meint aber »das Wissen davon oder den Glauben daran: daß man, wenn man nur wollte, es jederzeit erfahren könnte, daß es also prinzipiell keine geheimnisvollen unberechenbaren Mächte gebe, die da hineinspielen, daß man vielmehr alle Dinge – im Prinzip – durch Berechnen beherrschen könne«.[303]

---

[302] SW (Glockner) 12, 32.

[303] Wissenschaft als Beruf (1919), in: M. Weber, Ges. Aufsätze z. Wissenschaftslehre, Tübingen 1968, 582-613, 594.

Kant nun ist davon überzeugt, daß es keinen »Newton des Grashalms« geben könne;[304] und ebenso kommt er bezüglich des Schönen auf Newton zu sprechen. Der könne alle seine Denkschritte »nicht allein sich selbst, sondern jedem andern, ganz anschaulich und zur Nachfolge bestimmt vormachen«, während »kein Homer aber oder Wieland anzeigen kann, wie sich seine phantasiereichen und doch zugleich gedankenvollen Ideen in seinem Kopfe hervor und zusammen finden, darum weil er es selbst nicht weiß, und es also auch keinen lehren kann« (§ 47; 408).

Wir wollen nicht erörtern, wie weit wir inzwischen doch das Leben wissenschaftlich zu entschlüsseln vermögen und welche metaphysischen Fragen durch wissenschaftstheoretische Spieltheorien unerledigt bleiben. Zu diesen Problemen der Naturphilosophie sei hier nur bemerkt, daß jedenfalls »Zufall« nicht etwa eine Antwort, sondern ein Wort für deren Fehlen bedeutet.[305] – Eingängiger als beim Leben zeigt sich die Grenze wissenschaftlichen Zugriffs angesichts der Kunst.

Jähnig zitiert abschließend Nietzsches Rückblick auf sein Frühwerk, die *Geburt der Tragödie*...: »Was ich damals zu fassen bekam... heute würde ich sagen, daß es das Problem der Wissenschaft selbst war – Wissenschaft zum ersten Mal als problematisch, als fragwürdig gefaßt.«[306]

Philosophie hätte dann Kunst nicht zu befragen, geschweige denn sie abzulösen, sondern stünde in bleibender Auseinandersetzung mit ihr. Das Schöne denken hieße dann: statt es

---

[304] KdU § 75, WW in 6 Bdn (Weischedel), Darmstadt 1966, V 516: »Es ist nämlich ganz gewiß daß wir die organisierten Wesen und deren innere Möglichkeit nach bloß mechanischen Prinzipien der Natur nicht einmal zureichend kennen lernen, viel weniger uns erklären können, und zwar so gewiß, daß man dreist sagen kann, es ist für Menschen ungereimt, auch nur einen solchen Anschlag zu fassen, oder zu hoffen, daß noch etwa dereinst ein Newton aufstehen könne, der auch nur die Erzeugung eines Grashalms nach Naturgesetzen, die keine Absicht geordnet hat, begreiflich machen werden. «

[305] Vgl. W. Kern, Zufall und Gesetz: zur Philosophie ihres gegenseitigen Rückverweises, in: Gesetzmäßigkeit und Zufall in der Natur, Würzburg 1968, 121-158; ders., Art. Notwendigkeit, im HPG; R. Spaemann/R. Löw, Die Frage Wozu? Geschichte und Wiederentdeckung des teleologischen Denkens, München Zürich 1981.

[306] SW (KStA Colli/Montinari) 1, 13.

160

begreifen, sich von ihm ergreifen zu lassen, um betroffen seinem unvordenklichen Aufblitz nach-zudenken.

2. Was aber gibt es hier (was gibt das Werk) zu denken? Man sagt: die Wahrheit. Darum aber geht der Streit. »Platos Einwand gegen die Kunst: die Kunst ist nicht wahr. Hegels Einwand: sie ist nicht wahr genug. Nietzsche erklärt... ›daß die Kunst mehr wert ist als die Wahrheit‹.«[307]

Ihm folgt Gottfried Benn, für den der Stil der Wahrheit überlegen ist und der gegen Guardini wie Heidegger statuiert, in der Kunst gehe es nicht um Wahrheit, sondern um Expression.[308]

Die radikalste Gegenposition vertritt vielleicht Paul Valéry, und er sozusagen gerade im Namen Newtons (bei ihm: Leonardos). Im Dialog *Eupalinos* entwickelt Sokrates in der Unterwelt seinem Schüler Phaidros die Idee eines Anti-Sokrates, der sich statt als Wahrheits-Sucher als Baumeister (constructeur) versteht.[309] Valéry selbst (in *Léonard et les Philosophes*): Die Philosophen, insbesondere die Vertreter der Kunstphilosophie, sind Schöpfer und Erfinder, ohne es zu wissen (I 1246). Statt daß also sie den Künstler ablösen, tritt das Gegenteil ein: Redliche Philosophie hätte sich als eine Art abstrakter Poesie zu verstehen; einzig eine ästhetische Interpretation könnte ihre Systeme retten (I 1247-1250).

Und Valéry exerziert eben das vor: er verwendet »die philosophischen Sätze und Paradigmen, bei gleichsam konserviertem Sinn, als Material, und es hängt von der ästhetischen Ergiebigkeit ihrer sprachlichen Form oder von der ihrem Inhalt eigenen anschaulichen Figur ab, ob sie verwendet werden«, wie etwa Argumente Zenons in dem Gedicht *Cimetière Marin*.[310]

---

[307] Jähnig 243 (Nietzsche: WzM 853 IV: SW 13, 522 [17(3)]).

[308] Ges. Werke in 2 Bdn (Wellershoff), Wiesbaden 1968, II 2025 (Doppelleben); I 1142 (Altern als Problem für Künstler).

[309] Œuvres (Pléiade) II 142ff.

[310] G. Buck, Über einige Schwierigkeiten beim Versuch, den Cimetière marin zu interpretieren, in: M. Fuhrmann, H. R. Jauß, W. Pannenberg (Hrsg.), Text und Applikation. Theologie, Jurisprudenz und Literaturwissenschaft im hermeneutischen Gespräch (Poetik und Hermeneutik IX), München 1981, 273-310, 310. Vgl. K. Löwith, Paul Valéry. Grundzüge seines philosophischen Denkens, Göttingen 1971, 34f.

Das ist in der Tat »epistemologisch eine reine Skepsis« (Buck 285), orientiert an einem mathematischen Verständnis von Genauigkeit und Konsequenz (I 1249), das der Philosophie Wahrheit schon darum bestreitet, weil ihre großen Worte Interpretation erfordern (I 1256f).[311]

Demgegenüber hat Albert der Große, der Lehrer des Aquinaten, das Schöne als »splendor formae« bestimmt.[312] Schönheit ist hier Aufglanz der *Wesensgestalt* dessen, was »der Fall ist«: seiner nach seinem Wesen, also: in seiner Wahrheit. – Doch ehe wir dem nachgehen können, müssen wir uns mit der heutigen Absage an die Schönheit im Namen eben der Wahrheit auseinandersetzen. »Unter Betonung der Heraus arbeitung der Sichtbarkeit der Dinge als de[s] originären Ziel[s][313] der bildenden Kunst wird die prinzipielle Bindung

---

[311] Aus einem ähnlichen Wahrheitsverständnis heraus bestreitet übrigens Käthe Hamburger die Rede von ästhetischer Wahrheit; »denn der Begriff der Wahrheit widerspricht dem der Interpretation, der Auslegung, der Deutung«. Wahrheit und ästhetische Wahrheit, Stuttgart 1979, 137. Das gälte tatsächlich, wenn Wahrheit eindimensional im Sinn bloßer Faktizität (137) durch den »Bedeutungsgehalt.. konstituiert« würde: »identisch zu sein mit dem, was der Fall ist« (138). Siehe demgegenüber z. B. P. Ricœur, Gott nennen, in: B. Casper (Hrsg.), Gott nennen. Phänomenologische Zugänge, Freiburg/München 1981, 45-79, 56 (über das poetische »Offenbaren«): »Offenbarung in diesem Sinne bezeichnet das Hervortreten eines anderen Begriffs von Wahrheit als des Begriffs der durch die Kriterien von Verifikation und Falsifikation geregelten Adäquations-Wahrheit eines Begriffs von Manifestations-Wahrheit im Sinne des Sein-Lassens dessen, was sich zeigt. Was sich zeigt, das ist jedesmal das Angebot einer Welt; einer Welt, die so beschaffen ist, daß ich meine eigensten Möglichkeiten in sie hinein entwerfen kann.«

[312] De pulchro er bono, überliefert unter den Opuscula des Aquinaten, weil in seiner Abschrift enthalten. – Zur transzendentalen Qualität des pulchrum bei diesem siehe: G. Pöltner, Schönheit. Eine Untersuchung zum Ursprung des Denkens bei Thomas von Aquin, Wien-Freiburg 1978. Sie mündet in die Bestimmung der Schönheit als Eröffnung des Da-seins Gottes. Jüngst (indes Ergebnis jahrzehntelanger Beschäftigung und »Summe« zahlreicher Wortmeldungen): J. B. Lotz, Ästhetik aus der ontologischen Differenz. Das An-wesen des Unsichtbaren im Sichtbaren, München 1984.

[313] Im Original hier der Dativ, dessen (wodurch motiviertem?) zunehmendem Fehlgebrauch nach ›als‹ offenbar nur ein neuer Karl Kraus steuern könnte.

der Kunst an das Schöne als prôton pseûdos, als Grundirrtum zurückgewiesen.[314]

Ist das Schöne nicht »zu schön, um wahr zu sein«? Ist die »nackte Wahrheit« nicht häßlich?[315] Dieser Verdacht wird aus zwei Richtungen angemeldet, einmal theistisch-christlich, sodann antichristlich-materialistisch.

Das Denken gegen das Schöne: im Namen Gottes

Wir übergehen jene Infragestellung des Schönen, die aus banausischer Blindheit hervorgeht, also durch ein Denken, das sich auf Zweckmäßigkeiten borniert.

1. Christologisch wäre hier die Wirkungsgeschichte von 1 Kor 1,18 - 2,4 über die Torheit des Kreuzes und die Erwählung des Unedlen zu schildern, in Aufnahme von Jes 53,2 über die Unansehnlichkeit des Gottesknechtes.[316] – Doch gibt es auch eine neuplatonisch-theistische Argumentationsweise. Sie fällt eher in die Kompetenz unserer philosophischen Reflexion. Hans Sedlmayr (siehe oben, Kap. 3) hat sie als »dialektische Bildtheorie« vorgestellt.[317]

»Wenn Gott durch schöne Formen gelobt wird, so wird er durch die Gestalt dieser Welt gelobt. Wenn er jedoch durch unähnliche und fremde Gestaltungen gelobt wird, so wird er

---

[314] U. Franke zu Konrad Fiedler, im Artikel Kunst/Kunstwerk, im HwbPh IV 1401.

[315] So L. Kolakowski in seiner Erkenntnistheorie des Striptease: Traktat über die Sterblichkeit der Vernunft, München 1967, 36f; vgl. ähnlich bei Valéry: Löwith a. a. O., 40f u. 54f. Demgegenüber Garance in der Eingangs-Szene von Carné/Prévert's Film *Les Enfants du Paradis*. (Dazu L. Oeing-Hanhoff, In Bildern die Wahrheit über die Liebe, in: StdZt 195 [1977] 470-478.) Und der Schöpfer des Wortes selbst: Horaz, Carm I 24.

[316] Vgl. J. Taubes, Die Rechtfertigung des Häßlichen in urchristlicher Tradition, in: H. R. Jauß (Hrsg.), Die nicht mehr schönen Künste. Grenzphänomene des Ästhetischen (Poetik und Hermeneutik III), München 1968, 169-185. Dazu der Beitrag des Hrsg. über klassische und christliche Rechtfertigung des Häßlichen (143-168) und die Gruppen-Diskussion über christliche Ästhetik (583-609).

[317] Das Problem der Wahrheit (Bild und Wahrheit), in: ders., Kunst und Wahrheit. Zur Theorie und Methode der Kunstgeschichte, Hamburg 1958, 128-139, 130ff.

überweltlich gelobt...« (Hugo v. St. Victor).[318] Dazu Edgar de
Bruyne: »Man findet und lobt Gott mehr im Häßlichen als im
Schönen: Die Empfindung des Schönen ist irdisch, die des
Häßlichen erweckt ein überirdisches Heimweh... Das Häßliche
ist schöner als das Schöne selbst.«[319]

Sedlmayr protestiert energisch gegen diese These. Aber hat
sie nicht gute Gründe für sich? Kunst, die die *Idee* der Welt
zeigen will (so wird sie in dieser Sicht ja verstanden), sieht sich
vor den *Logos* gestellt. Und insofern damit der Mensch zu
einem Zentral-Thema wird, wird es innerhalb dessen als
besonderer Anspruch der Gottmensch.

Was aber zeigt der Blick in die Geschichte abendländischer
Christuskunst?[320] – Das erste Jahrtausend gibt eine Fülle von
Antworten; von der Humanität des Hellenismus, dem fast
mürrischen Ernste im Osten bis zum Schaffen der jungen
nordischen Völker. Wollte man den Weg der mittelalterlichen
Kunst im graphischen Zeichen darstellen, hätte man wohl
zwei Linien gleichzeitig zu ziehen: zwei Diagonalen.

Die erste, aufsteigende, meint die wachsende Entfaltung
aller Möglichkeiten; Weltentdeckung, Aufstieg aus der rätsel-
vollen Schrift des Zeichens in die Offenheit des Schönen; sie
bezeichnet den Gewinn an Wirklichkeit; mit einem Wort: das
Bildwerden der Kunst.

Die zweite Linie indessen fällt und zeigt darin den
Schwund der Einheit, die Verbergung des Urgrundes, den Ab-
stieg aus der Schau des Mysteriums in die Vertrautheit des
Gewohnten und Beherrschten, den Verlust an »Durch-
sichtigkeit«; mit einem Wort: das Bildsterben der Kunst. – Je
hüllenloser ein Bild die Idee zu zeigen versucht, desto dichter
webt es den Schleier, der es *ist*.

---

[318] Im Kommentar zur Hierarchia caelestis des Pseudo-Dionysius,
MPL 175, 978.

[319] Sedlmayr 131 (Études d'Esthétique médiévale II 1946, 215f).

[320] Das folgende nach: J. Splett, Wagnis der Freude. Meditationen zu
Worten der Schrift und Zeichen der Kunst, Frankfurt/M ³1984, 64f,
gestützt auf einen Lichtbildvortrag: Jesus Christus. Das Zeugnis der
abendländischen Kunst. 1. Teil: Bis zum Ausgang des Mittelalters; 2.
Teil: Von der Renaissance bis zur Gegenwart, v. H. Lützeler.
(Msk.-Druck) Erkenschwick 1939.

164

Im Schnittpunkt der Diagonalen der Umschlag; heißt er Chartres? – Wäre nicht von hier aus das XP der Katakomben der gesuchte Friede? Der Verzicht auf das Schöne aus Liebe zur Wahrheit? Der Reichtum der Bilder und Statuen, der Hymnen, Oratorien und der durchkomponierten Fassaden schwindet vor diesem Symbol und seinem gesammelten Schweigen – wie die Pracht auch der festlichsten Liturgie vor der weißen Scheibe des eucharistischen Brots.

Man kann den Weg verfolgen: Gott (im Baseler Antependium) – Gott-Mensch (Amiens) – Mensch (Fra Angelico). Dann wird aus dem Jenseitsmenschen der erhabene dieser Welt (Giotto), aus dem erhabenen der große Sinnenmensch (Tizian). An Gottes Stelle tritt das Göttliche, an die Stelle des Herrn das »Sakrale«. Das aber ist aus sich selber unbestimmt. Eher dem Dunklen öffnet sich die sich selbst überlassene Schönheit (Raffaels Christusbild in Brescia), gibt schließlich jede Offenheit auf – ob für das Heilige oder Dämonische – und endet in Sentimentalität (Guido Reni) oder in der Alltagsrealität (Jesu Leichnam von Holbein, Jesus bei Martha von Velázquez).

Die »Maler des Ewigen« (Walter Nigg), Michelangelo, Grünewald, El Greco, Rembrandt, sind wie ein letztes Aufflammen, ehe die Kunst sich endgültig der Welt zuwendet, das Herrenbild dem Kitsch überläßt, es sei denn, sie greift es für Genreszenen oder als Muster anomaler Seelenzustände auf.

2. Natürlich muß man die Dinge nicht so sehen. Auch und gerade im Blick auf die Gegenwart nicht.[321] Doch wird nicht von hier aus ein Bilderverbot verständlich? Und nicht nur der Bilder; denn sie haben wir stellvertretend für Schönheit und Kunst überhaupt herausgegriffen. – So aber stehen wir schon bei der christlichen Rede vom Satan als Engel des Lichts und

[321] Ihr gilt Niggs zweiter Band des Doppelwerks *Maler des Ewigen*, Zürich/Stuttgart I², II 1961. Des weiteren sei es mit vier Titeln genug: H. Schade, Gestaltloses Christentum? Perspektiven zum Thema Kirche und Kunst, Aschaffenburg 1971; W. Schmied (Hrsg.), Zeichen des Glaubens – Geist der Avantgarde. Religiöse Tendenzen in der Kunst des 20. Jahrhunderts, Stuttgart 1980; H. Schwebel, Das Christusbild in der bildenden Kunst der Gegenwart. Textband Gießen 1980; F. J. v. d. Grinten/F. Mennekes, Menschenbild - Christusbild. Auseinandersetzung mit einem Thema der Gegenwartskunst, Stuttgart 1984.

von der Schönheit als Versuchung, gar Sünde. Ästhetischer Idealismus erscheint als Flucht aus der Wirklichkeit der Geschichte. Sind nämlich Mensch und Erde durch den Sündenfall häßlich geworden, dann muß Schönheit eine Täuschung sein: wie an den gotischen Kathedralen bei der schönen Frau Welt, in deren Leib Kröten und Schlangen hausen. – Und so denkt man nicht allein im Mittelalter. Unter Berufung auf Joseph de Maistre hat auch Charles Baudelaire aus der Erbsündenlehre die Häßlichkeit des Irdischen gefolgert.[322]

Dann aber wäre Schönheit nicht bloß Außenansicht, Vorwand, sondern Lüge. Diese mag zunächst bloß einfache Verstellung sein. Doch kann sie auch – und dem gilt Sedlmayrs Textabschnitt über das »diabolische Bild« – sich als ausdrücklicher, offenbarer Gegenentwurf präsentieren: in der Proklamation des Nächtigen und des Häßlichen *als* des Schönen.[323] Das geht über die nihilistisch ironische Leugnung des Unterschieds von Schön und Häßlich hinaus.[324] Franz von Baader nennt drei Weisen, »Poesie und Bildnerei zu würdigen und zu treiben«: die meisten tun es zu Vergnügen und Bildung; sodann wenige im »ernsten, wahrhaft religiösen Sinn, nämlich um – nicht ohne Geburtswehen – das Brautkleid der himmlischen Sophia ihrerseits auszuwirken; wieder andere endlich und gleichfalls wenige – um den schwarzen Schleier der Hekate auszuwirken. Denn nicht die bloß frivole Poesie und Bildnerei steht der religiösen direkt entgegen, sondern eine wahrhaft infernale oder dämonische.«[325]

---

322 M. H. Abrams, Coleridge, Baudelaire and modernist Poets, in: W. Iser (Hrsg.), Immanente Ästhetik. Ästhetische Reflexion. Lyrik als Paradigma der Moderne (Poetik und Hermeneutik II), München 1966, 113-143, 121f.

323 A. a. O. 136ff. Vgl. F. Kaufmann, Das Reich des Schönen. Bausteine zu einer Philosophie der Kunst, Stuttgart 1960, 362-385: »Dr. Fausti Wehklag«, 386-393: Von der weißen und der schwarzen Magie der Kunst. Th. Haecker, Vergil, Schönheit, Metaphysik des Fühlens, München 1967, 211-226: Die Schönheit des Bösen.

324 Sedlmayr 132-136. Hegel hat das an den Brüdern Schlegel bekämpft: SW 12, 99-104.

325 SW (Hoffmann 1853), Aalen 1963, IV 219 (Über eine bleibende und universelle Geistererscheinung hienieden, 1833).

Das reicht tiefer als die vielzitierte Formel Walter Benjamins von der Ästhetisierung der Politik im Faschismus. [326] Hier wird nicht das Moralische, mit unmenschlichen Konsequenzen, ästhetisch genommen, sondern ausdrücklich das widermoralisch Unmenschliche als solches.

Man mag fragen, was derlei solle und woran es sich belegen lasse. Identifizierungen sind stets eine gefährliche Sache. Immerhin war es ein André Gide, der erklärt hat: »Drei Pflöcke spannen den Webstuhl, auf dem jedes Kunstwerk entsteht: Augenlust, Fleischeslust, Hoffart des Lebens.«[327] So wird offenbar bestätigt, was Leon Bloy mit alttestamentlicher Strenge verkündet: »Die Kunst sitzt von allem Anfang an als Parasit auf der Haut der ersten Schlange. Von dieser Herkunft hat sie ihren ungeheuren Stolz und ihre verführerische Macht. Sie ist sich selbst genug wie ein Gott... sie sträubt sich, anzubeten und zu gehorchen... Sie kann sich bereitfinden, aus dem Überfluß ihres Prunkes an Tempel oder Paläste Almosen zu spenden..., aber darüber hinaus wäre es ungebührlich, ihr Augenmerk zu verlangen.«[328]

Das Denken gegen das Schöne: im Blick auf das Leid

Gerade mit dem Topos »Erbsünde« indes läßt sich das Nein zum Schönen auch aus der Gegenrichtung begründen. Liegt nämlich die Welt im argen, dann ist Schönheit verboten, weil zynisch. Hierher gehören Brechts Zeilen vom »Gespräch über Bäume« wie Adornos Wort über Gedichte nach Auschwitz.[329]

Das Schöne bestimmt sich nach Thomas durch die drei Momente Ganzheit und Vollkommenheit, gebotene Stimmig-

---

[326] Ges. Schr. (wa), Frankfurt/M. 1980, I. 2, 508 (Das Kunstwerk im Zeitalter seiner technischen Reproduzierbarkeit). – Seine eigene Gegenposition ist im übrigen kaum weniger gefährlich, wonach, »dialektisch« selbstverständlich, gilt: » Ein Werk, das die richtige Tendenz aufweist, muß notwendig jede sonstige Qualität aufweisen« II. 2, 684 (Der Autor als Produzent).

[327] Zitiert bei P. Régamey, Kirche und Kunst im XX. Jahrhundert, Graz-Wien-Köln 1954, 90.

[328] L. Bloy, Der beständige Zeuge Gottes, Salzburg 1953, 125f.

[329] B. Brecht, An die Nachgeborenen: GW in 20 Bdn, Frankfurt 1967, 9, 722f. – Th. W. Adorno, Ges Schr., Frankfurt 1973ff, 10. 1: Kulturkritik und Gesellschaft, 30.

keit oder Zusammenklang und schließlich claritas, also Helligkeit, Deutlichkeit, Aufglanz.[330] Wie aber, wenn das, was da als Ordnung aufglänzt, nur nach Wunsch und Willen (oder »Geprägtsein«) des Gestalt(seh)enden eine solche ist? Wenn es einfach lebenserhaltender Selbstbetrug des Schauenden wäre?

Etwa in dem Sinn, wie Paul Watzlawick vorführt, daß es absolut wahllose Zahlenreihen »nicht gibt und nicht geben kann«. Bzw. andersherum: »die Reihe 0123456789 ist genau so geordnet oder zufällig wie jede andere Kombination der Ziffern unseres Dezimalsystems; lediglich unsere willkürliche Entscheidung darüber, was als Ordnung (beziehungsweise als Unordnung) zu gelten habe, läßt sie als voll geordnet erscheinen – nur ist uns dies nicht notwendigerweise bewußt, und wir glauben, es mit einer Eigenschaft der objektiven Wirklichkeit zu tun zu haben.«[331]

Im Blick auf unser Thema legt es sich nahe, diese Frage am Denken eines Dichters zu erörtern. Sie bildet offenbar das Thema im Spätwerk Günter Eichs (wie im vorangegangenen Kapitel schon anklang). Peter Horst Neumann charakterisiert es mit dem Stichwort »Ordnung der Anarchie«.[332] Einen Schlüsseltext sieht er (85f, 203) in dem Gedicht (von 1962)[333] *Zum Beispiel*:

...
die Frage
nach einer Enzyklopädie
und eine Interjektion
als Antwort.

Was sich hier andeutet, die Erhebung des Alphabets zum Prinzip der Weltordnung (91), wird 1966 in einem der ersten *Maulwurf*-ähnlichen Prosatexte erreicht: »Alphabetismus als Lebensphilosophie« (94). Der Text *Hilpert* (I 294-298) beginnt, wie angeführt: »Hilperts Glaube an das Alphabet verhalf ihm

---

[330] S.th. I 39, 8.

[331] P. Watzlawick, Wie wirklich ist die Wirklichkeit? Wahn. Täuschung. Verstehen, München 1980, 69.

[332] P. H. Neumann, Die Rettung der Poesie im Unsinn. Der Anarchist Günter Eich, Stuttgart 1981, bes 90ff.

[333] G. Eich, Ges. Werke, Frankfurt 1973, I 130.

zu der Entdeckung, daß auf die Erbsünde die Erbswurst folgt...
Wir haben uns alle, Hilpert, meine Familie und ich, für das
Alphabet entschieden. Da sind die Zusammenhänge eindeutig
und nachweisbar, ohne alles Irrationale.«

Damit wird »Ordnung und Anarchie für identisch erklärt.
Die Reihenfolge der Buchstaben impliziert keine Skala der
Werte, sie ist die in den Rang einer Ordnung erhobene Belie-
bigkeit. Eine zweckvolle Ordnung: sie ermöglicht Registratur
ohne Sinn, und Sinnlosigkeit ist die Voraussetzung ihrer
Zweckmäßigkeit« (Neumann 99).

Enzyklopädische Ansammlung also, und als Antwort »Ach
und O« als »zwei Gedichte, die jeder versteht« (Eich I 364),
Gedichte, die – als Gedichte – aus Hoffnungsverlust »närrisch
geworden« sind (Neumann 134, 148). Was dahintersteht, hat
Eich in einem Interview 1971 ausgesprochen: »Heute ak-
zeptiere ich die Natur nicht mehr: wenn sie auch unabänder-
lich ist. Ich bin gegen das Einverständnis der Dinge in der
Schöpfung. Es ist immer der gleiche Gedankengang: ›das
Nichtmehreinverstandensein‹« (IV 415).[334]

Unter den »Formeln« (I 269), von Eich nicht aufgenomme-
nen, z. T. gestrichenen Worten, findet sich: »Gast bei der
Hochzeit der Gottesanbeterin.« Vor dem Hintergrund seines
früheren Bekenntnisses: »Daß es darauf ankommt, daß alles
Geschriebene sich der Theologie nähert« (IV 439), werden die
Hinweise aus dem Hörspiel *Man bittet zu läuten* sprechend, wo
Gottesanbeterin und Schlupfwespe als Argumente für sein
Nein zur Welt erscheinen (III 1365f, 1368).

Beinahe wörtlich nimmt das, sozusagen im Klartext, der
Maulwurf *Hausgenossen* auf: »Mutter Natur« kommt dort, »mit
blutverschmiertem Mund, und zeigt mir ihr neues Modell.
Alles zweigeteilt, sagt sie, ein Stilprinzip, Männchen und
Weibchen. Fällt dir nichts besseres ein, frage ich. Tu nicht so,
alter Junge, sagt sie. Hier die Gottesanbeterin. Während sein
Hinterleib sie begattet, frißt sie seinen Vorderleib. Pfui Teufel,
Mama, sage ich, du bist unappetitlich. Aber die Sonnenunter-
gänge, kichert sie« (I 312).

---

[334] Vgl. König Midas' Nachwort für den geschundenen Marsyas gegen
die »Bosheit«, den Terror der »faden Harmonie« Apolls: I 335 f.

Schönheit als Denkaufgabe: Rätsel

Der »Mutter Natur« gesellt Eich in seinem Prosagedicht den »Vater Staat« zu. Auf die hiermit angesprochene gesellschaftliche Dimension stellt Theodor W. Adorno ab. Die Stelle der Gottesanbeterin nimmt bei ihm Auschwitz ein.

Alle Kultur, »samt der dringlichen Kritik daran«, sei seither »Müll«.[335] »Wer für die Erhaltung der radikal schuldigen und schäbigen Kultur plädiert, macht sich zum Helfershelfer, während, wer der Kultur sich verweigert, unmittelbar die Barbarei befördert, als welche die Kultur sich enthüllte. Nicht einmal Schweigen kommt aus dem Zirkel heraus« (360).

So ist auch für Adorno Absurdität eine Grundkategorie. Aber, statt auf Eich auf Beckett bezogen (auf sein *Endspiel* wies ja eben das Wort ›Müll‹ schon hin), schreibt er von dessen Stücken, was sich auch über die Maulwürfe sagen ließe: »Wahrhaft eines der Rätsel von Kunst, und Zeugnis der Gewalt ihrer Logizität ist, daß jegliche radikale Konsequenz, auch die absurd genannte, in Sinn-Ähnlichem terminiert.«[336] Ihre Absurditäten entlarven die Leerheit isolierter Existenz(ial)philosophie. »Kindische Albernheit tritt als Gehalt der Philosophie hervor, die zur Tautologie, zur begrifflichen Verdoppelung der Existenz degeneriert, welche sie zu begreifen vorhatte.«[337] Aber sie sind nicht Philosophie, sondern Werke. Und so deutet ihre pure Existenz darauf, »daß das Nichtseiende sein könnte. Die Wirklichkeit der Kunstwerke zeugt für die Möglichkeit des Möglichen« (7, 200).

Dem von Eich genannten Sonnenuntergang erwidert – positiven Sinnes – hier das Feuerwerk: »apparition kat' exochen: empirisch Erscheinendes, befreit von der Last der Empirie als einer der Dauer, Himmelszeichen und hergestellt in eins, Menetekel, aufblitzende und vergehende Schrift, die doch nicht ihrer Bedeutung nach sich lesen läßt« (7, 125). Auf-

---

[335] Ges. Schr. 6: Negative Dialektik 359. Siehe jetzt die Sammlung: Lyrik nach Auschwitz? Adorno und die Dichter (P. Kiedaisch), Stuttgart 1995.

[336] Ges. Schr. 7: Ästhetische Theorie 231.

[337] Versuch, das Endspiel zu verstehen: Noten zur Literatur II, Frankfurt/M. 1961, 195.

gang, »Erscheinung und nicht Abbild« (7, 130), darin »das Mögliche die eigene Unmöglichkeit überfliegt«.[338]

»Die Kunstwerke haben ihre Autorität daran, daß sie zur Reflexion nötigen, woher sie, Figuren des Seienden und unfähig, Nichtseiendes ins Dasein zu zitieren, dessen überwältigendes Bild werden könnten, wäre nicht doch das Nichtseiende an sich selber« (7, 129).

Die gegenseitige Infragestellung von Schönheit und Denken wird damit, als solche, für das Werk wie für das Denken zum Indiz für ihren Ernst und ihren Rang.

Kunstwerke geben ein Versprechen; ja, sie sind ein solches. Und dies wesentlich – wie anders? – als Erinnerung (7, 204).[339] – Erinnerung woran? Ernst Blochs bekannte Antwort nennt, was »allen in die Kindheit scheint und worin noch niemand war: Heimat.«[340] Von Horkheimer-Adornos *Dialektik der Aufklärung* wird es gegen den Totalitarismus (damals war es der Hitlers) im Blick auf die Juden formuliert: »Gleichgültig wie die Juden an sich selber beschaffen sein mögen, ihr Bild, als das des Überwundenen, trägt die Züge, denen die totalitär gewordene Herrschaft todfeind sein muß: des Glückes ohne Macht, des Lohnes ohne Arbeit, der Heimat ohne Grenzstein, der Religion ohne Mythos.«[341]

Wegen solcher »Rettung des Scheins« in seiner dialektischen Spannung zum (noch?) nichtwirklichen Möglichen hat man Adorno vorgehalten, nicht modern zu sein.[342] Doch er besteht auf Erfahrung und – im Widerspruch zu Watzlawicks

---

[338] Noten zur Literarur I, Frankfurt/M. 1958, 97 (Rede über Lyrik und Gesellschaft).

[339] Ist doch umgekehrt »alle Verdinglichung... ein Vergessen»: Über Walter Benjamin, Frankfurt/M. 1970, 159.

[340] Das Prinzip Hoffnung, Gesamtausgabe (WA) Frankfurt/M. 1977, 5, 1628.

[341] Dialektik der Aufklärung. Philosophische Fragmente (= DA), Frankfurt/M. 1969, 208f.

[342] K. Sauerland, Einführung in die Ästhetik Adornos, Berlin-New York 1979,153. – Th. Baumeister/J. Kulenkampff: »Romantik mit dem schlechten Gewissen der Reflexion.« Geschichtsphilosophie und philosophische Ästhetik. Zu Adornos Ästhetischer Theorie, in: NHP 5 (Anm. 295) 74-104, 102. Siehe auch die Zitate bei W. Cramer, Musik und Verstehen. Eine Studie zur Musikästhetik Theodor W. Adornos, Mainz 1976, 236.

These von der puren Subjektivität der Ordnung – auf der Realität dessen, was uns betrifft.

Das gilt vom Finster-Ühermächtigenden: »Nicht die Seele wird in die Natur verlegt, wie der Psychologismus glauben macht; Mana, der bewegende Geist, ist keine Projektion, sondern das Echo der realen Übermacht der Natur in den schwachen Seelen der Wilden« (DA 21). Es gilt ihm auch für die Schönheit in der Natur, die darum hier – nach Hegel – wiederum Gewicht erhält (7, 99 f).

»Je mehr Subjekt die Betrachtung [ins Werk, das Schöne] hineinsteckt, desto glücklicher wird das Subjekt selbstvergessen der Objektivität inne« (7, 396).[343] Diese Objektivität darf freilich nicht zu schlicht klassisch verstanden werden. »Keine Schönheit kann heute der Frage mehr ausweichen, ob sie denn auch schön sei« (7, 347). Adorno spricht vom »Gestank der himmlischen Rosen«. – Sie darf sich nicht etwa als l'art pour l'art in bloßen Gegensatz zur häßlichen Wirklichkeit setzen (352), als »Verschönung des Lebens ohne dessen Veränderung« (382). Andererseits, in welcher Form auch immer, gehört zur Kunst: Hinweis auf das, was schön sei, Hinweis auf Frieden (383).

Dies gewiß heute in Aufnahme des Häßlichen; doch »in der Absorption des Häßlichen ist Schönheit kräftig genug, durch ihren Widerspruch sich zu erweitern« (407).[344] – So aber

---

343 Ebd. 397: »Die Schwermut des Abends ist nicht die Stimmung dessen, der sie fühlt, aber sie ergreift nur den, der so sehr sich differenziert hat, so sehr Subjekt wurde, daß er nicht blind ist gegen sie.« Siehe phänomenologisch über die Obiektivität der Schönheit D. v. Hildebrand, Ästhetik I, Ges. Werke V, Stuttgart-Berlin u. a. 1977, Kap 1.

344 Es ist ja diese Kraft, deren Fehlen zum Kitsch führt – womit er jedoch nicht auf bloße Schwäche reduziert werden soll (sowenig wie andere Formen der Lüge). Dies jedenfalls bei einem qualifizierten Kitschbegriff, der nicht ein Stil-Niveau, sondern die Einstellung meint. Siehe oben, Kap. 3, Anm. 96-98. Zur Etymologie des Wortes vgl. 0. F. Best, Das verbotene Glück. Kitsch und Freiheit in der deutschen Literatur, München 1978, 209-222. Aus der Position emanzipativer Soziologie attackiert Best die »elitäre« und »elitistische« Verwerfung des Kitsches durch Broch, Egenter, Deschner, Killy und Giesz (226-243). Die Herleitung der verwendeten Prädikate aus Mystik und Pietismus (236f) beweist indes wenig, zumal die Perversion des Genusses (des Augustinischen »frui«) zu ipsistischer Genüßlichkeit

scheint hier Friede auf, weil Schönheit nicht machbar ist, so daß der Mensch im Umgang damit dem Zwang der Kausalitäten entkommt (410): »Schönheit ist der Exodus dessen, was irn Reich der Zwecke sich objektivierte, aus diesem« (428).

Es kann nicht darum gehen, daß man sich geschmäcklerisch die Sonnenuntergänge heraussucht, um gegebenenfalls zu erörtern, ob sich das Ganze ihretwegen lohne. Es gilt vielmehr, deren Botschaft zu hören.[345] Darum streitet Adorno gegen den Abschied oder die Verabschiedung der Kunst und verwirft den momentanen Lustgewinn aus Entsublimierung (473).

Indes: »Die unstillbare Sehnsucht angesichts des Schönen... ist die Sehnsucht nach der Erfüllung des Versprochenen« (128). Eben darin gründet ja das Zusammengehören von Schönheit und Denken, daß nicht im Wohlgefallen des Betrachters, sondern in dieser Verheißung das Werk seine Mitte besitzt.

Nicht als hätte das Denken es in Aussagen zu übersetzen. »Die Sprache, wie sie vorphilosophisch die ästhetische Erfahrung beschreibt, sagt mit Grund, einer verstünde etwas von Kunst, nicht, er verstünde Kunst... Prototypisch dafür ist, vor den anderen Künsten, die Musik, ganz Rätsel und ganz

---

die ästhetische wie die religiöse Erfahrung bedroht. Gewiß läßt sich fragen, ob ein rigoroses Kitsch-Verdikt nicht Ursache und Wirkung verwechsele: »Nicht Kitsch schafft die Unfreiheit, sondern Unfreiheit den Kitsch. Als Quasi-Erlösung« (239). Doch eine taugliche Antwort liegt jenseits dieser schlichten Antithese. Dazu bedarf es freilich einer Anthropologie der Freiheit, die sich nicht auf die soziologische Perspektive borniert. Sie wird sich nicht mit Benjamins Definition zufrieden geben, Kitsch sei »die Seite, die das Ding dem Traume zukehrt« (241: Ges. Sehr. [Anm. 326] II. 2, 620 [Traumkitsch], weil es relevant verschiedene Weisen von Traum und Traumzukehr gibt. Im Hinblick auf den meisten Kaufhaus-Kitsch mag hochmoralische Empörung verfehlt, also eine »Humanisierung« des Kitschbegriffs »längst fällig« sein (242): zum Ernst des Humanen, auch und gerade angesichts der Schönheit, gehört jedoch die Frage nach dem Gewilltsein des Menschen zur Wahrheit, biblisch gesprochen: nach der Lauterkeit seines Auges (Mt 6,22).

[345] Vgl. Adornos Bemerkung über die »schönen Stellen« in den großen Werken: »Wer in der Musik mit den Ohren nach schönen Stellen jagt, ist ein Dilettant; wer aber schöne Stellen, die in einem Gebilde variierende Dichte von Erfindung und Faktor nicht wahrzunehmen vermag, ist taub« (7, 449).

evident zugleich. Es ist nicht zu lösen, nur seine Gestalt zu dechiffrieren, und eben das ist an der Philosophie der Kunst« (185).

Zum bleibenden Rätsel aber wird Kunst, »weil sie erscheint, als hätte sie gelöst, was am Dasein Rätsel ist« (191). So spricht aus ihrem An-Blick wortlose Verheißung.

Hier aber ist nun für Adorno »der Fleck der Lüge von Kunst [und Schönheit überhaupt] nicht wegzureiben; nichts bürgt dafür, daß sie ihr objektives Versprechen halte« (129). Und zuletzt meint ihre Rätselhaftigkeit diese Frage. »Ob die Verheißung Täuschung ist, das ist das Rätsel« (193).

Sphinx ohne Rätsel: autonomer Schein

1. Das Rätsel ist für Adorno grundsätzlich unlösbar. »Jedes Kunstwerk ist ein Vexierbild, nur derart, daß es beim Vexieren bleibt, bei der prästabilierten Niederlage des Betrachters« (7, 184). Die Frage nach seiner Wahrheit erhält keinen Bescheid. »Die letzte Auskunft diskursiven Denkens bleibt das Tabu über der Antwort« (7, 193).

Schweigt aber derart das Werk bzw. die Schönheit, wie beredt auch immer, sagen sie also nichts, dann wird verständlich, daß Praktiker sie auch im wertenden Wortsinn für nichtssagend erklären, oder gar ausdrücklich zur Lüge.

Oder, dies die andere Möglichkeit, man glaubt ihre Botschaft doch auf den Begriff bringen zu können, »hin und her pendelnd zwischen einem vagen Anspruch auf privates Glück und den gesellschaftlichen Perfektibilitätsansprüchen« (Karl Heinz Bohrer).[346] – Läßt freilich die Einlösung solcher Versprechen auf sich warten, dann wird auch am Ende dieses Wegs der Lügenvorwurf gegen Kunst und Schönheit laut.

Wider diese Gefahr der Aufhebung von Kunst, »sei sie nun politisch-moralisch, surrealistisch-zerstörerisch oder utopisch-sentimental« (95), bietet sich die These ihrer Autonomie an, d. h. der Versuch einer ästhetischen Grenzziehung, die Schönheit und Wahrheit strikt scheidet.

---

[346] Plötzlichkeit. Zum Augenblick des ästhetischen Scheins, Frankfurt/M. 1981, 94 (Der Irrtum des Don Quixote. Das Problem der ästhetischen Grenze).

174

»Sphinx ohne Rätsel«, in einer Erzählung Oscar Wildes das Urteil über Lady Alroy, beschreibt auch seine Sicht von Schönheit und Kunst: »Die Schönheit ist das Symbol der Symbole. Die Schönheit offenbart alles, weil sie nichts ausdrückt... Das ist der Grund, warum die Musik der vollkommene Typ der Kunst ist.«[347]

Sein eleganter Ästhetizismus weist auf jenen Denker zurück, der neben Kant und Schelling schon eingangs genannt worden ist: auf Friedrich Nietzsche und seine »offensive Trennung des ›Schein‹-Begriffs vom Wahrheits-Begriff«.[348]

Nietzsche hat seinen Begriff von »Schein«, in verwandelnder Aufnahme Schopenhauers, an der griechischen Tragödie erarbeitet. – In der Freude am Traum entdeckt er eine »inbrünstige Sehnsucht zum Schein, zum Erlöstwerden durch den Schein« überhaupt,[349] und zwar des »ewig Leidenden«, des Weltgrunds selbst, der sich diese »Urbegierde« (39) zunächst schon in dem erfüllt, was wir empirische Realität nennen. So ist der Traum bereits ein »Schein des Scheins«, und entsprechend das Schöne der Kunst. Nietzsche zeigt es am zweigeteilten Bild von Raffaels *Verklärung:* in der unteren Bildhälfte der notvolle »Widerschein des ewigen Widerspruchs, des Vaters der Dinge«, und daraus »steigt nun, wie ein ambrosischer Duft, eine visionsgleiche neue Scheinwelt empor« (ebd.).

Es ist ein Schein; aber nicht so, daß die Wirklichkeit durch ihn erscheint – oder hinter ihm sich verbirgt, sondern derart, daß sie in ihn als ihr »Sublimat« sich aufgelöst hat. Und das nicht als private Leistung eines ästhetischen Subjekts. »Insofern... das Subjekt Künstler ist, ist es bereits von seinem individuellen Willen erlöst und gleichsam Medium geworden, durch das hindurch das eine wahrhaft seiende Subjekt seine Erlösung im Scheine feiert« (47).

Diese Erlösung geschieht also durch das »Depotenzieren des [als Leben erfahrenen] Scheins zum [schönen] Schein [der Kunst]« (39). So aber läßt sich, will man diese »ästhetische Metaphysik« (43) auf den Begriff bringen, sagen, Schönheit als

---

Sämtl. Werke (N. Kohl), Frankfurt/M. 1982, 7, 102 u. 104.

K. H. Bohrer, a. a. O. 113 (Ästhetik und Historismus: Nietzsches Begriff des ›Scheins‹).

SW (KStA) 1, 38.

Schein sei die Erfahrung des Nichtseins des (scheinbar) Seienden: Erlösung darum, weil Dasein Leiden bedeutet.

Wenn demnach die Schönheit von Unsterblichkeit träumt,
oder zumindest von einem langen seligen Leben: »das Aller-
schlimmste sei für sie, bald zu sterben, das Zweitschlimmste,
überhaupt einmal zu sterben« (36), so gilt eben dies nur für die
(Götter-)Gestalten des Scheins des Scheines. Den Menschen,
sagt der weise Silen, das Beste sei, nicht geboren zu sein, das
zweitbeste, bald zu sterben (35).

Wieder hat uns das Schöne zum Theodizeeproblem geführt, und Nietzsche sieht dessen einzige Lösung darin, daß
wir unsererseits Kunstwerke des Weltschöpfers sind – »denn
nur als ästhetisches Phänomen ist das Dasein und die Welt
ewig gerechtfertigt« (47). Das aber sagt in Wahrheit, die
einzige Rechtfertigung der Welt bestehe darin, daß sie nicht
wirklich ist (sondern nur Schein). Als Vorstufe zu jenem
»Atheismus ad majorem Dei gloriam«[350], wonach Gottes einzige Entschuldigung in seinem Nichtsein bestünde.

Macht das aber wirklich den »ästhetischen ›Mehrwert‹«[351],
passender gesagt: die Festlichkeit des Schönen verständlich?

2. Tatsächlich ist diese Konzeption, wie Nietzsche selbst
sagt, nicht zu denken, als theoretisch wißbar, nur – ästhetisch –
zu leben (47); denn eben dieser Schein *ist* ja (wirklich). Er ist bei
aller »Autonomie« nicht von der Wahrheit zu trennen, etwa in
der Spannung jener beiden Nachlaß-Worte: »Wir haben die
Kunst, damit wir nicht an der Wahrheit zugrunde gehen« –
und (zerreißend gespannt in sich selbst): »Wahrheit ist die Art
von Irrtum, ohne welche eine bestimmte Art von lebendigen
Wesen nicht leben könnte.«[352]

---

350 Wie Odo Marquard »das gern nenn[t]«, z. B.: Glück im Unglück.
Zur Theorie des indirekten Glücks zwischen Theodizee und Ge-
schichtsphilosophie, in: G. Bien (Hrsg.), Die Frage nach dem Glück,
Stuttgart-Bad Cannstatt 1978, 93-111, 97.

351 Bohrer 125, 138.

352 WzM 822, 493; SW (KStA) 13, 500 (16[40], 7); 11, 506 (34[253]).
Extrem-konsequenz dieser Sicht ist dann die Bejahung des zuvor
Erlittenen. Die ästhetische Rechtfertigung der Welt schlägt in die
Selbstrechtfertigung des Ästhetischen um: »Die Kunst und nichts als
die Kunst! Sie ist die große Ermöglicherin des Lebens, die große
Verführerin zum Leben [...] als die Erlösung des Leidenden, – als Weg
zu Zuständen, wo das Leiden gewollt, verklärt, vergöttlicht wird«.

Darum ist es konsequent, wenn Nietzsche die Schönheit schließlich als »Maske« bezeichnet.[353] Verbirgt eine Maske nicht etwas? Eben dieses Etwas: das »Grauen«, will Nietzsche für vergangen erklären. Das Maskenhafte versteht er »wie das schöne Gesicht einer geistlosen Frau« (ebd.).

Doch ich wiederhole die gestellte Frage: Erklärt dies die *Festlichkeit* des Schönen und der Kunst? Woher beträfen sie uns dann derart? »Die Wahrheiten der Metaphysik sind die Wahrheiten der Masken«, schreibt Oscar Wilde.[354] Ist ihre Wahrheit wirklich nichts oder nur die des »Nichts« (dahinter)? – »Einen Pinsel eintauchen und mit etwas Braun, Grün und Schwarz ein Instrument entstehen lassen, in dem Zweck sich als Mittel, Tiefe sich als Oberfläche anschaut...«[355] Wird man zuletzt nicht Nietzsche mehr gerecht, wenn man Nr. 40 aus *Jenseits von Gut und Böse* ernst nimmt:[356] »Alles, was tief ist, liebt die Maske...«? So daß hier doch – gerade im Sich-Verhüllen – etwas *erschiene*? (Diese Dialektik ist ja die alles Erscheinens.)

»Das ins Werk gefügte Scheinen ist das Schöne«, heißt es bei Martin Heidegger.[357] Auch für ihn ist, wie oben im dritten Kapitel gesehen, dieses Scheinen nicht nur nicht das Platonisch-Hegelsche Erscheinen der Idee (vielmehr des Dargestellten selbst und alles Seienden, das darin als es selber aufgeht), es hat zuletzt auch hier keinen Genetiv mehr bei sich. Erscheinen erscheint. Und dies in besonderer Weise, hat sich gezeigt, in der Dichtung, weil »die Sprache jenes Geschehen

---

WzM 858 II: SW 13, 521 (17[3]). »Kunst ist wesentlich Bejahung, Segnung, Vergöttlichung des Daseins... [...] Es gibt keine pessimistische Kunst... Die Kunst bejaht. Hiob bejaht.« Aus Machtinstinkt, und das Häßliche wird gezeigt »aus Lust an diesem Häßlichen«. WzM 821: SW 13, 241 (14[47]).

[353] Menschliches, Allzumenschliches I 218: KStA 2, 178f.

[354] Anm. 347: 7, 176.

[355] A. Fabri, Der rote Faden. Essays, München 1958, 112 (Der Kunst einen Sinn erfinden). Vgl. dazu Adorno (7, 283) über das »smarte Geschwätz von der Oberflächlichkeit aus Tiefe«.

[356] SW (KStA) 5, 57f. – Und die Tiefe hinter dem forcierten Ja wäre das Leiden am Leben?

[357] Der Ursprung des Kunstwerkes: Holzwege, Frankfurt/M. 1950, 7-68, 44.

ist, in dem für den Menschen überhaupt erst Seiendes als
Seiendes sich erschließt« (60f). Sie läßt sozusagen diesen stum-
men Vor-gang hörbar werden. Darum hieß das dichterische
Sprechen ein »Geläut der Stille«.[358]

»Indem wir das Gedicht hören, denken wir dem Dichten
nach. Auf solche Weise *ist*: Dichten und Denken.«[359] – Der
Dichter aber »nennt das Heilige«.[360]

Soll nun indes *gedacht* werden, was der Dichter sagt und
der Künstler ins Werk setzt, dann geht es Heidegger in immer
neuem Bemühen darum, das Ereignis des Aufgangs als solches
festzuhalten und es vor jeder »metaphysischen« Festlegung zu
bewahren, also darum, die Genetiv-Freiheit von Schein und
Erscheinen zu verteidigen. Sie sind nicht »Phantom«, sondern
»Epiphanie«; doch Epiphanie an sich und als solche, Aufgehen
seiner (des Aufgehens) selbst.[361]

Ist es von hier aus mehr als ein kleiner klärender Schritt,
wenn man die Maske ihrerseits zum »Eigentlichen« erhebt
(wie beispielsweise eine marmorne antike Maske zum selber
»blickenden« Kunstwerk)? – Heinz Robert Schlette hat das an
Camus gezeigt:[362]

»Es gibt Tage, an denen die Welt lügt, Tage an denen sie
die Wahrheit sagt. Heute abend sagt sie die Wahrheit – und
mit welch eindringlicher und trauriger Schönheit.« – »Die Welt
ist schön, und darin liegt alles beschlossen. Ihre große
Wahrheit, die sie geduldig lehrt, lautet, daß der Geist nichts ist
und nichts das Herz. Und daß der Stein, den die Sonne
erwärmt, oder die Zypresse, die der wolkenlose Himmel über-

---

[358] Unterwegs zur Sprache, Pfullingen 1965, 9-33 (Die Sprache) 31.

[359] Das Wort: a. a. O. 217-238, 237.

[360] Nachwort zu ›Was ist Metaphysik?‹: Wegmarken, Frankfurt/M.
1967, 99-108, 107; vgl. Erläuterungen zu Hölderlins Dichtung,
Frankfurt/M. 1951, bes. 47ff (»Wie wenn am Feiertage...«); J. Splett, Die
Rede vom Heiligen. Über ein religionsphilosophisches Grundwort,
Freiburg/München ²1985, 132-186 u. 234-242.

[361] M. Heidegger, in: E. Staiger, Die Kunst der Interpretation. Studien
zur deutschen Literaturgeschichte, München ⁴1977, 40. (Ein Briefwechsel mit Martin Heidegger).

[362] Der Christ und die Erfahrung des Schönen, in: ders., Aporie und
Glaube. Schriften zur Philosophie und Theologie, München 1970, 217-
243, 226ff.

groß erscheinen läßt, die einzige Welt abstecken, in der ›recht haben‹ einen Sinn gewinnt: die Natur ohne Menschen. Diese Welt vernichtet mich.«[363]

Und doch notiert Albert Camus: »Schönheit, neben der Freiheit meine größte Sorge« (189). Wie, wenn beides sich zuletzt als eines zeigte?

»Die Hoffnung gegen das Ideal«: Wahr-traum als »Angeld«

1. Nicht als sollte Schönheit damit doch zu »eigentlich« etwas anderem erklärt werden, als sie ist. »Hier sind wir in der denkbar banalsten und bequemsten und primitivsten Form Identitätsphilosophen. Wir sagen: Schönheit ist Schönheit. Ehe das nicht zugegeben ist, lassen wir uns überhaupt auf nichts anderes ein« (Theodor Haecker).[364]

Doch eben als Schönheit ist sie ein rätselvolles Versprechen. Man hat immer wieder gesagt, sie sei mehr. In der Tat: »Jedes authentische Werk schlägt auch die Lösung seines unlösbaren Rätsels vor.«[365] Doch welche Rätsel vermag Kunst zu lösen? Um sogleich eins der bedrängendsten zu nennen: Unbestreitbar ist die Schönheit niemals stärker als der Tod. Es doch behaupten wäre schlechte Romantik – und die endet konsequent bei der Flucht in die Schönheit des Todes.[366] Daher ja der Ausweg, als Rechtfertigung stattdessen den Schein als Schein anzubieten.

Man sieht, Vorsicht ist am Platze, auch einem so eindrucksvollen Text wie der Erklärung Helmut Kuhns gegenüber, die wir oben im zweiten Kapitel angeführt haben: Dichtung erringe ihren »Triumph dadurch, daß sie das Leiden in sich aufnimmt – Tränen, Herzenspein, Gewissensnot und Verzweiflung, die ganze Angst dieses unseres Lebens, besiegt aber und versöhnt«.[367]

---

[363] Tagebuch Mai 1935 - Februar 1942, Reinbek 1963, 38, 59.

[364] A. a. O. (Anm. 323) 218f.

[365] Adorno 7, 192.

[366] Vgl. M. Praz, Liebe, Tod und Teufel. Die schwarze Romantik, München 1963.

[367] Schriften zur Ästhetik, München 1966, 257 (Dichten heißt Rühmen).

Der Ruf zur Vorsicht besagt nicht schon Widerspruch. Doch er ließ uns fragen, was der genaue Sinn des indikativischen Perfekts »besiegt, versöhnt« sei. – Adorno sieht die wesentliche Fraglichkeit der Kunstwerke in dem Zugleich von Säkularisierung« und Fortwirken magischen Zaubers (7, 87 u. 93). »Kunst bleibt übrig nach dem Verlust dessen an ihr, was einmal magische... Funktion ausüben sollte« (192). Sie be wirkt nicht mehr, was sie verheißt.

Goethe notiert 1792 in Münster: »Das Schöne ist nicht sowohl leistend als versprechend.«[368] Ist es nur ein Versprechen? Also ein leeres? Oder durfte man an seine Einlösung denken? So daß Werk und Schönheit schließlich doch gerechtfertigt würden. Gewiß nicht, Helmut Kuhn hat recht, metaphysisch. Ebensowenig freilich, hier hat Nietzsche unrecht, rein ästhetisch (sei es im Sinn der Tragödienschrift [47], sei es im Sinn von Anm. 352). Und welche Gewähr bietet es, wenn nach Heidegger die Werke »Orte«[369] sind, »an denen ein Gott erscheint... aus denen die Götter entflohen sind, Orte, an denen das Erscheinen des Göttlichen lange zögert«? – Sollte es überhaupt eine Rechtfertigung geben können, dann müßte sie religiös sein. Hier ist die Auslassung aus dem letzten Adorno-Zitat nachzutragen; der volle Text heißt: »was einmal magische, dann kultische Funktion ausüben sollte.«

Der Kult fällt ihm also nicht (wie das Register nahelegt) mit der Magie zusammen. Dessen Amt ist vielmehr der Lobpreis (die »Rühmung« – H. Kuhn). So aber wäre das indikativische Perfekt von »besiegt und versöhnt« als die Sprache kultisch prophetischer Vorwegnahme zu lesen.

Wir wollen auch jetzt nicht aus der philosophischen Besinnung in dogmatische Theologie überwechseln. Es geht darum, das Schöne zu denken. Oder sagen wir: zu denken, was es dem Erblickenden zu denken gibt. Und zu denken gibt – auf das betreffendste – sein rätselhaftes Zugleich von überzeugender Verheißung und Schweigen auf die Frage nach deren Legitimation.

Im Namen der Schönheit »als Schönheit« diese Frage zu untersagen führt entweder in die Fluchtwelt des Kitsches

---

368 Campagne in Frankreich; Nov. 1792, Hamb. Ausg. 10, 339.

369 Kap. 3, Anm. 110.

(Anm. 344) oder in antihumanen Ästhetizismus: zur »Mitleid-losigkeit Leonardo da Vincis beim Betrachten angstverzerrter Todeskandidaten, die schon an das ästhetische Programm des englischen Theoretikers Ruskin, des Anregers von Proust, erinnert, sich beim Anblick eines Sterbenden nicht vom künstlerisch Relevanten ablenken zu lassen«.[370]

2. Statt also einer Entscheidung die Vorlage einer Alternative: entweder ist der Schein des Schönen *Anschein*, sei es als nachleuchtendes Erinnern, lebensdienliche Illusion, scheinbare Lebenspause, Flucht- oder Wunschtraum oder dämonische Täuschung – oder er ist *Vorschein*.

Wird »Vorschein« so dem Anschein als solchem entgegengesetzt, dann darf er selbstverständlich nicht als vorhergehender Anschein gedacht werden (als bloßes Gegenstück zum »Nachbild«), also nicht als Hinweis auf ein noch ganz Ausstehendes, sondern er ist gemeint als eine erste, anfängliche *Anwesenheit* des Erhofften. Das allein würde die eigentümliche Zielseligkeit in der Verheißungserfahrung des Schönen begründen.

»Schönheit, die auch von der Religion nicht mehr geliebt und gehegt wird und die doch, wie eine Maske von deren Antlitz gehoben, darunter Züge freilegt, die für die Menschen undeutbar zu werden drohen. Schönheit, an die wir nicht mehr zu glauben wagen, aus der wir einen Schein gemacht haben, um sie leichter loswerden zu können, Schönheit, die (wie sich heute weist) mindestens ebensoviel Mut und Entscheidungskraft für sich fordert wie die Wahrheit und Gutheit, und die sich von den beiden Schwestern nicht trennen und vertreiben läßt, ohne in geheimnisvoller Rache beide mit sich fortzuziehen« (Hans Urs von Balthasar).[371]

---

[370] K. H. Bohrer 100.

[371] »Wer bei ihrem Namen die Lippen schürzt, als sei sie das Zierstück einer bürgerlichen Vergangenheit, von dem kann man sicher sein, daß er – heimlich oder offen zugestanden – schon nicht mehr beten und bald nicht mehr lieben kann.« Herrlichkeit. Eine theologische Ästhetik. I. Schau der Gestalt, Einsiedeln 1961, 16. In der Erfahrung des Schönen soll ja die noch nicht schöne Realität mitnichten vergessen werden; sie wird hier vielmehr im doppelten Sinne »gerichtet«: in ihrem Haß und ihrer Häßlichkeir verurteilt und zugleich bejahend »ausgerichtet« auf ihr wahres Wesen. Zu Zeiten steht im Vordergrund die »Idealisierung«, gegenwärtig eher die Kritik. (Vgl. G. Rombold, Kunst –

Sie bereits für das Ziel zu nehmen, ist das fatale Mißverständnis, das sie selber nahelegt. Das rechtfertigt Adornos
Sorge vor dem Affirmativen als Ideologie am Kunstwerk (ihr
Korrektiv liegt darin, daß es keine vollkommenen Werke gibt –
7, 283). Doch indem er, aller Gegenideologie zum Trotz, der
Wahrheit im Schönen die Ehre gibt (7, 419-423), kann er
schreiben: »Aux sots je préfère les fous. Narretei ist Wahrheit
in der Gestalt, mit der die Menschen geschlagen werden,
sobald sie inmitten des Unwahren nicht von ihr ablassen. Noch
auf ihren höchsten Erhebungen ist Kunst Schein; den Schein
aber, ihr Unwiderstehliches, empfängt sie vom Scheinlosen«
(6, 396).

Es wäre nicht recht, diesen Satz hier als Adornos letzten
stehen zu lassen; gab er doch nicht minder jener Wahrheit die
Ehre, die er allenthalben als die unserer Zeitlage sah: »Die
Situation schärft sich zu der Frage, ob Kunst nach dem Sturz
der Theologie und ohne eine jede überhaupt möglich sei.«
Bleibt sie dies nun, dann in der Zweideutigkeit, »ob die Möglichkeit genuines Zeugnis des Perennierenden von Theologie
sei oder Widerschein des perennierenden Bannes« (7, 403 f).

Dann aber ist auch jener Satz nicht der letzte, wonach
Kunst »das Versprechen des Glücks [ist], das gebrochen wird«
(7, 205). Er gilt gewiß im Blick auf das Glück *durch* Kunst.
Offen jedoch muß bleiben, ob ihr Versprechen nicht von an-
derswoher eingelöst werde.

»Die Hoffnung wider das Ideal«, heißt es bei Georges
Braque.[372] Daß die Hoffnung solchen »Vorscheins« nicht, gemäß Ernst Bloch, dadurch zur »docta spes« wird, daß sie sich
materialistisch auf die bisherige Natur- und Menschenge-
schichte bezieht, dürfte bei nüchterner Betrachtung klar sein
(muß sie doch gerade glauben, daß sich »alles, alles wenden«
könne).[373]

Protest und Verheißung. Eine Anthropologie der Kunst, Linz 1976.)
Beides verbindet sich im Programm Hoffnung.

372 L'espoir contre I'idéal: Braque, die Malerei und wir. Erinnerungen
und Gespräche mit dem Künstler, ges. v. Dora Vallier. Worte u.
Gedanken v. G. Braque, ausgewählt aus »Der Tag und die Nacht«,
Basel 1968, 56.

373 Vgl. Ges. Ausg. 15, 196ff (Allegorischer Vor-Schein in der Kunst
ohne Illusion); Logikum/Zur Ontologie des Noch-Nicht-Seins: 13,

3. Wenn nun auf die herausgearbeitete Alternative der christliche Philosoph seine Antwort vorlegt, dann auch dies nicht als pures Bekenntnis, sondern immerhin mit dem Hinweis auf die Erfahrung *befreiender,* statt bannender, Erfahrung des Schönen;[374] anders gesagt, mit der These, daß auf jeden Fall die entgegengesetzte Antwort (also das Votum für »Anschein«), aber wohl auch eine bleibende Urteilsenthaltung, dem Anruf des Schönen nicht entsprächen.

Léon Bloy hat geschrieben: »Wenn eine christliche Kunst existierte, dann müßte man sagen, daß es eine offene Tür zum verlorenen Paradies gäbe und daß folglich die Ursünde und das ganze Christentum nur sinnloses Geschwätz wären.«[375]

Ich erwidere darauf, in der christlichen Kunst (wobei wir »christlich« jetzt so offen verstehen wollen wie in Tertullians berühmter Rede von der »anima naturaliter christiana«[376], also durchaus im Sinn »natürlicher Theologie«), ja in der Schönheit überhaupt hat sich tatsächlich eine Tür zum Paradies aufgetan. Nur daß dadurch weder Schuld noch Leid noch Tod noch der Protest gegen sie und das Angebot ihrer realen Überwindung zum Geschwätz werden.

Diese Tür öffnet sich nämlich erst nur den Augen, gleich jener Tür, von der der Seher auf Patmos berichtet (Offb 4, 1). Traum – um auch diesen Zugang Nietzsches aufzunehmen – aber wahr. Wie die biblischen Träume eines Ezechiel, der die Befreiung ansagt (Ez 37), oder eines Jakob: »Wirklich, der Herr ist an diesem Ort, und ich wußte es nicht (Gen 28, 16).

»Lampe an düsterem Ort, bis der Morgenstern aufgeht (2 Petr 1, 19). Sie ist nicht der Stern, doch grüßt in ihrem Schein das eine Licht; so nicht nur Unterpfand, sondern schon Angeld, vor-läufiger Anbeginn. Die Lampe ist nicht der Morgenstern selbst, erst recht nicht der Tag. Wer sie dafür hielte, verriete die Hoffnung. Und erhellt obendrein nicht erst

212ff. Siehe J. Splett, Docta spes. Zu Ernst Blochs Ontologie des Noch-Nicht-Seins, in: ThPh 44 (1969) 383-394.

[374] Vgl. grundsätzlich: Der Mensch ist Person (Kap. 1, Anm. 22), bes. Kap. 1: Mit-Menschlichkeit aus dem Glauben.

[375] A. a. O. (Anm. 328) 123.

[376] Apologeticum 17.

sie die Düsterkeit des Ortes, über den man sich vielleicht sonst Illusionen machte (Anm. 371)?

Ohne Bild: die Hoffnung ist – gerade christlich gesprochen – mitnichten wohlfeil. Sie ist, auch und besonders in den großen Werken, strikten Sinnes »Hoffnung wider Hoffnung« (Röm 4,19): gegen jede Zuversicht auf eigenes Vermögen Hoffnung auf Gnade.

Auch darum erschöpft das Schöne das Wesen der Kunst nicht. Das Schöne in der Natur zeigt an Pflanze, Tier oder Landschaft, im Meeresglanz oder am Sternenhimmel in wie selbstverständlichem Hervorgang (physis) diese Verheißung; die Kunst kann all das – in den verschiedensten Weisen der mimesis – evozieren – und bleibt derart hinter der Natur zurück: der Mensch kann das Schöne nicht *machen*. Es muß sich ihm geben. Andererseits reicht die Kunst über das Naturhafte hinaus; im mimetischen Wollen, in ihrem »eschatologischen« *Bewußtsein*. Mit H. R. Schlette gesagt: »Die Kunst steht unter einem höheren Anspruch als dem, schön zu sein.«[377]

Ihre Hoffnung geht jedoch nicht aus blindem Umschlag und Übersprung hervor, sondern aus Erfahrung: aus der erfahrenen Gnade der Schönheit (und – über deren Fraglichkeit hinaus, wie gesagt, – der Gnade jeder Sinnerfahrung, vor allem jener der Liebe, schließlich in all dem der Gnade des Gottes und Vaters Jesu Christi[378]).

End-gültige Schau

Die Wahrheit aber, deren Sieg diese Hoffnung erwartet, und die im eschatologischen Vor-Schein des Schönen von Natur

---

[377] A. a. O. (Anm. 362) 243. Vgl. H. Kuhn, Das Sein und das Gute, München 1962, 413: »Die nach-klassizistische Ästhetik, die bisher noch in Ansätzen und Fragmenten besteht, wird wohl daran tun, von dem Telos und Wesen der Kunst, der Erzeugung von Schönheit, mit jener Zurückhaltung zu sprechen, mit der wir in der praktischen Theologie den Begriff der Gnade anwenden.« Eben weil sie nicht im heutigen Sinne des Wortes »produziert« werden kann (Der Mensch als Bildner: die Ontogenese der Kunst).

[378] Vgl. K. Rahner, Über die Erfahrung der Gnade, in: Schriften z. Theologie III, Einsiedeln 1956 u. ö, 105-109; auch in ders., Alltägliche Dinge, Einsiedeln 1964 u.ö; J. Splett, Gotteserfahrung im Denken. Zur philosophischen Rechtfertigung des Redens von Gott, Freiburg/München ⁴1995, 46-88.

und Werk sich anzeigt, lebt ihrerseits keineswegs »jenseits« der Schönheit. Das muß wenigstens in Andeutung gesagt sein. – Nicht bloß in der Schöpfung wird, dieser Verheißung zufolge, »alles neu«, so daß die Tränen enden (Offb 21, 4f). All das geschieht ja, weil nun unverstellt Gott selber da ist (Offb 21, 3). Was dann eigentlich aufgeht, ist nach dem Zeugnis des Glaubens die – immer zu spät geliebte – Schönheit selbst, »Schönheit, ewig alt und ewig neu« (Augustinus).[379] – Das »quae visa placent» (mit seiner Vertiefung – Anm. 295) findet seine volle Wahrheit in der »visio beatifica».

Das Antlitz dieser »Herrlichkeit« jedoch ist, österlich verklärt, der Mensch vom Kreuz,[380] ja der Sohn aus dem Todes-Nichts des Karsamstags. Damit ist Schönheit endgültig nicht mehr als eine abgedrungene Antwort auf die »formfordernde Gewalt des Nichts« (G. Benn)[381] zu verstehen, auch nicht als errungener Sieg über es oder als empfangener Trost für dessen Durchleiden; sondern umgekehrt ist es die Schönheit selber, die gleichsam das Nichts erheischt, nämlich für ihre Fülle und Erfüllung (pléroma) vorbehaltloses (Sich-)Lassen, Ledig-, Freiwerden als kénosis.[382]

Ist nicht dies die eigentliche verborgene Lockung der Schönheit (die Camus – Anm. 363 – nur als Verwerfung zu deuten vermochte und die die »schwarze Romantik« – Anm.

---

[379] Conf. II 27, 38.

[380] P. Claudel, Der Kreuzweg, 11. Station (Ges. Werke I: Gedichte, Heidelberg-Einsiedeln 1963, 296): »Im Himmel ist nichts mehr zu suchen mit falschen Propheten und Narren / Dieser Gott ist mir genug zwischen vier Nägeln am Sparren.« Die Einzelausgabe (K. M. Faßbinder, Paderborn ⁹1952) enthält (31) die Anmerkung: »Dies richtet sich gegen die Leute, die den Himmel mit ihren Einbildungen bevölkern. Ich glaube nur an einen Gott, der zu unserer Betrachtung genau angeheftet ist an vier Nägel, so wie man eine amtliche Bekanntmachung anheftet oder eine Landkarte« (P. Claudel).

[381] A. a. O. (Anm. 308) I 1002 (Akademierede).

[382] H. U. v. Balthasar, Herrlichkeit III 2. II: Neuer Bund, Einsiedeln 1969, 504: »Das Ja zum Leiden und zur Nacht erhält in dieser (nachösterlichen) Sicht seine letzte Begründung aus der Christologie: aus einem Ja des Sohnes zum Willen des Vaters, das nur in der Freude und nicht mit Seufzen gesprochen worden sein kann.« Vgl. ders., Die Wahrheit ist symphonisch. Aspekte des christlichen Pluralismus, Einsiedeln 1972, 131-146: Die Freude und das Kreuz.

366 – als Lockung des Nichts mißverstand)? Das Schmerzliche an ihr wie jenes, durch das sie den Menschen tiefer schmerzhaft beseligt?[383] – Das letzte Wort soll die Dichtung behalten, indem es eine Dichterin erhält: Marie Luise Kaschnitz:[384]

Lang ist die Zeit, da wir uns keinen Vers machen können
Da die geheimnisvolle Entsprechung mißlingt.
(Singt doch, sagen sie, singt.)
Doch erst, wenn die Netze zum Grunde des Meeres
                             gesunken,
Kommen die Fische, spielen um unser Boot,
Erst wenn von unseren Tauben, den beringten
Keine mehr heimkehrt, kommt die große fremde
Graue, den Ölzweig im Schnabel.

---

[383] So daß die erdrückende Fülle widersprüchlicher Erfahrungen, welche »enzyklopädisch« nicht zu bewältigen war, sich nun wahrhaft in ein »Ach und O« löst, eines, das – jenseits der Qual der Tellereisen (Eich I 364) – überwältigte Seligkeit ausdrückt: angesichts der Offenbarung jenes A und O (Offb 1,8), das auch in dieser seiner »Lästerungen« (Ijob 34, 7) Günter Eich ja mit-, nein: eigentlich gemeint hat – obzwar, den Texten zufolge, ohne Ijobs End-Erfahrung (42,5) und ohne eine Hoffnung darauf; kann sie doch im Ernst tatsächlich nur christologisch gerechtfertigt werden (vgl. Anm. 374). Diese Rechtfertigung bürgt aber auch für das Versprechen des Schönen und für seine Einladung zur Selbsthingabe (vgl. Lernziel Menschlichkeit [Einführung, vgl. Anm. 5], 81-95: Glück im Selbstvergessen). – M. Heidegger, Die Kunst und der Raum (Anm. 110), 12: »Wiederum kann uns die Sprache einen Wink geben. Im Zeitwort ›leeren‹ spricht das ›Lesen‹ im ursprünglichen Sinne des Versammelns... Das Glas leeren heißt: es als das Fassende in sein Freigewordenes versammeln...«

[384] Gesammelte Werke, Frankfurt/M. 1981ff, V 297.

9. DER SCHMERZ UND DIE FREUDE.
BEDACHT MIT C. S. LEWIS

1940 schreibt Lewis an eine Dame bezüglich der Psychoanalyse: »... Nicht als wäre es falsch, einen Komplex kurieren zu wollen, so wenig wie ein steifes Bein. Doch wenn es nicht gelingt, ist das Spiel nicht etwa aus. Dann ist vielmehr eben ein Leben mit einem Komplex oder steifem Bein Ihr Spiel. Einmal die medizinische Norm zum Maß des ›Normalen‹ gemacht, haben wir immer Gründe, aufzugeben.«

Dazu hat Paul L. Holmer notiert, es sei verlockend, solche Bemerkungen zusammenzustellen und daraus so etwas wie das Bild der menschlichen Natur nach Lewis zu erstellen. Aber dies »widerspräche dem Geist jeder seiner Schriften und wäre obendrein ein weiteres Beispiel betrüblicher Gelehrtendarstellungen, die das Nachlaßmaterial eines Schriftstellers eher entstellen.« Setze es doch voraus, der Autor selbst hätte das Thema nicht derart bewältigen können. Bei Lewis werde gezeigt, nicht gesagt.[385]

Der Philosoph, ein deutscher dazu, läßt das sich seinerseits gesagt sein; denn in der Tat wäre Lewis (Student und Tutor auch der Philosophie) zu einer solchen Darstellung durchaus in der Lage gewesen.[386] Er hat gute Gründe, in seinen Schriften das Menschliche eher zu »zeigen« als es zu »sagen«. – Von ihm selbst stammt die Unterscheidung zwischen »looking along« und »looking at«: In einem Werkzeugschuppen hat er einen Sonnenstrahl mit den darin tanzenden Stäubchen gesehen – und dann mit/in ihm durch den Türspalt das bewegte

---

385 P. L. Holmer, C. S. Lewis. The Shape of his Faith and Thought, London ²1979, 68f. Hier auch das Briefzitat nach: Letters of C. S. Lewis, New York-London 1966, 180.

386 Zumal man unter Philosophie ja nicht bloß das verstehen muß, als was sie offenbar dort galt: »ständige Suche zwischen den abstrakten Wurzeln der Dinge, ewiges Fragen nach all den Dingen, die schlichte Menschen als selbstverständlich hinnehmen, ein fünfzigjähriges Wiederkäuen über unaufhebbarer Unwissenheit«, wofür Lewis »weder das Hirn noch die Nerven« zu haben glaubt. R. L. Green/W. Hooper, C. S. Lewis. A Biography, Glasgow ²1980, 83.

Laub eines Baums und die Sonne... (Undeceptions, Anm. 389, 171-174).

Neuzeitliche Wissenschaft hat einseitig für das »looking at« votiert, für »objektive« Draufsicht von außen und entsprechendes *Wissen* (savoir) statt eines Erfahrens und Sehens von innen, im Mitvollzug, zu einem entsprechenden *Kennen* (connaître). Doch Lewis seinerseits hütet sich davor, ins entgegengesetzte Extrem zu verfallen. Denn beides gehört zusammen.[387]

Es gibt auch ein Zeigen durch Sagen. Und das sei hier behutsam versucht: indem wir so *auf* Clive Staples Lewis blicken wollen, daß wir *mit* ihm Schmerz und Freude in den Blick bekommen, in seiner spezifischen christlichen Perspektive. Mögliches Wissen setzt hier freilich Kenntnis voraus; aber Kenntnis mag sich durch Wissensgewinn vertiefen. (Im übrigen geht es jetzt – wie außerhalb seiner anglistischen Arbeiten bei Lewis selbst – so gut wie gar nicht um Belehrung, sondern um gemeinsames Erinnern.)

Schmerz

Den Vorrang des »looking along« zeigt Lewis gerade am Schmerz. Wer Objektivität verabsolutiert, verliert jedes Objekt. »Ein Physiologe, der niemals ›am Schmerz entlang‹ (also unter Schmerzen) geblickt hat, wüßte nicht, worauf er blickt« (Undeceptions 173). – Nun hat zwar ein jeder Schmerz erlebt; darum stellen sich hier auch allgemein zu erörternde Fragen. »Aber es ist ganz leicht, ein Leben lang Erklärungen von Religion, Liebe, Sittlichkeit, Ehre und dergleichen zu geben, ohne jemals dessen inne gewesen zu sein« (ebd.). Und es gibt, wie zu sehen sein wird, auch Schmerzen, von denen das gilt. Vielleicht sogar Dimensionen in jeglichem Schmerz?

1. *Denkaufgabe.* Eins der bekanntesten Bücher von Lewis, ins Deutsche von Hildegard und Josef Pieper übertragen, gilt

---

[387] Es ist darum im besten Fall ein Mißverständnis, wenn Kathleen Nott feststellt, Lewis wolle wissenschaftliches Denken in Mißkredit bringen (Gottes eigene Dichter, München 1965, 290). Er bestreitet nur dessen Absolutheitsanspruch, setzt also – um im Bilde zu bleiben – nur den Protest auf seine Wechsel und Schecks, insoweit sie ungedeckt sind. Daß aber ihre Deckung sich nicht auf Wesens- und Sinnfragen erstreckt, sollte heute nicht mehr diskutiert werden müssen.

dem (religionsphilosophischen) »Problem des Schmerzes«,[388] also der Frage der Theodizee. Das klingt objektiv – und soll so klingen, um den Leser sogleich auf die Grenzen der Abhandlung hinzuweisen. Andererseits ist nicht zu vergessen, daß Lewis selbst in außergewöhnlichem Maß auf rationale Argumentation in Lebens- und Glaubensfragen setzte. Er beginnt sein Buch mit einem Zitat von Pascal (über die Unerkennbarkeit Gottes in der Natur); aber ist er nicht eher das Gegenteil zu jenem? Bei kaum jemanden sind in solchem Maß logische Argumente für die Anerkennung Gottes und den Glauben an den Vater Jesu Christi von Bedeutung gewesen wie bei C. S. Lewis (den seinerzeit »vielleicht... widerwilligsten Bekehrten in England« [389]).

Einig ist er sich allerdings mit Pascal in Ablehnung metaphysischer, kosmologischer Gottesbeweise, in gut (?) angelsächsischer Tradition. [390] Seine Glaubensbegründung stützt sich auf die Erfahrung des Numinosen (Rudolf Otto) und die Gewissenserfahrung. Die Geschichte der Verbindung beider Erfahrungen – zur Gleichsetzung des »schreckenerregenden Heimsuchers der Natur« und des »Urhebers des Sittengesetzes« (PP 11/26) – vollendet sich im Sohnes-Anspruch Jesu Christi. – Und damit ist das Problem des Schmerzes gegeben: »In gewissem Sinn wird das Problem des Schmerzes durch das

---

[388] The Problem of Pain (= PP), den Inklings gewidmet, denen »Jack« bei den Donnerstag-Zusammenkünften die geschriebenen Kapitel vorgetragen hat, der eigentliche Beginn seiner apologetischen Produktion (vorhergegangen war nur 1933 der allegorische Bericht seiner Bekehrung The *Pilgrim's Regress*, der freilich den Verleger zur Anfrage bezüglich des Schmerz-Buchs bewog. Die deutsche Übersetzung: Flucht aus Puritanien, Basel 1983, läßt leider recht zu wünschen übrig). PP wird hier zitiert nach der Tb-Ausgabe Glasgow [23]1983, nach dem Schrägstrich die Seitenzahl der Übersetzung: Über den Schmerz. Mit einem Nachwort von J. Pieper, Olten 1954.

[389] *Surprised by Joy* (= SJ), London-Glasgow [8]1969,182/ Überrascht von Freude, Wuppertal 1968, 192. Vgl. H. Carpenter, The Inklings, London 1981, 41 u. 216f, und Lewis' eigene Reflexion: The Pilgrim's Regress, Grand Rapids, Mich. [8]1974, 5/ Flucht... 262; Undreeptions. Essays on Theology and Ethics, London 1971, 201/ Gott auf der Anklagebank, Basel 1981, 113.

[390] Vgl. J. H. Newman, Entwurf einer Zustimmungslehre, Mainz 1961, 173 (mit Anm. 75: 382f) u. 278f; Apologia pro Vita mea, Mainz o. J. (1951), 278ff.

Christentum eher geschaffen als gelöst; denn der Schmerz
wäre kein Problem, hätten wir nicht, vergraben in unsere
tagtägliche Erfahrung mit dieser schmerzerfüllten Welt,
dennoch die, wie wir glauben, gültige Versicherung empfangen, die letzte Wirklichkeit sei voller Gerechtigkeit und Liebe«
(PP 12/27).

Nun zeigt Lewis erstlich, daß eine reale Welt ohne die
Möglichkeit von Schmerz eine innere Unmöglichkeit darstellt.
Wenn Welt die Gemeinschaft von Geist- und Freiheitswesen
bedeutet, dann bedarf diese Gemeinsamkeit eines gemeinsamen Mediums ihrer Kommunikation: einer »Umwelt«, der
Natur. Mein Beispiel: die Luft zwischen Sprechenden, die
einerseits nicht selber Freiheitswesen sein darf – da sie das
Gesprochene nur weitergeben, nicht ihrerseits ansprechen soll;
die andererseits Eigenstand und Eigengesetzlichkeit haben
muß – da der Hörer hören soll, was gesagt wird (nicht, was er
sich selbst zurechtmacht).

Hat aber die Umwelt Eigenstruktur, dann kann sie nicht
jedem Wunsch eines jeden gleichermaßen entsprechen und
allen gleichzeitig genehm sein. Wirklichkeit gibt sich als Widerstand zu erfahren. Das gilt zwischen Ich und Natur, erst
recht zwischen Ich und dem ihm begegnenden freien Du, und
nochmals zwischen Ich und Du betreffs der Natur. »Sogar
wenn ein Kieselstein da liegt, wo *ich* möchte, kann er nicht da
liegen, wo *du* möchtest, es sei denn, wir hätten zufällig
denselben Wunsch« (PP 20f/38).

Das gibt Gelegenheit zu Höflichkeit, Rücksicht, Zuvor-
kommenheit; aber das freie Geschöpf kann das Problem auch
durch Brachialgewalt zu lösen versuchen. Und damit verschärft sich unsere Frage.

Noch zum Bedachten gehört, daß die Welt keine wäre,
wenn die Luft im Fall der Lüge sich sträubte, die Schallwellen
weiterzuleiten, oder ein Stuhl in der Hand eines Raufboldes
sich verflüssigte (zudem müßten dann vorher schon die Hirn-
und Nervenzellen streiken). Aber die Frage reicht weiter. Und
um dabei nicht in die Irre zu gehen, müssen wir vorweg
erwägen, was überhaupt unter Gottes »Gutheit« gemeint bzw.
nicht gemeint ist.

Gewiß ist Seine Gutheit anders als die unsere und als
unsere Vorstellungen und Begriffe von ihr. Doch – Lewis greift

auf die Gewissenserfahrung zurück – nicht in einem Unterschied wie zwischen Schwarz und Weiß, sondern wie »zwischen einem vollkommenen Kreis und dem ersten Versuch eines Kindes, ein Rad zu zeichnen« (PP 27/47). Vor allem ist Gott nicht – ein immer wieder betonter Gedanke bei Lewis – »Gutherzigkeit«. »In der Tat, wir möchten nicht so sehr einen Vater im Himmel als vielmehr einen Großvater im Himmel – einen greisen Wohlmeiner, der es, wie man sagt, ›gern sieht, wenn die jungen Leute sich amüsieren‹, und dessen Plan für das Universum einfach darauf hinausläuft, daß am Abend eines jeden Tages gesagt werden kann: ›Es war für alle wundervoll.‹« (PP 28/48).

Liebe ist mehr als Gutherzigkeit und Größeres als bloße Freundlichkeit. Ihr ist deshalb um mehr zu tun als schlicht um Glück. Im Blick auf das menschliche Leben, geleitet durch Schrifttexte, vergegenwärtigt Lewis erhellende Analogien auf das Feuer der göttlichen Liebe hin: »beharrlich, wie des Künstlers Liebe zu seinem Werk, herrisch wie eines Menschen Liebe zu seinem Hund, fürsorglich und ehrwürdig wie eines Vaters Liebe zu seinem Kind, eifersüchtig, unerbittlich, streng wie die Liebe zwischen den Geschlechtern« (PP 35/55).[391]

Natürlich weiß auch er nicht, wie dies möglich sein soll; wie es Gott derart um sein Geschöpf gehen könne. Aber das Faktum besteht (für den Glaubenden). Gott, dem in sich und seiner Liebe nichts und niemand fehlt, will unser bedürfen. Nicht wir suchen Ihn: unser Höchstes ist Antwort.

Die aber verweigert der Mensch. Es ist darum unvermeidlich, nach dem Gutsein Gottes von der Bosheit des Menschen zu sprechen. Das war nicht notwendig zu Zeiten, da die Menschen vor dem Zorn der Götter flohen und das Evangelium als »Gute Botschaft« seiner Gnade auftrat. Seit der modernen Reduktion aller Tugend auf »Gutherzigkeit« und der psycho-

---

[391] Man fragt sich, wie K. Nott solche Seiten gelesen hat, wenn sie glaubt, sich fragen zu müssen, warum Lewis »so wenig Nachdruck auf die Freuden der Erlösung [lege] (ein Zustand der Glückseligkeit, den diejenigen, die Anspruch darauf erheben, sicherlich als etwas Unmittelbares und nicht als etwas in weiter Ferne erfahren haben) und so viel Wert auf die unglücklichen Lehren von unserem Abfall von Gott und unserer unausweichlichen Sündhaftigkeit« (Anm. 387, 336f). – Zu letzterem siehe gleich.

analytischen Ent-schuldigung des Menschen hat die christliche Verkündigung jedoch zuerst das Bewußtsein der Sünde zu wecken. Was Wunder, daß dies häufig eher Ressentiments weckt: gegen die Botschaft wie gegen Gott.

2. *Umkehr und Rückweg.* Aber es gilt, sich zu stellen. – Und den Schmerz der Scham zu ertragen; über »das beharrliche, lebenslange, innere Geflüster von Bosheit, Eifersucht, Geilheit, Gier und Selbstgefälligkeit« in uns, das man gar nicht recht ins Wort bringen kann (PP 48/70); dem man weder durch Wegblick auf die »sündigen Strukturen« oder die »strukturelle Gewalt« ausweichen darf noch mit der Illusion begegnen kann, die Zeit allein mache alle Sünden zunichte, noch mit dem Trost, die anderen seien auch nicht besser, noch gar mit dem Hinweis auf bestimmte »Tugenden«, welche die Laster kompensieren.[392]

Wir brauchen nicht zu erörtern, ob der Mensch vielleicht unfähig zur Vollkommenheit sei, ob er (Röm 7, 15) etwa gar nicht wahrhaft Mensch sein *könne:* Jeder könnte frommer, reiner, liebender sein, als er ist – wenn er nur wirklich wollte. Weil wir dies aber nicht wollen, sind wir unerträglich (und in unseren besten Augenblicken dämmert das uns selbst). – Will man nun verstehen, woher diese Unglücks-Situation, dann ist die einzig zufriedenstellende Erklärung (und auch die einzige, die realistische Hoffnung erlaubt) die biblisch-christliche Lehre vom Fall, also eigener, zu verantwortender Schuld.

Vor diesem Hintergrund zeigt Mensch- und Gutwerden sich als Heilungs- und Korrekturvorgang. Damit aber kommen wir zu einem neuen Verständnis des Schmerzes. Denn Korrektur und Heilung, Umkehr sind schmerzhaft.

Die qualvolle Mühe des Ausbruchs aus der »natürlichen« egozentrischen Weltperspektive heißt nicht von ungefähr in der geistlichen Tradition »mortificatio = Abtötung«. Sie schmerzt den Einzelnen selbst wie – beim Kind – den Erzieher, den Lehrer, ja jeden geistlichen Führer. Wiederum ist es kein

---

[392] Wenn in unseren Augen Tapferkeit und Keuschheit früherer Zeiten deren Grausamkeit nicht legitimieren, dann auch die moderne „Menschlichkeit nicht unsere Weichlichkeit, Weltlichkeit und Furchtsamkeit (PP 52/75). Vgl. Kap. III in *Reflections on the Psalms*, London 1958, über die Verwünschungen in den Psalmen (Das Gespräch mit Gott, Einsiedeln 1959, bes. 42-45, 47f).

Wunder, daß »menschliche« Zeiten diesen Schmerz umgehen wollen: daß man ihn dem andern, weil sich selbst, ersparen möchte.

Dabei wird paradoxerweise der Schmerz leichter, wenn er sich mit anderen Schmerzen verbündet. »In unseren Sünden und unserer Dummheit können wir friedlich schlafen« (Leute essen oder trinken sogar Köstlichkeiten, ohne sie tatsächlich wahrzunehmen): Der Schmerz zwingt uns in die Realität. »Gott flüstert in unseren Freuden, er spricht in unserem Gewissen; in unseren Schmerzen aber ruft er laut. Sie sind sein Megaphon für eine taube Welt« (PP 89/109). – Mag sein, daß der Betroffene rebelliert, statt sich zu unterwerfen; jedenfalls hat der Schmerz ihn geweckt, indem er den Schleier schläfriger Selbstzufriedenheit fortriß. So leistet der Schmerz uns einen dreifachen Dienst.

Den ersten – anzuzeigen, daß etwas mit uns nicht stimmt – kann Lewis durchaus mit Thomas Hobbes' Definition der Rachsucht verdeutlichen, so fragwürdig das manchen anmuten mag: »Wunsch, jemanden, indem man ihm Leid antut, dahin zu bringen, zu verurteilen, was er getan hat« (PP 82/110).[393]

Sodann zerstört der Schmerz die doppelte Illusion, was immer wir besitzen, sei unser Eigen – und es sei uns genug. (Bei Josef von Eichendorff heißt das, mit leiserer Stimme: »Du bist's, der, was wir bauen, / Mild über uns zerbricht, / Daß wir den Himmel schauen –«[394]) Hier ist in der Tat von Gottes Demut zu sprechen. Er verschmäht weder solche Mittel noch, uns sozusagen »aus zweiter Hand« anzunehmen. »Wäre Gott ein Kantianer, der mit uns nichts zu tun haben wollte, bis wir aus den reinsten und höchsten Motiven zu ihm kämen – wer könnte dann gerettet werden?« (PP 86/114).

Gleichwohl, je tugendhafter, also tauglicher, ein Mensch wird – so sagt Aristoteles –, desto mehr *freut* es ihn, das Gute zu tun. Sittliche Trefflichkeit ist ein Glück.[395] – Also steht der Schmerz nur am Anfang (der bekanntlich »schwer« ist)? Daß

---

[393] Leviathan I 6. Und das ist, der Lehre der Alten zufolge, eine Wohltat (wie jegliche Ent-täuschung eine solche ist).

[394] Der Umkehrende 4, in: Werke u. Schriften (2. Exkurs, Anm. 1) I 294.

[395] Aristoteles, NE A 6 (1098a), 9 (1099a) u. 11 (1100 b).

es sich anders verhält, zeigt seine dritte Leistung. Offenbar nämlich geschieht radikale Umkehr nur so oder sie wird nur so radikal, »daß die Kreatur, nicht gestützt auf irgendein Verlangen, nackt bis auf den baren Willen, zu gehorchen, umarmt, was ihrer Natur zuwider ist, und das tut, wofür es nur einen einzigen Beweggrund geben kann« (PP 89/117).

Die Tradition spricht hier von »Prüfung«, Test (natürlich nicht für den allwissenden Gott, sondern für den Geprüften selbst). Abraham auf dem Berge Morija ist das große Bild des Alten Bundes, und der Neue gründet im Gehorsam Jesu am Ölberg, schließlich auf dem Hügel Golgotha.[396]

Aus solcher Sicht gelangt Lewis zu der Frage-Umkehr, das wirkliche Problem laute nicht: »Warum müssen einige demütige, fromme, gläubige Menschen leiden, sondern: warum müssen einige *nicht* leiden?«, mit dem Hinweis, daß Jesus selbst (Mk 10, 27) die Rettung dieser Glücklichen allein durch Gottes unerforschliche Allmacht erklärt (PP 92/121).

Aber dient aller Schmerz? – Nach einem Zwischenkapitel mit Abklärungen, Erläuterungen und Ergänzungsfragen stellt der Verfasser sich den beiden Hauptschwierigkeiten: dem Anstoß der Lehre von der ewigen Verdammnis und dem Leiden der Tiere. – Bezüglich der Hölle gilt es wiederum, und hier besonders, falsche Vorstellungen zu beseitigen: die von endloser Dauer, von dantesken Quälereien, von zu spät kommender Reue und so fort.

Wichtig ist ein Dreifaches. Erstens, daß die Tore der Hölle von innen verriegelt sind: es geht um frei-endgültige Verweigerung des Glücks; zweitens, daß »Verloren-sein« eher ein »Nicht-sein« ist als ein Sein: »Ein Mensch gewesen sein«, ein »Ex-Mensch« (PP 113f/146);[397] drittens, daß dies eine reale Möglichkeit darstellt: »nicht für unsere Feinde, auch nicht für unsere Freunde (beide trüben den klaren Blick der Vernunft), nein, für uns selbst – dich und mich« (PP 116/149).

---

[396] »Durch Leiden gelernt«: Heb 2, 10. – Vgl. in Lewis' »George MacDonald«-Anthologie (London 1946, 25 u. 23): »Flucht ist hoffnungslos. Denn Liebe ist unerbittlich. Unser Gott ist verzehrendes Feuer. – Nichts ist unerbittlich außer Liebe... Denn Liebe liebt bis zur Reinheit.«

[397] The Great Divorce, Glasgow [12]1981, 110-115/ Die große Scheidung, Einsiedeln 1978,146-153.

Kapitel 9 wendet sich dem Schmerz im Tierreich zu. Lewis' Spekulationen über das (Un-)Bewußtsein der Tiere oder die Unsterblichkeit des Haustiers aus der Zugehörigkeit zum Menschen sind auf zum Teil überzeugende Kritik gestoßen.[398] Statt darauf einzugehen, verweise ich auf seine eigene Klärung zu einer kritischen Anfrage von C. E. M. Joad (Undeceptions, Anm. 389, 128-137). Danach besteht das Kapitel aus zwei Teilen und Teil I nur aus dem ersten Absatz: Wir können in gewissem Maß den menschlichen Schmerz verstehen; »bezüglich der Tiere fehlen uns die Daten. Wir wissen weder, was, noch, warum sie sind. Sicher läßt sich nur sagen, daß, wenn Gott gut ist (und dafür, denke ich, haben wir Gründe), dann der Augenschein göttlicher Grausamkeit in der Tierwelt falscher Schein sein muß. Was für eine Wirklichkeit hinter dem falschen Anschein stehe, können wir nur raten und vermuten« (134).

Lewis gibt also keine Antwort, sondern nur Mutmaßungen; auch mit seinem Hinweis auf den korrumpierenden »Herrn der Welt« (Lk 4, 6; 2 Kor 4, 4). Und ich möchte diese Erklärung darüber hinaus auch auf jene Frage beziehen, die er erstaunlicherweise ganz zu übergehen scheint: auf das »absolute Leiden«, wie man gesagt hat (M. Conche), der Kinder.[399]

Lewis hat vom Problem des Schmerzes handeln wollen; das »looking at« stand im Vordergrund. Aber ich hoffe, mein Referat hat doch auch etwas von jenem »looking along« merken lassen, aus dem das Buch lebt. Mitunter blitzt es gleichsam auf, wie bereits in der Vorbemerkung, wo es heißt, Schmerz zu ertragen, helfe ein bißchen Unerschrockenheit mehr »als vieles Wissen, und ein wenig menschliches Mitgefühl mehr als viel Unerschrockenheit, und der leiseste Hauch von Gottesliebe mehr als alles sonst« (PP VII/11).

3. *Im Abgrund.* Trotzdem hat der Verfasser damit rechnen müssen, daß seine souveräne Themenbehandlung bei Lesern Anstoß und Ärgernis auslöst. – Zum Glück für uns (und darf man sagen: für Lewis selbst?) trifft ihn zwanzig Jahre nach

---

[398] Green/Hooper (Anm. 386) 188f.

[399] Vgl. W. Kern, Theodizee: Kosmodizee durch Christus, in: Mysterium Salutis III/2, 549-581, 549.

jenem Buch des *Wissens* eine Erfahrung, aus der das bewegende Zeugnis einer vertieften und vertiefenden *Kenntnis* von Schmerz und Leid hervorgeht, 1961 unter dem Pseudonym N. W. Clerk erschienen (erst nach seinem Tod mit dem richtigen Namen): *A Grief observed*.[400]

Der Titel ist wiederum objektivierend; doch jetzt im Sinn angestrengter »Trauerarbeit«. Er läßt sich auf Deutsch gar nicht recht wiedergeben. ›Grief‹ heißt ›Gram, Kummer, Schmerz‹; ›observe‹: ›beobachten‹ im deutschen Doppelsinn, d. h. sowohl ›überwachen, kontrollieren, bemerken‹ als auch ›befolgen, halten‹ (Vorschriften, Fasten), ja: ›feiern‹ (ein Fest); und ›bemerken‹ heißt es schließlich auch im Sinn von ›sich aussprechen, äußern‹. All das schwingt mit.

Lewis hat nach dreijährigem überwältigendem Glück seine Frau durch Knochenkrebs verloren. Und nun kämpft er darum, daß er nicht obendrein ihr wahres Bild im Bad des Selbstmitleids verliert. Er flüchtet sich ins Schreiben und notiert des Nachts seine Gedanken in Heften, die er im leergewordenen Haus findet (GO 8/6, 47/57). Werden sich wie Schneeflocken allmählich die Partikel seiner Gedächtnisbilder und Traumvorstellungen über ihre Eigenwirklichkeit legen (GO 18f/18-20)? – Aber nicht das soll uns beschäftigen, sondern Lewis' Auseinandersetzung mit Gott.

Im Glück scheint man Ihn weniger zu brauchen. Man ist versucht, »Seine Ansprüche als Einbruch zu empfinden«. Besinnt man sich indes und wendet sich voll Dankbarkeit Ihm zu, fühlt man sich wie mit offenen Armen empfangen. Doch sucht man jetzt in Not nach Ihm, dann schlägt die Tür vor einem zu und man vernimmt von drinnen höchstens das Geräusch der Doppel-Riegel (9/7). Warum ist Gott im Glück mit seinen Wünschen und Befehlen da und im Unglück als Helfer meilenweit fern?

Offenbar besteht weniger die Gefahr, den Glauben an seine Existenz zu verlieren (daß Er keine Projektion unerfüllter Wünsche darstellt, hat gerade die Schule der Realität, die Ehe

---

[400] Hier zitiert – als GO – nach New York o. J., deutsch (nach dem Schrägstrich): Über die Trauer, Zürich 1982 (erste Ausgabe 1967 mit dem Titel: Über die menschliche Trauer).

gelehrt), als vielmehr von ihm zu glauben: »So also ist Er in Wirklichkeit, mach dir nichts vor« (GO 10/8).

»Sprecht mir von der Wahrheit der Religion... von ihren Pflichten... Aber kommt mir nicht und sprecht von den Tröstungen der Religion, oder ich muß denken, daß ihr nicht begreift« (GO 23/24) – »Trauert nicht wie die, die keine Hoffnung haben« (1 Thess 4,13)? Aber das tröstet nur jene, »die Gott mehr lieben als die Toten – und die Toten mehr als sich selbst (24/25).

Und wie wenn man tatsächlich an das Glück der Toten denkt statt an das eigene: wer garantiert, daß »H.« jetzt Ruhe gefunden« habe? Gar nicht vom Schlimmsten zu reden (»Ich habe Frieden mit Gott«, war eins ihrer letzten Worte zum Priester): »in Gottes Hand« war sie schon hier – und was hat diese Hand ihr angetan (zumal da körperlicher Schmerz in seiner Unausweichlichkeit »zwanzigmal« quälender sei als es seelischer sein kann – 34/40)? Wenn Seine Güte solches hinieden erlaubt, »dann kann Er uns nach dem Tod so unerträglich wehtun wie zuvor« (GO 24f/26f). Warum überhaupt »glauben wir, daß Gott nach irgendeinem uns faßbaren Maßstab ›gut‹ sei?... Immer wieder, so oft er besonders gnädig schien, hat er in Wirklichkeit die nächste Tortur vorbereitet« (26f/28f).

Den Abend darauf ruft Lewis sich selber zur Ordnung: Ist es vernünftig, an einen bösen Gott zu glauben? Es wäre zumindest weit anthropomorpher als der alte König mit dem weißen Bart, welcher immerhin einen Jungschen Archetyp darstellt.[401] – Ein Sadist könnte kein Weltall schaffen und niemals »Köder wie Liebe, Lachen, Narzissen« oder einen winterlichen Sonnenuntergang ersinnen (27/30). – Man kann nicht einmal (extrem calvinistisch) vertreten, *wir* seien derart verderbt, daß Gottes Weiß für uns als Schwarz erscheine. Denn dann verlöre *alles* Denken und Tun jeden Sinn (also gerade auch diese These – 28/31).

Es hilft darum nichts, wenn sich das Fühlen als Denken verkleidet, in der sinnlosen Hoffnung, dadurch weniger leiden zu müssen. (Das könnte übrigens verständlich machen, warum Trauer so sehr dem Gefühl der Angst gleicht – 29/32, 7/5.) –

---

[401] GO 27/29. In der deutschen Neuausgabe ist hier übrigens sinnverkehrend das »als« vor dem »wenn« ausgefallen.

Denken wir also Gott als Gott, d.h. als gut. Was zeigt sich dann am eigenen Zusammenbruch? Daß man bisher weder wirklich geglaubt noch wirklich mit anderen mitgefühlt hat (31/36). »Nur Folter« schreibt Lewis, und wir haben es ähnlich schon früher gelesen; aber jetzt kennt er's, statt nur zu wissen – »nur Folter fördert die Wahrheit zutage« (GO 32/37; PP 89f/ 117-119).

Nun kann er eingestehen, daß in seinen Ausfällen gegen den »kosmischen Sadisten« sich nicht »intellektuelle Redlichkeit« ausgedrückt hat, sondern Haß und Wut des Gequälten. Doch tilgt das die Angst? »Das schreckliche ist, daß ein vollkommen guter Gott darin kaum weniger furchtbar ist als ein kosmischer Sadist« (GO 35/42); denn mag dieser zuzeiten von Barmherzigkeit angewandelt werden, nicht so die unerbittliche Liebe eines Chirurgen, dessen Absichten restlos gut sind. Wie soll es also Zweck haben, für sich und für die Geliebte zu bitten? »Was meinen die Leute eigentlich, wenn sie sagen: ›Ich habe keine Angst vor Gott, denn ich weiß, Er ist gut‹? Waren Sie denn noch nie beim Zahnarzt?« (36/42).

Im Maße, wie Lewis sich darein zu fügen vermag – immer wieder von Rückschlägen niedergeworfen –, wird ihm gegeben, von sich weg auf seine Frau zu blicken und eine neue Gemeinsamkeit mit ihr zu finden. – »Es war zu vollkommen, um dauern zu können«: Er lernt, diesen Satz nicht mehr wie in seiner heillosen Fixierung zynisch zu lesen, sondern als die Beschreibung einer göttlichen Pädagogik, die ihnen beiden, nachdem sie die eine Übung beherrschen, die nächsthöhere aufgibt (GO 40/47). Es gilt eine neue Phase ihrer Ehe gut und treu zu durchleben, statt ihren Schmerzen »um den Preis von Eheflucht oder Scheidung« zu entgehen (44/52).

Lewis erinnert sich an die Weisheit der Märchen, daß der Schmerz die Toten eher quäle, als ihnen zu helfen;[402] er bemerkt, daß Freude mehr verbindet als der Gram (45f/53f); daß klarer als tränengetrübte Augen der Blick der Dankbarkeit sieht. Ihm geht auf, daß er die Denkweise der *Rühmung* ganz vergessen hat, und mit der Vorsicht des Genesenden übt er sich neu darin ein: »Im Rühmen kann ich mich ihrer noch

---

[402] Siehe die ältere Helgi-Dichtung: Edda 1, Jena (Thule 1) 1922, 151, oder das Grimmsche Märchen vom Totenhemdchen (KHM 109).

immer bis zu einem gewissen Grad freuen, und bis zu einem gewissen Grad schon Seiner. Besser als nichts« (GO 49/60).

Dabei – das Gewissen hat darauf acht – kann es nicht darum gehen, sich an ein Bild der Geliebten zu klammern: die Rühmung gilt ihr. Und nicht darum, Gott als (Um-)Weg zu ihr zu benützen: Gott ist kein Weg. Ihn etwa als Garanten für ein glückliches Wiedersehen »am anderen Ufer« zu nehmen, verschlösse uns gerade im Kerker der eigenen Projektion. »Die Freude des Herrn« und die »Wiedervereinigung mit den Toten« können im Denken nur als Blankoschecks des Glaubens fungieren (GO 54f/66 u. 68).

Wird es derart gelingen, sich künftig »weder auf Äste der Hoffnung noch der Angst jagen zu lassen«? – Zwei Überlegungen jedenfalls drängen sich Lewis »mehr und mehr auf. Die eine besagt, der Ewige Arzt sei noch unerbittlicher und die mögliche Operation noch schmerzhafter, als was unsere schlimmsten Vorahnungen uns androhen. Die andere aber, daß ›alles gut wird und alles heil wird, und ein jeglich Ding seine Ordnung bekommt‹.« (GO 51/62)[403]

Die Freude

Damit hellt die Düsternis auf, und es ist, »als hebe sich mit der Aufhellung des Kummers eine Schranke« (GO 37/44). Der »Amputierte« blickt voraus. Er weiß, daß er nie mehr ein »Zweibeiner« sein wird, auch wenn er vielleicht ein Holzbein bekommt (GO 43/51). Er weiß obendrein, daß (wie Lewis sagt) ihm sein Bein stets von neuem amputiert werden wird. Wie der Feige mehrmals stirbt, so auch der Liebende (46/55).

1. »*Sonnenkringel*«. Dennoch wird – gegen Eitelkeit, Hochmut, Trotz und Selbstzärtlichkeit – das Lehen seine Rechte geltend machen, auch – wenngleich nie mehr so wie früher – seine Freuden.

Im Schmerz-Buch hat Lewis den Hinweis gegeben, daß Gott uns zwar »das stabile Glück und die beständige Sicher-

---

[403] Das – unbelegte – Zitat (von Lewis öfter angeführt) ist ein Wort Julianas von Norwich: Lady Julian of Norwich, Offenbarungen von göttlicher Liebe (E. Strakosch), Einsiedeln 1960, 64, 67, 69. Ein Lesehinweis zu ihrer »Wirkungsgeschichte«: E. Herhaus, Der zerbrochene Schlaf, München 1978; Gebete in die Gottesferne, München 1979.

heit, die wir alle wünschen, vorenthalten« habe; doch gebe er uns breiten Wurfes Freude, Vergnügen, Spaß – »und auch Entzücken ist nicht selten« (PP 103/134). – Er würde das inzwischen wohl gedämpfter sagen. Doch auch in seinem letzten Buch, den Briefen an Malcolm, ist von jenen »kleinen Theophanien« die Rede (»Kringel von Gotteslicht im Wald unserer Erfahrung«: »Der Geist eilt dem Sonnenstrahl entlang der Sonne zu«). Alles und jedes könnte einem wachen Herzen so begegnen; nichts wäre »zu gewöhnlich oder zu gewohnt: vom ersten Verkosten der Luft, wenn ich aus dem Fenster blicke – die ganze Wange wird zum Gaumen – bis zu den weichen Pantoffeln zur Schlafenszeit«.[404]

Entsprechend hat Lewis schon im ersten Heft seiner Kummer-Notizen geschrieben, daß man nie den Krebs, den Krieg, das Unglück oder Glück *schlechthin* antreffe, sondern immer nur diese Stunde oder jenen Augenblick, ein stetes Auf und Ab: »in unseren besten Zeiten viel üble Einsprengsel, viele gute in unseren schlimmsten« (GO 14/13). – Und an anderer Stelle notiert er dort eine Erinnerung seiner Frau: Sie wurde »einen ganzen Morgen bei der Arbeit von dem unbestimmten Gefühl verfolgt, Gott begleite sie (sozusagen) auf Schritt und Tritt und fordere ihre Aufmerksamkeit. [Sie hatte] das Gefühl, es sei, wie üblich, die Frage nach einer unbereuten Sünde oder lästigen Pflicht. Endlich gab sie nach – ich kenne das, wie man es von sich wegschiebt – und stellte sich Ihm. Die Botschaft aber lautete: ›Ich möchte dir etwas schenken‹, und sogleich erfüllte sie Freude« (GO 38f/45 f).

Mit »Freude« ist nun in der Tat ein zentrales, vielleicht das zentrale Motiv bei Clive Staples Lewis bezeichnet.[405] Vor allem im Blick auf sein literarisches Werk.

2. *Dichtung des Aufglanzes.* Sein Freund John Ronald Reuel Tolkien hat die Freude »das Wahrzeichen des guten Märchens von der höheren oder vollständigeren Art« genannt.[406] Beson-

---

[404] Letters to Malcolm, London 1964, 118/ Briefe an einen Freund. Hauptsächlich über das Beten, Einsiedeln 1966, 134-136.

[405] G. Kranz, Joy – ein zentrales Motiv bei C. S. Lewis, in: ders., Studien zu C. S. Lewis, Lüdenscheid ²1983, 69-80.

[406] Baum und Blatt, Frankfurt(M. 1982, 68. Siehe dazu J. Splett, Märchenland. Zu menschlichen Grunderfahrungen (nach J.R. R. Tolkien), in: Kath. Bildung 80 (1979) 351-361.

ders in der plötzlichen Wende zum Guten (Tolkien nennt sie »Eukatastrophe«), die auch den erwachsenen Hörer den Atem anhalten läßt und ihm das Herz hebt bis zu Tränen, gibt es einen durchdringenden Aufblitz von Freude und Herzens-Sehnsucht, der für einen Augenblick den Rahmen sprengt, das Gespinst der Geschichte zerreißt und einen Glanzschimmer einläßt (ebd.).

Lewis preist das Glück der einfachen Dinge bei Kenneth Grahame.[407] Aber dann spricht auch er vom Überraschenden in einer guten Geschichte. Nicht von Überraschungen, wohl-gemerkt, welche uns ja nur beim ersten Lesen begegnen, sondern von einer gewissen »Überraschendheit« (surprising-ness – 41), einer Qualität, die beim zwölften Male genau so fasziniert wie beim ersten, oder noch mehr, weil die Spannung der Neugier, der Schock des Unvorhergesehenen nicht mehr stören.

Mit zehn Jahren las er Märchen heimlich, mit fünfzig be-kennt er es offen, ohne falsche Scham (60) und verteidigt sie gegen die neuere Jugend-Literatur angeblich besser geeigneter Schülergeschichten. Denn ein Held in der Klasse, in der Fahr-tengruppe, im Fußballteam sein ist ein (ir)realistischer ichbe-zogener Tagtraum (ähnlich die entsprechenden Gesellschafts-romane, unterschiedlichen Niveaus, bei den Erwachsenen). Solche Bücher entführen beim Lesen und machen eher miß-mutig, wenn man aus ihnen zur eigenen Durchschnitts- und Alltagswirklichkeit zurückkehrt. Wer aber von Zauberwäldern liest, verachtet nicht die wirklichen, sondern findet nun eher sie alle ein bißchen verzaubert. Hier ist die geweckte Sehn-sucht selbst statt Schwäche Glück (65).

Rechte Geschichten machen uns also nicht ärmer; im Ge-genteil können sie uns völlig neue Erfahrungen schenken (74). Und auf die Warnung vor »Eskapismus« antwortet Lewis mit einer entwaffnenden Gegenfrage Tolkiens: »Wer befaßt sich am meisten und ablehnendsten mit Flucht? Gefängniswärter natürlich.« Faschisten wie Kommunisten kämpfen darum ge-gen »Träumer«; das rechte Studium (Pope's »proper study«) des Gefangenen sei das Gefängnis. Und womöglich haben sie recht: wer lange zum Nachthimmel aufgeschaut hat, wird

---

407 Of This and Other Worlds, London 1982, 38.

vermutlich ein weniger glühender und orthodoxer Parteigänger sein (89).

Was Lewis hier theoretisch verlangt und verteidigt, hat er selbst verschwenderisch eingelöst. Vor allem die sieben Kinderbücher seiner Narnia-Chroniken vermitteln solches Glück. Mit Mühe widerstehe ich der Versuchung zu langen Zitaten, beginnend beim Erwachen jener Welt auf Aslans Löwen-Ruf hin bis – nach der letzten Schlacht – zur Jagd von Mensch und Tier ins neue eigentliche Narnia hinein.

Besonders strahlend ist dieser Glanz wohl im Lieblingskind seines Autors, dem Roman »Perelandra«. – Wie macht er jene paradiesische »Überfülle oder Verschwendung von Süßigkeit in der bloßen Tatsache des Lebendigseins« fühlbar,[408] die Ransom bei seiner Ankunft auf der Venus erfährt! Wie den Zauber der Unschuld in Gestalt der königlichen Dame! Und wie schließlich – nach all den Schrecken und der immer fürchterlicheren Ausweglosigkeit des Kampfes – das Fest des Heiligen, »das Paradies an sich in seinen Bewohnergestalten, das Hand in Hand wandelnde Paradies, seine Doppelverkörperung, smaragdenstrahlend« (235/283)!

Dabei geht es, wie sich nach allem Gesagten versteht, mitnichten um eine Halbierung von Welt und Leben und um eine erbauliche Beschränkung auf die lichtere Hälfte. Was Lewis seinerzeit an George MacDonalds »Phantastes« getroffen und, noch ohne daß er es ahnte, die Umkehr zum Glauben eingeleitet hat: jener helle Schatten von Heiligkeit« (SJ [Anm. 389] 144/152) war – wie er schreibt – »eine Art von kühler, morgendlicher Unschuld und zugleich, ganz unmißverständlich, eine gewisse Qualität von Tod, von *gutem* Tod« (Anthologie, Anm. 396, 21).

Und eben diese Qualität haben seine erzählenden Bücher. Am vollkommensten in meinen Augen sein letzter, Joy Davidman gewidmeter Roman, vielleicht sein tiefstes Werk: »Till we have faces – Du selbst bist die Antwort.«

3. *Joy.* Damit wird es nötig, den besonderen Wortsinn von »Freude« bei Lewis deutlich zu machen. »Joy« ist bei ihm ein *Terminus.* Lewis beschreibt das Gemeinte und »definiert« es

---

[408] Perelandra, London 1943, 40/ Köln 1957, 49 (»Lieblingskind«: Green/Hooper [Anm. 386] 265).

schließlich wünschenswert klar in der Autobiographie seiner »frühen Jahre» (genauer: der Geschichte seiner Bekehrung), doch auch sonst wiederholt (vgl. Anm. 405).

Den Anstoß bildeten ästhetische Erlebnisse (ein Spielzeuggarten auf einem Keksdosendeckel – 12/10, erinnert neben einem blühenden Johannisbeerstrauch: 18f/17f; die »Idee« von Herbst in Beatrix Potters »Squirrel Nutkin«; der Geist des Nördlichen in Tegnérs Versen über Baldurs Tod: 19f/18f). Und sie waren von Anfang an »unheilbar romantisch« (12/10). Lewis gebraucht das deutsche Wort »Sehnsucht« und beschwört die »blaue Blume«.

Er meint eine »unbefriedigte Sehnsucht, die vielleicht selber begehrenswerter ist als jede andere Erfüllung. Ich nenne sie Freude (joy), was hier ein terminus technicus ist, der scharf von Glück (happiness) und (pleasure) Vergnügen unterschieden werden muß. Freude (in dem Sinn, in dem ich es meine) hat ein typisches Merkmal und nur eins mit ihnen gemeinsam, nämlich daß jeder, der sie erlebt hat, sie wieder erleben möchte« (20/19).

So wählt er das Wort ›Joy‹ – vielleicht nach dem Romantiker William Wordsworth, dessen Sonett-Zeile von 1815 dem Buch als Motto wie als Titel dient.[409]

Nun ist Romantik das, wogegen Lewis wie kaum gegen etwas anderes gestritten hat, vor allem auf seinem eigenen Feld, der Literaturwissenschaft:[410] angefangen bei den ersten Seiten seines Werks zur mittelalterlichen Liebes-Allegorie über die Kontroverse hinsichtlich der »Personal Heresy« und sein eigenes »Vorwort« zu Milton oder »The Poison of Subjectivism« bzw. »The Language of Religion«[411] bis zu seinem »Experiment in Criticism« (1961): »Über das Lesen von Büchern« (Freiburg 1966). Aber – ohne dies jetzt seinerseits

---

409 »Surprised by joy – impatient as the Wind.« Poetical Works, Oxford 1969, 204.

410 Freilich nicht eigentlich gegen die Romantik(er), sondern gegen die romantische Lektüre der früheren Literatur, aber doch auch gegen die (M. Praz) »schwarze Romantik« und den Subjektivismus zeitgenössischer Autoren.

411 Christian Reflections, Glasgow ²1983, 98-109, 164-179, bes. 167-170.

(»personalhäretisch«) zu »hinterfragen«[412] – zitieren wir hierzu ihn selbst: »Schließlich ist der Schlüssel zu meinen Büchern Donne's Maxime: ›Die Häresien, die Menschen hinter sich lassen, werden am meisten gehaßt‹« (SJ 170/179).

Was Lewis schmerzlich lernen mußte, war, daß es nicht um die Sehnsucht selbst und ihr Erleben (ihre »Observanz«) gehen darf, sondern präzise um das Sich-Sehnen danach, worauf die Sehnsucht zielt, und so um *dies*. – Was aber ist nun »dies«? Andeutungsweise schreibt Lewis davon, in welche selbstischen Verirrungen ihn die Suche nach dem Erlebnis als solchem geführt hat, ausführlicher von den falschen Antworten auf die gestellte Frage, die ihn von Enttäuschung zu Enttäuschung zum christlichen Glauben zurückgeführt haben. Dies vor seiner Autobiographie in seiner allegorischen (seit der dritten Auflage durch Kolumnentitel »entschlüsselten«) Lebensreise-Beschreibung *The Pilgrim's Regress* (Anm. 388 f.). Sie trägt den bezeichnenden Untertitel »An Allegorical Apology for Christianity, Reason and Romanticism». Und im Vorwort zur dritten Auflage widerruft Lewis ausdrücklich den (gleichwohl beibehaltenen) Reiz-Begriff ›Romantik‹, wegen seiner Mehrdeutigkeit (er zählt sieben Bedeutungen auf – 5f/ im Deutschen als Nachwort 262f).

Die Gefahr, die Sehnsucht selbst zu wählen, droht immer, auch nachdem man das erkannt hat. »Für sich allein betrachtet, könnte man sie vielleicht auch eine besondere Art des Unglücks oder Kummers nennen. Aber es ist etwas, das wir begehren. Ich bezweifle, daß jemand, der sie geschmeckt hat, bereit wäre, sie herzugeben, selbst wenn ihm alle Vergnügen der Welt dafür angeboten würden. Doch die Freude steht nicht in unserer Macht«, heißt es auf den ersten Seiten der Autobiographie (SJ 20/19).

Aber gerade auf sie zu verzichten, verlangt die Bekehrung. Nicht bloß auf Perversionen, die sich übrigens mit Vorliebe an ihre Kümmernis und Schmerzlichkeit binden; nicht bloß auf sie selbst als – sei's »ästhetisches« – Erlebnis; sondern offenbar auf sie gerade auch insofern, als sie auf das Eigentliche verweist.

---

[412] Siehe H. Carpenter (Anm. 389) 59-64, bes. 60 (Dazu indessen Lewis selbst, noch 1963/64 [Anm. 404] 50-52 u. 128f/52-55, 145-148).

»Man mag vielleicht fragen, ob ich von meiner Angst sofort durch den Gedanken befreit wurde, daß ich mich jetzt der Quelle näherte, aus der die Pfeile der Freude seit meiner Kindheit immer wieder abgeschossen worden waren. Die Antwort lautet: nicht im mindesten. Nicht der kleinste Hinweis wurde mir geboten, daß jemals zwischen Gott und der Freude ein Zusammenhang bestanden hatte oder bestehen würde... Keine Musik, kein Duft von ewig blühenden Bäumen drang über die Schwelle, als ich durch die Tür hineingezogen wurde. Keine Art von Verlangen« (SJ 184/193).[413]

Hinter der Tür sah es dann doch anders aus.[414] Ganz nach Screwtapes 22. Brief, geschrieben auf die Nachricht hin, Wormwoods Klient habe sich verliebt (und hier wird ›Freude‹ im üblichen Sinn, nicht als CSL-Term gebraucht): »All jene Fastenzeiten und Vigilien und Scheiterhaufen und Kreuze sind weiter nichts als Fassaden, nichts als der Schaum an der Meeresküste. Draußen aber auf dem Meere, auf Seinem Meer, da ist Freude und wiederum Freude. Er macht kein Geheimnis daraus... Puh! Ich glaube, Er hat nicht die leiseste Ahnung von jenem hohen und erhabenen Geheimnis, zu dem wir uns in der ›Schau des Elends‹ erheben. Er ist so gewöhnlich, Wormwood... «[415]

Aber noch in seinen »Briefen« über das Gebet, im Frühjahr 1963 abgeschlossen, kommt Lewis auf die Versuchung zurück,

---

[413] Eine reizvolle Aufgabe wäre es, die »Freude« bei Lewis mit dem »Trost« bei Ignatius v. Loyola und den »Wahlzeiten« aus dem Exerzitienbuch in Bezug zu bringen. (Lewis selbst bezieht sieh einmal, doch nur zum Thema »Anwendung der Sinne«, darauf: Anm. 404, 111f/126f.) »Bezug« kann hier freilich keineswegs »Parallelisierung« besagen.

[414] Vgl. The Last Battle, Middlesex ⁸1971, Kap. 12/Der Kampf um Narnia, Wien-München 1982, 97ff.

[415] The Screwtape Letters, London 1942/ Dienstanweisung für einen Unterteufel, München 1981, 136f. Vgl. Lewis' Rückblick auf seine Ehe, die »an Herz und Leib... nichts unbefriedigt ließ« (GO 10/9), und seine Ausführungen zu Eros und Venus in: The Four Loves, Glasgow ²³1982, 89-93/ Vier Arten der Liebe, Einsiedeln 1961,145-151. – Simone Weil (deren Lebensthema »Aufmerksamkeit« für die Liebe Gottes war, die doch das Leiden der Geschöpfe nicht auslöscht oder auch nur mindert) definiert die Freude als »die Fülle des Gefühls des Wirklichen«. Zeugnis für das Gute. Traktate – Briefe – Aufzeichnungen, Olten-Freiburg 1976, 179.

sich durch solche Freuden vom Geber ablenken zu lassen und nostalgisch das Ziel aus dem Blick zu verlieren. »Es wäre voreilig, wollte man von irgend einem Gebete sagen, Gott erhöre es *nie*. Am ehesten aber ließe es sich von dem Gebet behaupten, das wir mit dem einzigen Wort *encore* umschreiben könnten« (Anm. 404: 41/42).

Es geht nicht bloß darum, daß verzweifelt verbohrtes Betteln zum Empfangen unfähig macht (GO 38/45), gemäß dem erschreckenden Satz »Wer *hat*, dem wird gegeben« (Mt 13, 12). Dies ist das eine, und von der Heillosigkeit einer solchen Fixierung war oben die Rede. Doch es ist nicht alles: zum Empfangen unfähig ist auch, wer beide Hände voll hat. Darum aber geht es Lewis vor allem: »Mich beschleicht das Gefühl, daß wir uns nicht nur auf mögliche künftige Schläge mit einem Akt der Unterwerfung vorbereiten müssen, sondern auch auf ein mögliches künftiges Glück« (Anm. 404: 40/41).

Gewicht der Herrlichkeit

Im geistlichen Leben wie in Liebe und Ehe droht die Gefahr, daß man die vergangenen Freuden des Anfangs zur Norm macht und von ihnen her (in Selbstvorwürfen oder Selbstmitleid) das schlichte Heute minder wertet. Freilich gibt es – leider nur zu oft – den Abfall von der »ersten Liebe« (Offb 2, 4); doch es gibt auch dies, daß Menschen unfähig werden, neue Facetten der Herrlichkeit zu erblicken. Dabei würden – komischer- oder tragischerweise – die »goldenen Augenblicke der Vergangenheit, die uns so quälen«, uns nähren, wenn wir sie nicht vergeblich zurückzurufen versuchten, sondern sie als bedankte Erinnerung akzeptierten. »Laß die Zwiebeln in Ruhe, und die neuen Blüten stoßen empor. Wühle sie aus und vermeine, mit Streicheln und Schnüffeln den Blust des vergangenen Jahres zu erzielen, und du erzielst gar nichts...« (ebd. 42/42f).

Damit schauen wir, meiner Einschätzung nach, ins Zentrum von Lewis' Denken – und mit ihm auf dessen Mitte. Anders gesagt, wir stehen an Lewis' *Ort* im ursprünglichen

Sinn des Wortes, das die blitzende Spitze eines Schwerts oder Speeres bedeutet.[416]

»Wir sind halbherzige Geschöpfe, die sich mit Alkohol, Sex und Karriere begnügen, wo uns unendliche Freude angeboten wird... wir geben uns zu schnell zufrieden.[417]

Wieder durchdringen sich Schmerz und Freude. Im Buch über den Schmerz hat es von Gottes Angebot geheißen:»Es ist wahrhaft eine Last von Herrlichkeit, die nicht nur über das hinausgeht, was wir verdienen, sondern auch über das, wonach wir, außer in seltenen Augenblicken der Gnade, verlangen« (PP 35/55). ››Kabod = Herrlichkeit‹ leitet sich ja tatsächlich von der Wurzel ›kabed = lasten, schwer sein/werden‹ her.

Aber die Sache ist komplizierter: Wenn der Mensch auch nicht nach solchem Reichtum verlangt, so empfindet er doch dessen Mangel. In seiner Predigt, in der Oxforder Marienkirche, bekennt Lewis darum ausdrücklich seine Scheu, davon zu sprechen (obwohl er es dann natürlich doch tut): »Ich versuche in jedem von Ihnen ein untröstliches Geheimnis aufzudecken – ein Geheimnis, das uns so schmerzt, daß wir ihm aus Rache Namen wie Nostalgie, Romantik und Jugend geben« (Transposition 23/96).

Egal, was man sich einfallen läßt, wir bleiben uns eines Sehnens bewußt, das durch kein natürliches Glück gestillt

---

[416] »Die Erörterung bedenkt den Ort. - Ursprünglich bedeutet der Name ›Ort‹ die Spitze des Speers. In ihr läuft alles zusammen. Der Ort versammelt zu sich ins Höchste und Äußerste. Das Versammelnde durchdringt und durchwest alles. Der Ort, das Versammelnde, holt zu sich ein, verwahrt das Eingeholte, aber nicht wie eine abschließende Kapsel, sondern so, daß er das Versammelte durchscheint und durchleuchtet und dadurch erst in sein Wesen entläßt.« M. Heidegger, Unterwegs zur Sprache, Pfullingen ³1965, 37. – Vgl. GO 50/61: »›Sie ist in Gottes Hand‹. Das gewinnt neue Kraft, wenn ich sie mir als Schwert denke. Vielleicht gehörte das irdische Leben, das ich mit ihr geteilt habe, einfach zum Vorgang des Härtens. Jetzt packt Er vielleicht den Griff; wägt die neue Waffe, läßt sich durch die Luft blitzen. ›Eine wahre Jerusalem-Klinge.‹« (Das Wort ist ein Zitat aus J. Bunyan, The Pilgrims Progress, 3. Buch, Begegnung von Great-heart und Valiant – Die Pilgerreise, Leipzig 1953, 608).

[417] Transposition and other Addresses, London 1949, 21-33 (The Weight of Glory) 21/ Streng dämokratisch zur Hölle und andere Essays, Basel 1982, 94.

werden kann (25/98). Worauf aber zielt es? – Mit einer Fülle
von Bildern (von Triumph und Herrschaft, Kränzen, Kronen,
strahlenden Gewändern...) sagt die Schrift, daß wir »Herrlichkeit« haben werden.

Die Lehrer der Tradition haben dies als Ruhm vor Gott
verstanden, als »Anerkennung« durch Ihn. Das moderne Bewußtsein findet sich eher geniert. Doch »ich erinnerte mich
plötzlich daran, daß niemand in den Himmel kommen kann,
er werde denn wie ein Kind [Mt 18, 3]; und nichts ist bei einem
Kind – nicht bei einem eingebildeten, sondern bei einem guten
– so augenfällig wie der große und unverhohlene Wunsch,
geliebt zu werden (27/101).

Sittenstolz wie falsche Demut verkennen dieses demütigste
und natürlichste Verlangen des Schwächeren. Aber können
wir nicht unter aller Entstellung durch Ehrgeiz, Angst und
Selbstbespiegelung immer wieder jenen Augenblick entdecken, da man sich rein daran freut, dem geliebten, geachte-
ten Anderen zu gefallen? »Die verheißene Herrlichkeit besteht,
kaum zu glauben und nur durch das Werk Christi möglich«,
darin, daß jeder, der sich recht entscheidet, Gott gefallen wird.

»Gott gefallen... ein wirklicher Bestandteil des göttlichen
Glücks sein... geliebt werden von Gott, nicht bloß bemitleidet;
ihn entzücken, wie einen Künstler sein Werk oder ein Sohn
seinen Vater – das scheint unmöglich; unser Denken kann dies
Gewicht, diese Last von Herrlichkeit kaum ertragen. Aber so
ist es« (28 f/102f).

Mit solchem Blick auf *Gottes Freude* ist in der Tat das
Äußerste unseres Themas angesprochen. Lewis warnt davor,
sich darein zu verlieren. Aber man darf daran denken – und
man soll es: im Blick auf den *Nächsten*. »Es ist eine ernste Sache,
in einer Welt von möglichen Göttern und Göttinnen zu leben
und sich ständig vor Augen zu halten, daß auch der
langweiligste und uninteressanteste Mensch, mit dem wir hier
zu tun haben, eines Tages ein Geschöpf sein kann, das wir,
wenn wir es jetzt schon träfen, ernstlich versucht wären zu
verehren, oder aber ein Schrecken und Verderben wie in einem
Albtraum... Es gibt keine *gewöhnlichen* Menschen... Es sind Unsterbliche, mit denen wir scherzen, arbeiten, verheiratet sind,

die wir kurz abfertigen und ausbeuten – unsterbliche Schrecken oder ewig währender Glanz« (32f/107f).[418]

Das ist selbstverständlich – oder Lewis wäre nicht mehr Lewis – keine Aufforderung zu ständiger Feierlichkeit und gravitätischem Ernst. Gleichwohl gehört zu wahrer Fröhlichkeit, daß sie den anderen ernst nimmt. – Lewis liebt das Bild von Spiel und Tanz. Das Schmerz-Buch klingt in einen Aufblick zu jenem kosmischen Reigen aus, den der göttliche Vortänzer selber anführt. Es ist ein Tanz voller Freude, »aber er geschieht nicht um der Freude willen. Er geschieht nicht einmal um des Guten oder um der Liebe willen. Er ist selber Liebe, er selbst ist das Gute und so auch Glückseligkeit. Nicht er ist um unseretwillen da, sondern wir um seinetwillen« (PP 141/181).

Lewis nimmt damit die Bildrede der Kirchenväter wieder auf.[419] – Im Psalmen-Buch erinnert er an Davids Tanz vor der Lade: »mit solcher Hingabe, daß eine seiner Frauen fand, er mache sich lächerlich; sie war vermutlich moderner, wenn auch nicht besser, als er« (Anm. 392: 44/62). Und im letzten Buch schreibt er: »Tanz und Spiel sind hier eine augenblickslange Rast im uns aufgetragenen Leben. Aber auf dieser Welt ist alles verkehrt«: Was hier auf die Dauer Schuleschwänzen wäre, ist dort wohl das Ziel aller Ziele. »Freude ist die ernste

---

[418] Um noch einmal auf K. Nott einzugehen (Anm. 387 – als eine Stimme für viele). Sie wittert hier »sadistisch-masochistische Phantasie« (339), Totalitarismus und setzt »vorurteilslose Forschung« dagegen. »Wer eine Autorität braucht, kann nicht mit Hypothesen leben« (337). Abgesehen von der Frage, was hier Forschung zu ermitteln hätte (wem fallen dazu nicht die Zwerge beim Untergang Narnias ein: Anm. 414, 131-135/139-144?): es gilt zu erkennen, daß die Hypothetisierung von Leben und Sittlichkeit Humanität (und schließlich auch die Wissenschaft) zerstört (R. Spaemann, Überzeugungen in einer hypothetischen Zivilisation, in: O. Schatz [Hrsg.], Abschied von Utopia? Anspruch und Auftrag der Intellektuellen, Graz-Wien 1977, 311-331). Gewissenlos liefert sie die Einzelnen an den »Versuch und Irrtum« jener aus, die »rein sachlich« mit ihnen experimentieren. Vgl. J. Splett, Der Mensch ist Person, Frankfurt/M. ²1986, Kap. 3; Lernziel Menschlichkeit, Frankfurt/M. ²1981, Kap. 2; vor allem aber Lewis' hinreißende Kampfschrift *The Abolition of Man*, Oxford 1943/ Die Abschaffung des Menschen, Einsiedeln 1979.

[419] H. Rahner, Der spielende Mensch, Einsiedeln ⁸1978.

Tätigkeit – the business – des Himmels« (Anm. 404: 122/ 139).[420]

»Die Herrlichkeit flutet in jeden hinein und von jedem zurück wie Licht von Spiegeln. Aber das Licht – das ist's« (Anm. 397: 75f/102).

---

[420] Womit er gewiß auch Senecas »magnum gaudium res severa« (Ad Lucil. III 2 [23]) heimholen will. – So mag diese abschließende Anmerkung uns an den Psalm 36 erinnern: »Wie köstlich ist deine Güte, o Gott! Im Schatten deiner Flügel bergen sich die Menschenkinder. / Sie laben sich am Überflusse deines Hauses, und mit dem Strome deiner Wonnen tränkst du sie. / Bei dir ist ja der Quell des Lebens, in deinem Lichte schauen wir das Licht.«

Bücher von Jörg Splett in Auswahl:

Gotteserfahrung im Denken. Zur philosophischen Rechtfertigung des Redens von Gott, München [5]2005.

Person und Glaube. Der Wahrheit gewürdigt, München 2009.

Vor Gottes Angesicht. Geistliche Impulse, München 2014.

Das Heilige, München 2017.

Denken vor Gott. Philosophie als Wahrheits-Liebe, München [2]2018.

Zur Ehrenpromotion in Theologie:
Philosophie für die Theologie. Mit einer Laudatio von Bischof Rudolf Vorderholzer. Hg. P. Hofmann u. Justinus C. Pech, Heiligenkreuz im Wienerwald 2016.

Über Jörg Splett:
Dienst an der Wahrheit. Jörg Spletts Philosophie für die Theologie (Hg. P. Hofmann / H.-G. Nissing), Paderborn 2013.

Werkbiographisches Interview:
www.jörg-splett-archiv.de/werkbiogr1.html

Podcast – Vorlesungen und Vorträge zum Hören:
www.jörg-splett-archiv.de

Bibliographie von Jörg Splett:
www.splett.org